다문화총서 3

[개정판] 한국사회와 다문화

Understanding of Multiculturalism in Korea

이 저서는 2010년 정부(교육과학기술부)의 재원으로 한국연구재단의 지원을 받아 수행된 연구임(NRF-2010-413-A00013).

개정판

다문화
총서 3

한국
사회와
다문화

Understanding of Multiculturalism in Korea

이찬욱·강진구·노자은 공저

경진출판

성찰적 다문화주의와 다문화인문학 정립

이 책은 한국연구재단의 중점연구소인 중앙대학교 문화콘텐츠기술연구원이 2008년 2학기부터 개설하여 현재까지 운영해 오고 있는 〈한국사회와 다문화〉 강좌의 성과들을 엄선한 것이다. 다문화가 일상적 삶의 경험이 되고 있는 오늘날 다문화 교육에 대한 중요성은 아무리 강조해도 지나치지 않다.

시중에 판매되고 있는 다양한 다문화 관련 도서들이 이 점을 증명하고 있는 셈인데, 이들 도서들의 대부분은 다문화주의를 보편적인 윤리의 영역으로 설정하거나 특정 전공분야의 필요라는 실용적인 측면만을 부각하고 있다. 즉 다문화 담론의 확산이라는 큰 틀에서는 도움이 되지만, 한국사회의 새로운 패러다임으로 정착되고 있는 다문화에 대한 기초적인 이해의 폭을 넓히거나 대학 교양 교육의 교재로 활용하기에는 부족한 점이 있었다. 이 저서는 이 같은 문제점을 해결하기 위해 기획된 것으로, 다문화주의에 관한 이론을 제시하기보다는 다문화 감수성 함양이라는 목표를 설정하고 그 논의 지점들을 마련하는 데 초점을 맞추었다.

다문화 교육이 대학의 교양 교육으로 자리 잡게 된 데에는 2007년 8월 유엔인종차별위원회(CERD)의 권고도 한몫을 담당한다. 유엔인종차별위원회(CERD)는 한국사회의 다문화 상황에 대해 언급하면서 '한국사회는 다민족적 성격을 인정하고, 한국사회가 '단일민족국가'라는 허상에서 벗어나야 한다'고 지적한 바 있다. 또한 위원회는 '단일민족국가'라는 가상현실에서 나와 진짜 현실을 직시하기 위한 방안으로 다문화 교육을 권고하였다. 한국사회 내부에 존재하는 모든 인종, 민족, 국가 그룹 간의 이해와 관용, 우의 증진을 위한 인권 인식 프로그램뿐 아니라 서로 다른 민족국가 그룹들의 역사와 문화에 관한 정보를 교과목에 포함시킬 것을 한국정부에 권고했던 것이다. 대학 내 관련 과목 개설 또한 이러한 과정의 연장선이라 할 수 있다.

이 책의 저자는 3명이며, 전체 5장으로 구성되었다. 전체적인 체계와 집필은 강진구가 담당했으며, 자료 수집, 기획, 공동 집필 등에 이찬욱, 노자은이 참여했다. 2장 '한국사회와 다문화'는 노자은이, 5장 '다문화 사회와 공존'은 이찬욱이 공동 집필자로 참여했지만, 이 책의 내용에 대한 책임은 전체를 총괄한 강진구에게 있음을 밝혀둔다.

1장 '다문화주의라는 유령의 등장'에서는 세계적으로 화두가 되고 있는 다문화 현상에 초점을 맞추었다. 다문화 현상의 기원을 세계화 및 이주 현상과 연결하여 살펴보고 이로 인해 필연적으로 발생하는 문화접촉과 그로 인한 문제점, 그 해결 방안에 대한 고민을 담았다.

세계 각국의 이주민 통합정책과 통합정책의 근간이 되는 동화주의 이론, 용광로이론, 샐러드볼이론, 모자이크이론 등도 다루었다. 또한 세계 각국이 이주민 통합정책으로 다문화주의를 선택할 수밖에 없었던 이유를 기존 이주민 통합정책의 한계를 통해 살펴보았다. 마지막으로 국내 이주민정책과 직결되는 '사증'제도를 보론으로 추가하였다.

2장 '한국사회와 다문화'에서는 국내 다문화 현상을 나타내는 다양한 지표들을 소개했다. 먼저 외국인노동자, 결혼이민자, 외국인유학생, 새터민 등에 대한 최신의 통계들을 제시하여 지난 수년 동안 '다문화 주체'들이 얼마만큼 증가했는지를 살펴보았다. 다음으로 미디어에 보도된 이주민 관련 기사들을 통해 그들이 겪어 온 편견과 차별의 모습, 그것을 극복하기 위한 다양한 노력들에 대해 살펴보았다. 또한 정부의 다문화 정책—국적법, 외국인근로자의 고용 등에 관한 법률, 재한외국인 처우에 관한 기본법, 다문화가족지원법—등을 목적과 대상을 중심으로 소개하면서 국내 다문화 관련 정책의 현황과 문제점을 진단하였다.

3장 '다문화주의란 무엇인가'에서는 다문화주의를 둘러싸고 있는 다양한 논의들을 통해 '다문화주의'의 실체에 보다 쉽게 접근하고자 했다. 이를 위해 기존의 다문화적 세계관의 출현 배경과 수용과정 이외에 다문화주의의 핵심개념을 새롭게 추가하였다. 이어 다문화주의 담론에 대한 다양한 비판과 한국사회에 적합한 다문화주의를 모색하는 차원에서 국내 반다문화주의 담론 또한 소개하였다.

4장 '다문화 주체의 삶과 그 재현 방식'에서는 한국문화(문학, 영화 등)가 재현하고 있는 다문화 주체들의 모습을 살폈다. 우리가 한국문화 속에서 호명되거나 재현되고 있는 다문화 주체들의 모습에 주목해야만 하는 이유는 재현을 통해 구성된 이미지가 편견이나 선입견으로만 그치지 않고 편견 자체를 당연한 것으로 만들기 때문이다. 이주노동자, 결혼이주여성, 혼혈인에 대한 한국문화의 재현 방식에 대한 탐구를 통해 우리들은 다문화 주체들을 그 같은 방식으로 구성해야만 하는 우리 사회의 심리적 밑바탕까지 엿볼 수 있을 것이다.

5장 '다문화사회와 공존'은 이 책의 궁극적 목표로 귀결되는 장으로 대학 교양 교육으로서 다문화 교육의 중요성을 피력하였다. 이를 위해 다문화 교육에 대한 개념과 다문화 관련 강의를 수강한 학생들을 대상으로 한 조사를 통해 다문화 교육의 사회적 확산의 필요성을 주문하고 있다. 또한 한국사회의 인구통계학적 변화와 사회 문화적 맥락에 근거한 '다문화인문학'을 제안하고 있다. 비록 시론 격이지만 다문화인문학의 개념과 연구 대상, 연구방법론을 제시하여 향후 한국사회에 적합한 다문화 모델 구축을 위한 본격적인 논의의 발판이 되고자 했다. 또한 교양 교재의 특성에 부합하도록 각 장마다 '토론해 봅시다'와 '더 읽어야 할 자료' 등을 제시하여 교재로써의 편의성을 더했다.

하지만 대학 교양 교재의 특성상 다문화주의에 대한 심도 깊은 논의들 중 일부가 생략되거나 누락되어 있었던 것도 사실이었다. 개정판을 내면서 새로운 그림과 논의로 일부 보완했지만 여전히 아쉬움이 남는다. 끝으로 어려운 출판 상황에도 불구하고 이 책이 나오기까지 적극적인 지원을 아끼지 않으신 도서출판 경진 양정섭 대표와 그 식구들의 호의에 감사드린다.

2014년 8월
저자를 대신해 강진구 씀

차 례

4장 다문화 주체의 삶과 그 재현 방식

5장 다문화사회와 공존

1장 다문화주의라는 유령의 등장

1. 다문화 현상의 기원

국내 거주 외국인 150만 명 돌파!

본격적인 다문화 시대 돌입!!

홍수처럼 쏟아져 내리는 말들 속에서 우리는 다문화주의multiculturalism, 多文化主義란 무엇인가, 우리가 살고 있는 한국사회는 다문화사회라고 말할 수 있는가, 다문화사회에 적합한 시민의식이란 무엇인가? 라는 질문들과 마주하게 된다.

아주 단순하고 유치하게 보이는 위 질문들에 대해서 지금부터 우리는 매달릴 것이고, 적절한 답을 찾을 때까지 논의를 계속할 것이다. 위질문들은 어떤 이에게는 1분 정도의 논란거리도 되지 않을 것들이지만, 다른 누군가에는 몇 개월 또는 몇 년에 걸쳐 참고서적을 찾아보고 궁리해도 풀 수 없는 문제들이다. 그것은 위의 질문들이 특별히 어렵기 때문이라기보다는 매우 추상적이고 모호하기 때문이다.

기실, 우리가 다루려고 하는 '다문화주의'는 그것을 바라보는 관점이나 논의하는 사람에 따라 매우 상이하거나 심지어는 상반되게 정의되고 있다. 한마디로 우리는 그 실체가 애매모호하여 쉽게 그 정체를 파악할 수 없는 대상과 마주하고 있는 셈이다. 잘못하면 실체파악은 고사하고 엉뚱한 곳만 헤매다 귀중한 시간을 낭비할 수도 있다. 하지만 우리는 크게 걱정은 하지 않는다. 왜냐하면 우리는 모호하고 추상적인 문제를 해결하는 최선의 방법 중 하나를 이미 알고 있기 때문이다.

이 방법을 발견한 이는 자신이 세운 원칙들을 사용하여 수많은 난제들을 해결하였는데, 그중에 하나가 내가 검토하는 각각의 어려움들을 가능한, 그리고 더 잘 해결하기 위하여 필요한 한에서 가급적 세분화하는 것이었다.[1] 검토할 대상을 가능하면 작게 나누고, 가장 단순하고 쉬운 대상부터 출발하여 점차 복잡한 것으로 진행하다 보면 그 실체와 만날 것이라는 이야기이다. 근대철학의 아버지라고 불리는 데카르트Descartes, René(1596~1650)가 한 말이니 틀린 말은 아닐 것이다. 그래서 필자도 이 방법을 따르고자 한다.

'다문화주의'에 대한 가장 단순하고 쉬운 정의는 국어사전을 찾아보는 것이다. 하지만 오래된 국어사전에는 '다문화주의'란 어휘가 존재하지 않는다. 그렇다고 당황할 필요는 없다. 우리에게는 휴대폰이 있고, 컴퓨터도 있으니까. 포털사이트 검색창에 '다문화주의'를 치고 클릭을 해보자.

---

1) 데카르트, 김진욱 옮김, 『방법서설』, 범우사, 2002 참조.

컴퓨터 화면에는 앞의 장면이 펼쳐질 것이다. 그런데 국어사전의 정의는 너무 단순하여 새로운 논의를 진행하기에 조금 부족한 감이 있다. 그렇다면 시선을 조금 돌려야 한다. 백과사전에서는 '다문화주의'를 어떻게 정의하고 있을까?

이상의 사전적 개념들을 통해 우리는 여전히 모호하기는 하지만 '다문화주의'가 적어도 차별(差別)와 관련된 것은 아니라는 것쯤을 알게 되었다. 간단한 것에서 복잡한 순으로 우리의 논의를 확대해 나가기로 하자.

먼저 국어사전으로부터 '이질적인 문화'와 '유연하게 수용'이란 개념들을 빌려오자. 다음으로 백과사전의 도움을 받자. 첫 번째 백과사전의 항목에서는 '다양한 문화'와 '공존'과 같은 개념들을 주목하자. 그리고 두 번째 백과사전 항목에서는 '복수의 다른 인종(민족/계층)'과 '서로 다른 문화의 공존' 등을 선택하자. 이쯤 되면 명민한 친구들은 하나의 원칙을 발견할 수 있을 것이다. 필자가 특정한 목적을 가지고 일정한 의미를 함유하고 있는 어휘들만을 취사선택하고 있다는 것을.

정답. 박수 짝짝!!

　필자는 세 개의 사전적 정의에서 두 개의 큰 의미 그룹을 선택했는데, 하나는 이질(다른/복수)이란 것이고, 다른 하나는 수용(공존)이다. 이같은 의미 선택에서 독자들은 필자가 생각하는 '다문화주의'가 최소한 이질(다른/복수)적인 문화의 공존과 관련된 어떤 것이라는 것쯤을 어렵지 않게 짐작할 수 있을 것이다. 맞다. 우리는 지속적인 논의를 통해서 '이질(다른/복수)적인 문화의 공존'에 관해 이야기 할 것이다. 논의가 여기까지 오면 여러분들은 지금껏 생각하지 못한 새로운 문제와 직면하게 될 것이다.

- 이질문화란 뭐지?
- 우리가 이질적인 문화와 꼭 공존해야만 해?
- 이질문화는 왜 생기지?
- 도대체 공존이 뭔데?

　충분히 물을 수 있는 것들이다. 그런데 이러한 질문으로 인해 우리는 애초의 계획으로부터 조금 벗어나게 되었다. 우리는 가급적이면 단순한 것에서 시작하려고 했지만 어느덧 복잡해져 버렸다. 문제가 복잡해진 것은 이질문화와 공존이란 두 가지 개념을 하나의 의미틀에 놓게 되면서 발생한 것이다. 다시 분리해야 한다. '공존'이란 개념이 서로 다른 것들이 함께 존재하는 것을 의미한다고 할 때, 공존을 이야기하기 위해서는 필연적으로 공존의 대상 즉 서로 다른 것의 존재에 대해 먼저 이야기할 수밖에 없다. 나와 다른 존재에 대한 이해야말로 공존을 위한 첫걸음이기 때문이다.

　그렇다면 '이질문화(다른/복수)'는 어떻게 생겨나는 것일까?

1.1. 세계화와 이주

　'이질문화(다른/복수)'라는 개념이 성립하기 위해서는 '이질문화가 아닌 문화'라는 개념이 선행되어야 한다. 다시 말해 이질문화가 아닌 그 어떤 문화가 존재한 연후에 '이질문화'를 논의할 수 있다는 것이다. 시간 개념만 놓고 본다면 이질문화는 선先문화가 구성된 다음에 오는 후後문화라고도 할 수 있다. 하지만 여러분들은 이질문화를 이정도로 규정하는 것에는 동의할 수 없을 것이다. 그렇다면 이야기 전개의 편의를 위해 '이질문화가 아닌 그 어떤 문화'를 우리들에게 익숙한 말인 주체로, '이질문화'를 타자로 바꾸어 보자. 이렇게 바꾸는 것이 가능하다면 이질문화의 성립은 단순히 시간 개념이 아닌 주체와 타자의 변증법 일반이 지니고 있는 권력의 문제, 즉 구성된 개념에 가깝다는 것을 알 수 있다.

'이질문화가 아닌 문화'와 '이질문화'가 단순한 존재의 선후 문제보다는 구성된 개념에 가깝다는 점은 이질문화를 이해하기 위해서 우리가 주의를 기울려야 할 지점이 어디에 있는가를 명확하게 제시해 준다. 이질문화를 이해하기 위해서는 그것이 구성되는 지점에 주목해야 한다. 한마디로 정리하면 이질문화가 구성되는 장소인데, 그 장소는 꼭 물리적 공간만을 의미하지는 않는다. 왜냐하면 모든 이질문화가 문화 간의 교류 속에서만 발생한 것이 아니기 때문이다. 앞서 이야기했듯이 문화교류가 없는 가운데서도 권력관계에 의해 발생하기도 한다. 대표적인 예가 이른바 '선언'에 의해 스스로를 이질문화로 규정하는 것이다.

인기배우로서 부富와 인기를 쌓아가던 홍석천은 어느 날 갑자기 자신이 동성연애자임을 선언한다. 오랜 세월이 지난 후, 그는 이야기를 하지 않고 살아가도 되는데 왜 공개적으로 밝혔느냐는 질문에 다음과 같이 답한다. "정말 행복하게 살고 싶었어요"라고. 단 1초 만이라도 진실한 자신의 모습으로 행복하게 살고 싶다는 생각에서 그는 자신이 다른 사람들과는 다른 성적 취향을 지니고 있음을 선언했던 것이다. 이 선언을 통해 그는 성적 소수자가 되었지만, 동시에 자신의 성적 정체성이 기존 성문화의 범주와는 다른 이질적인 것임을 사회적으로 인정받게 되었다.

〈그림 1-1〉 동성애자임을 고백하는 홍석천의 모습(출처: SBS, 〈힐링캠프〉)

하지만 우리는 선언이나 권력관계에 의한 이질문화에 대해서는 여기서 더 이상 이야기하지 않으려 한다. 누차 밝혔듯이 가장 간단하고 명확하고 손쉬운 곳에서 논의를 시작하려고 한다. 그것이 '이주'이다.

흔히 21세기를 '이주'의 시대라 말한다. 2007년 유엔UN이 발표한 자료에 의하면 2005년 현재 전 세계적으로 이민자는 약 1억 9천만 명이다. 이는 세계 인구를 65억 명으로 가정했을 때 약 3%에 해당하는 수치이다. 오늘날 세계는 인구의 약 3%가 실제로 국민국가의 경계를 넘어 이동하고 있고, 여기에 '가상 유목민'[2]마저 존재하고 있으니 바야흐로 '이주'의 시대라 불러도 손색이 없다. 이러한 세계사적 변화에 대해 『제국』의 저자인 네그리와 하트는 다음과 같이 묘사하고 있다.

> 하나의 유령이 세상에 출몰하고 있는데 그것은 이주라는 유령이다. 구세계의 모든 열강들은 이주라는 유령에 반대해 무자비한 조치를 취하는 데 합심했으나, 그러한 이동을 막을 수 없었다.[3]

---

2) '가상 유목민'이란 너무나 가난하여 자신이 정착한 땅에서 떠나기를 꿈꾸지만 정작 떠날 엄두마저도 못내는 하층민들을 지칭하는 개념이다.
임헌영, 「한국문학과 다문화주의」, 『세계한국어문학』 제3집, 세계한국어문학회, 2010, 49쪽.

3) 안또니오 네그리, 윤수종 옮김, 『제국』, 이학사, 2001, 285쪽.

어디서 많이 들어본 구절이다. 뭐였지? 너무 익숙한데, 왜 생각이 나질 않지? 혹시 무서운 것 아냐? 빙고. 칼 마르크스Karl Heinrich Marx(1818~1883)와 프리드리히 엥겔스Friedrich Engels(1820~1895)라는 사람이 쓴 『공산당선언』(1848)의 첫 구절과 흡사하다. 뭐라고? 공산당선언이라고? 무슨 수업이 이래? 이것 교양 아니야? 교양에서 막 이래도 괜찮아? ……, 오케이. 접수!!!

필자는 여기서 공산당선언에 대해 이야기 할 생각은 없다. '공산당선언'에 관해 자세히 알고 싶다면 관련 수업을 듣거나 책을 보시기 바란다. 책을 사서 집에 놔두는 것이 꺼려지는 이들이라면 학교 도서관과 같은 공공도서관을 이용하길……. 책의 이름은 무시무시하지만, 전 세계적으로 너무나도 유명한 책이기에 웬만한 도서관에는 서너 권쯤은 비치되어 있어 어렵지 않게 구해 읽어 볼 수 있을 것이다. 잡설은 이제 그만.

아무튼 네그리와 하트는 유령의 자리에 '프롤레타리아'라는 말 대신에 '이주'라는 개념을 가져다 쓰고 있다. 왜 그랬을까? 혹시 이들은 19세기를 불안하게 했던 공산주의처럼 21세기를 불안하게 하고 있는 것이 '이주'라고 생각했던 것은 아닐까? 지구화(세계화)로 대변되는 오늘날 '이주'는 더 이상 막을 수 없는 보편적인 현실이 되었다. 자본주의적 패러다임 아래에서 아무리 부정하고자 했지만 부정할 수 없었던 자본과 노동의 관계처럼 지구화 시대의 패러다임은 필연적으로 이주를 전제한다.

멀리 갈 것도 없다. 국내 거주 외국인 150만 명 돌파라는 통계는 이주가 일상의 경험이 되고 있음을 증명하고 있다. 2012년 5월 발표된 법무부의 국내 체류외국인 통계는 한국사회에서 이주가 일상적 경험으로 작용하고 있음을 보여주고 있다. 현재 국내에는 '산업연수생제도(폐지)'와 '고용허가제' 등으로 들어온 50만 명이 넘는 이주노동자들이 생활하고 있으며, 전체 결혼자의 10% 이상이 전통적인 국가의 경계를 넘는 국제결혼을 하고 있는 실정이다.4) 150만 명의 이주자들은 한국사회 곳곳에서 생활을 하고 있다. 그런데 이들 이주자들로 인해 한국사회는 기존에는 경험하지 못한 새로운 현상과 맞닥뜨리게 되었다. 한국에서 생활하는 이주자들의 생활방식이 한국인들과는 차이가 났는데, 이 차이는 사소한 것도 있었지만 어떤 경우에는 한국인들의 시각으로는 도무지 이해할 수 없는 것들도 있었다. 아마 이러한 차이는 한국에서 살아가는 이주자들 역시 마찬가지였을 것이다. 그러다가 서로 이해하지 못한 부분이 충돌하기도 했을 것이고, 개중에는 사회적으로 관심을 유발한 채 파국으로는 끝나는 것들도 있었을 터이다.

한마디로 한국사회는 '이주'로 인해 기존 같으면 하지 않아도 될 새로운 걱정거리(갈등)를 떠안게 된 셈이다. 이주가 없었더라면 존재하지 않았을 수도 있는 갈등이 이주 때문에 생겨났다면, 우리는 마땅히 '이주'에 관해 다시 물어야 한다. 가령 이런 식으로 말이다. 그래, 여러 가지 정황으로 봐서 21세기가 이주의 시대라는 것은 인정하자. 그런데 사람들은 왜 이주를 하는 거지? 도대체 이주를 하는 이유가 뭐야? 우리가 지금부터 찾고자 하는 것은 바로 그것이다.

1.1.1. 이주의 개념

국어사전에는 이주migration, 移住를 ㉠ 거주지를 다른 곳으로 옮겨서 삶, ㉡ 개척이나 정복 따위의 목적으로 종족이나 민족 등의 집단이 한곳에서 다른 지역으로 이동하여 머물러 삶, ㉢ 다른 나라로 옮겨가서 삶 등으로 정의하고 있다. 여기서 우리는 이주가 일정한 공간과 이동이라는 개념과 결합되어 있음을 알 수 있다. 한마디로 이주는 사람들이 이동을 통해 공간의 변화를 꾀하는 일련의 행위라고 칭할 수 있겠다.

이동을 통한 공간의 변화를 꾀하는 가장 흔한 예를 지금 여러분들은 목격하고 있는데, 바로 여러분과 함께 공부하고 있는 옆의 친구들

---

4) 통계청의 자료에 따르면 2000년 3.5%에 불과했던 국제결혼 비율은 2004년 11.2%로 10%를 넘어선 이후 지속적으로 10%를 상회하고 있다. 보다 자세한 것은 통계청 홈페이지(http://kostat.go.kr/wnsearchNew/search.jsp)를 참조할 것.

이다. 지방의 명문 고등학교를 졸업하고 서울로 유학 온 친구는 말할 것도 없고 외국에서 공부하러 온 유학생들이 그들이다. 그런데 이들 친구들은 이동을 통해 공간의 변화를 꾀했다는 공통점을 갖고 있지만, 이동의 출발점이 국민국가의 경계 안이냐 밖이냐에 따라 구분된다. 다시 말해 지방에서 온 친구는 대한민국이란 국민국가의 경계 내에서 이동하여 공간의 변화를 꾀한 것이기에 국내이주internal migration에 해당하며, 외국에서 유학 온 친구는 대한민국이란 국민국가 경계 밖에서 이동한 것이기에 국제이주international migration라 부른다.

지방에서 서울로 유학遊學 온 친구(서울에서 지방으로 유학 오는 것도 마찬가지임)와 외국에서 유학 온 친구는 꼭 그런 것은 아니지만, 자신이 있던 곳에서는 얻기 어려운 무엇인가를 얻고자 하는 욕망(자기 자신의 의사)에 의해 이동해 온 이들이다. 따라서 이들의 이주는 남이 강제적으로 시켜서 한 것이 아니란 점에서 자발적 이주voluntary에 해당한다. 하지만 모든 이주가 자발적으로 이루어진 것만은 아니다. 전쟁 난민들처럼 자신의 의지에 반해 어쩔 수 없이 이주를 강제당하는 이들 또한 존재하고 있다. 이들을 자발적 이주의 반대개념인 비자발적 이주involuntary라 부른다.

이주가 자신의 의사에 의해 이루어졌느냐 그렇지 않느냐에 따라 새로운 공간에서의 그의 삶의 태도는 분명 다를 것이다. 상식적으로 판단하더라도 자신이 원해서 이주를 한 사람은 어떻게든 이주한 공간에서 잘 살고자 노력할 것이고, 그렇지 않은 이는 아무래도 전자들보다는 새로운 공간에 적응하려는 노력이 부족할 것이다. 심지어 어떤 이들은 자신의 의지에 반해 이루어진 공간의 변화에 대해 불평을 늘어놓기도 할 것이다.

그럼 논의를 더 진전시키기 위해 초보적인 단계에서 자발적 이주와 비자발적 이주를 구분해 살펴보도록 하자.

1.1.2. 이주의 종류

(1) 자발적 이주

자발적 이주란 문자 그대로 이주가 당사자의 자유의사에 의해 이루어진 것을 말한다. 자발적 이주의 가장 대표적인 예를 여러분들은 지금 만나고 있다. 누굴까? 바로 필자다. 필자는 전라남도 보성군 (일명 녹차수도라 불리는 곳이지만 필자는 소설 『태백산맥』의 무대라는 점에 더 의미를 부여하고 있다.) 회천면 ○○리 △△부락에서 태어났고 현재는 서울에서 살고 있다. 인터넷 길찾기를 통해 검색을 해보면 필자는 자신이 태어난 곳에서부터 무려 약 380km나 공간 이동을 했다는 것을 알 수 있다.

그렇다면 필자는 왜 그 먼 거리를 이동했을까? 필자가 서울로 상경할 때로 시간을 돌려 보자. 고등학교를 졸업한 필자는 청운의 꿈을 안고 서울로 대학을 오게 된다. 지금은 평범한 가장으로서 일상의 삶에 의미를 두고 살지만, 20살 청년인 필자에게는 분명한 꿈(목표)가 있었다. 그 꿈이 뭐냐고? 그건 비밀. 아무튼 필자는 꿈을 이루고자 하는 욕망에 이끌려 서울이란 공간에 발을 내딛게 되었다.

서울. 서울이란 곳은 필자에게 모든 것이 낯선—정말이지 말만 통하는—곳이었다. 그나마 필자 스스로 통한다고 믿고 있었던 그 말마저도 달랐다. 서울 사람들은 필자가 말을 하면 자주 웃거나 흉내를 냈고, 그들의 행위가 사투리를 사용하는 순박한 촌놈에 대한 호의표시만이 아니라는 것을 필자는 이내 알게 되었다. 다시 말해 필자는 그동안 자신이 아무렇지도 않게 사용했던 말(사투리)과는 다른 말(표준어)을 사용하는 이들과의 만남을 통해 기존에는 없었던 열패감을 맛보게 된 것이다. 예이 거짓말! 열패감까지……. 너무 예민한 것 아니야? …….

필자에게는 사투리를 사용하는 친한 친구가 한 명 있다. 그 친구는 필자와 달리 예나 지금이나 일상생활에서 거의 아무렇지 않게 사투리를 사용하고 있다. 그 친구에 비하면 분명 필자는 소심하다고 할 수 있다.

친구: 어이 친구, 우리 정말로 친한 친구지.

필자: 응 그래.

친구: 내가 재미있는 이야기 하나 해줄까?

필자: 재미있는 이야기? 만약 재미없으면 네가 술 사.

친구: 걱정 말고 한 번 들어봐. 있잖아 내가 서울에 있는 대학에 합격했다고 하니까, 부모님이랑 주변 사람들이 뭐라고 했는지 알아?

필자: 그걸 내가 어떻게 알아? 점쟁이도 아니고……

친구: 있잖아, 귀에 못이 박히도록 들은 이야기가 데모하는 선배들 조심하는 것과 절대로 전라도 친구를 사귀지 말라는 것이었다.

필자: ……. 그래.

친구: 근데 말야, 지금 생각해 보면 내가 정말 어른들 말 안 듣기는 안 들었나 봐. 데모도 하고, 너랑 둘도 없는 친구가 됐으니까. 흐흣.

필자: …….

갑자기 무슨 쇼냐고? 물론 위 대화는 필자가 가상해서 만들어 본 것이다. 하지만 위 대화는 진실이기도 하다. 필자 역시 서울로 이주하기 전에 주변의 모든 사람들로부터 제발 데모하는 사람들 옆에는 가지도 말라는 말을 귀에 못이 박히도록 들었다. 아마 필자와 비슷한 시대에 대학을 다녔던 모든 이들은 '데모조심'이란 말로부터 자유로울 수는 없을 터이다. 하지만 친구는 필자가 듣지 못한 한 가지를 더 들었는데, 그것은 '전라도 친구는 사귀지 말라'는 것이었다. 사회 전반적으로 '전라도 친구는 사귀지 말라'고 부모가 가르치는 상황에서 전라도 사람임을 공공연하게 드러내는 사투리를 사용하는 게 꺼려지지 않았을까? 만약 이 같은 상황이 필자가 아니라 친구를 향해 행해졌다면, 과연 친구는 아무렇지도 않게 사투리를 사용할 수 있을까?

지금까지의 이야기를 정리하면, ㉠ 필자는 본인의 자유 의지에 의해 서울로 이주를 한다. ㉡ 그곳에서 필자와는 다른 문화를 갖고 있는 사람들을 만나게 된다. ㉢ 그들과의 교류를 통해 필자는 가급적이면 말을 적게 하는 버릇이 생겼다. ㉣ 그리고 되도록이면 사투리를 쓰지 않으려는, 생각지도 못한 고생까지 하게 되었다는 정도가 될 것이다.

물론 필자는 서울에서의 유학생활이 고향에서보다 훨씬 힘이 들 것이란 점을 잘 알고 있었다. 그럼에도 불구하고 필자가 서울로의 이주를 결심한 것은 합리적 계산(추리)에 의해 이주하는 것이 고향에 있는 것보다 여러모로 더 좋다는 결론을 내렸기 때문이다. 그렇기 때문에 필자는 가끔씩은 열패감을 느끼면서도, 또 생각지도 못한 고난에 직면하면서도, 스스로를 서울에 거주하기에 적합한 사람으로 변모시켜 나갔다.

이러한 변모가 비단 필자 혼자뿐일까? 이러한 변화는 좀 더 나은 삶의 목표와 꿈을 실현하고자 기꺼이 이주를 선택했던 모든 이들(국내, 국제)이 공통적으로 겪었던 것일 터이다. 이주노동자, 결혼이민자, 이민자, 유학생 등은 지금 이 순간에도 변화를 겪고 있을 것이다.

필자가 겪게 된 일련의 변화는 문화접촉cultural encounter, 문화변용acculturation, 적응adaptation 등의 개념을 통해 충분히 설명할 수 있는 것이다. 이들 개념에 대한 이해는 다문화주의 논의에 꼭 필요한 것이다. 그렇지만 여기서는 패스.

(2) 비자발적 이주(디아스포라)

비자발적 이주란 문자 그대로 이주가 당사자의 자유의사가 아닌 어쩔 수 없는 상황에 의해서 이루어진 것을 말한다. 비자발적 이주의 예도 매우 많은데, 얼핏 생각나는 것만으로도 노예가 있고, 전쟁 난민과 유민 등이 있다. 이밖에도 정치나 종교적 안식처를 찾아 떠난 이들도 여기에 속할 것이다.

문순태(1941~)라는 소설가가 있다. 물론 필자는 그의 소설을 좋아한다. 문순태는 1978년 『창작과비평』이란 잡지에 「징소리」라는 소설을 발표한다. 뭐? 징소리! 가만 「징소리」 내용이 뭐지? 분명 어디서 많이 들었던 것 같은데……, 혹시 수능공부하다 봤었나?

생각이 나지 않는 독자들을 위해 그 내용을 간략하게 소개하면 다음과 같다.

손칠복(孫七福)이라는 사내가 등장한다. 그는 이름과 달리 조실부모하였고 그 후에 외가에서 눈칫밥을 먹고 성장한다. 하지만 그는 타고난 성실성으로 죽도록 일을 하여 돈을 모았고, 순덕이란 여인을 만나 가정을 이룬다. 칠복과 결혼한 순덕은 농촌보다는 도시에 나가 살 것을 원하지만, 칠복은 자신이 가난해서 순덕이 그런 마음을 먹는 것이라 판단하여 더 열심히 일을 해 땅을 장만한다. 하지만 순덕과 함께 행복하게 살려한 칠복의 꿈은 장성댐 건설로 인해 고향 마을 '방울재'가 수몰되면서 물거품이 된다. 칠복은 땅을 장만하면서 돈이 많이 들고 또 번거롭기까지 한 서류작업을 하지 않았던 것이다. (1970년대 농촌에서의 토지 거래는 상당부분은 이렇게 이루어졌다. 실제로 필자의 선친께서도 토지를 장만하고 10여 년이 넘도록 서류작업을 안했다.) 수몰지구에 대한 보상 과정에서 서류에 등재되지 않은 칠복의 땅은 보상을 받을 수 없었고, 결국 돈 한 푼 건지지 못한 채 쫓기 듯이 '방울재'를 떠나고 만다. 그러나 산꼭대기 사글세방에서 시작한 칠복의 도시(광주)생활은 순탄치가 않았다. 평생 농사일밖에 모르던 그에게서 도시의 막노동은 몸에 맞질 않았던 것이다. 대도시의 노동은 그의 육신을 잠식해 갔다. 더 이상 도시에서 살 수 없다는 것을 깨달은 칠복은 고향 근처에서 다시 시작하려 하지만, 그것마저도 아내 순덕의 외도로 인해 좌절되고 만다. 거의 실성하다시피 고향에 돌아왔지만 고향은 그를 더 이상 반겨주지 않는다. 결국 칠복은 고향에서마저 쫓겨나게 된다.

대충 이런 줄거리다. 뜬금없이 웬 소설이냐고? 필자가 문순태의 「징소리」를 꺼낸 것은 분명한 이유가 있기 때문이다. 그것은 개인의 자유의사에 반한 이주가 한 개인의 삶에 어떠한 영향을 미치는 것인가를 보여주기 위해서였다. 만약 방울재가 수몰되지 않았다면 칠복의 삶이 이처럼 비극으로 끝이 났을까? 필자는 이주가 없었더라면 아마도 칠복은 순덕이와 함께 아이를 키우며 '방울재'라는 공동체 안에서 안온한 삶을 살았을 거라고 생각한다. 그렇다면 칠복이 겪는 이 명시적인 불행은 수몰로 인한 이주에서 발생한다고 봐야 한다. 칠복은 댐건설과 그로 인한 수몰이라는 불가피한 상황에 의해 자신이 살던 공동체 '방울재'에서 강제적으로 추방되었던 것이다.

여기서 필자는 '이주'와 관련한 중요한 개념 하나를 이야기하고자한다. 이 개념은 칠복처럼 자신이 살던 공동체에서 폭력적으로 이탈(추방)된 이들을 가리킨다. 디아스포라diaspora.

디아스포라는 원래 이산離散을 뜻하는 그리스어로 고대 이스라엘에서 예루살렘 신전이 파괴된 후에 세계 각지로 흩어져 살게 된 유대인과 그 공동체를 지칭하는 개념으로 사용되었다.

〈그림 1-2〉 리들리 스콧(Ridley Scott)감독의 영화 〈킹덤 오브 헤븐〉의 한 장면

하지만 최근에는 의미가 확대되어 "폭력적으로 자기가 속해 있던 공동체로부터 이산을 강요당한 사람들 및 그들의 후손을 가리키는 용어"5)가 되었다. 필자 역시 후자의 개념으로 디아스포라라는 용어를 사용할 것이다.

자발적 이주보다 비자발적 이주에 따른 어려움이 더 크다는 것은 굳이 필자와 칠복의 삶을 비교하지 않더라도 상식에 가깝다. 따라서 누군가(공동체·집단·국민국가)가 이주자를 맞이하는 입장이라면 자발적 이주자와 비자발적 이주자를 동일한 선상에 놓기보다는 구분하여 받아들일 것이다. 그런데 문제는 세계화로 대변되는 오늘날의 이주에서

---

5) 서경식 지음, 김혜신 옮김, 『디아스포라 기행』, 돌베개, 2006, 14쪽.

는 자발적 이주와 비자발적 이주의 경계가 모호하다는 점이다. 표면 적으로 봤을 때는 개인의 자유로운 선택에 의한 이주인 것 같지만, 조금만 파고들어가 보면 어쩔 수 없는 강요가 개인의 자유로운 선택이란 이름으로 포장되어 있음을 알 수 있는 이주들도 있다. 한국사회에서 결혼이주여성의 문제가 초미의 관심사로 떠오르는 이유도 어쩌면 여기에 있는지 모른다. 이 문제도 여기서는 패스.

비자발적 이주자로는 이른바 보트피플boat people로 세계 각지를 떠돌았던 베트남인들과 옛 유고연방의 세르비아에 의해 자행된 코스보 인종학살을 피해 주변국으로 이주한 이들과 같은 난민이 있다. 이밖에도 정치적 이유로 망명을 택한 망명객과 중앙아시아 지역에 거주하는 고려인들과 같은 강제이주자들도 있다.

논의의 편의를 위해 고려인 강제이주를 통해 비자발적 이주에 관해 좀 더 살펴보도록 하자.

고려인 '강제이주deportation'는 1937년 스탈린의 명령에 의해 전격적으로 이루어진 사건을 말한다. 구체적인 사건의 정황에 앞서 먼저 강제이주란 말의 뜻부터 살펴보도록 하자. 강제이주란 흔히 '추방' 내지 '유형'을 뜻하는 말로써 한마디로 정리하면 '개인이나 집단 혹은 어느 하나의 민족 전체를 직·간접적인 탄압에 따라 어느 한 장소에서 다른 곳으로 강압적으로 이주시키는 것'이다.6)

고려인은 러시아어로 '까레이쯔'라 불리는 이들로 구한말의 혼란과 기근을 피해 연해주 지역에 정착한 사람들을 가리킨다. 이들은 1917년 러시아 혁명과 내전에서 볼세비키파에 적극 가담하면서 원동지역의 소비에트정권 창출에 공헌하였다. 원동 소비에트정권이 수립된 후 대부분의 고려인들은 일제강점하에 있는 조선으로 돌아가기보다는 자신들이 개척한 땅에서 새로운 삶을 시작하려 한다. 즉 그들은 자신들이 이주하여 살고 있는 원동을 봉건 압제와 일제강점으로부터 탈출의 땅이자 "조국해방의 열쇠"7)로 인식하면서 비교적 안정적인 생활을 보냈

6) 심헌용, 「강제이주의 발생 메카니즘과 민족관계의 특성 연구」, 『국제정치논총』 39(3), 한국국제정치학회, 1999, 119쪽.

다. 하지만 고려인들의 꿈은 스탈린의 '강제이주' 정책으로 인해 산산이 깨져 버렸다.

갑작스런 이주 결정에 고려인들은 당황했다. 고려인들은 한인 공산당 지도자들을 중심으로 각종 청원서를 통해 "당이 우리 한인 공산주의자들을 믿지 않는다"[8]고 비판했지만 소련 당국은 고려인들의 정당한 항의를 폭력적인 방법으로 제압하였다. 스탈린은 원동에 거주하고 있던 18만 명의 고려인 중에서 김 아파나씨, 조명희, 박창내, 강병제, 송희, 최호림, 리종수 등 2,500명에 달하는 공산당 간부와 지식인 및 군인 장교들을 반혁명분자나 일제 간첩이란 혐의로 처형하였다.

고려인들은 얼마간의 식량과 가구당 지급된 370루불의 이주금을 손에 쥔 채 장장 40여 일 동안이나 멀고 먼 기차여행을 해야만 했다. 이 과정에서 극심한 식량난과 물 부족, 각종 질병으로 인해 2세 이하 영아의 대부분과 노인들이 죽는 비극을 경험한다.[9]

이러한 일련의 사태를 겪으면서 고려인들은 민족이 전멸할 수도 있다는 미증유의 공포를 경험하게 된다. 이러한 공포는 고려인들에게 자신들이 "조선민족으로 태어난 것을 저주"[10]하게 만든다. 강제이주로 인해 고려인들은 '국사범'이란 오명과 '거주지 제한'조치를 당하게 되는데, 이것은 이후 고려인들을 삶에 엄청난 영향을 끼치게 된다. 강제이주 과정을 직접 겪은 고려인은 훗날 수기에서 강제이주는 고려인들에게 엄청난 정신적 상처를 남겼음을 밝히고 있다. 강제이주로 인해 고려인들은 "염세주의로, 비관주의자로, 타락자로 전락"되었으며 심지어는 출세를 위해 원동에서는 볼 수 없었던 "비인간적인 행위"[11]

---

7) 전동혁, 「박령감」, 『씨르다리야의 곡조』, 작씃스(알마아따), 1975, 61쪽.
8) 블라지미르 김, 김현택 옮김, 『러시아 한인 강제 이주사: 문서로 본 반세기 후의 진실』, 경당, 2002 참조.
9) 강제이주를 전후하여 2세 이하의 영아 사망률은 60%에 달했으며, 1938년에는 사망자 7,000명, 1939년 사망자는 4,800명이나 되었다.
이원봉, 「중앙아시아 고려인 강제이주에 관한 연구」, 『아태연구』 제8권 1호, 경희대학교 아태지역연구원, 2001, 90쪽.
10) 박성훈, 「회상기: 역사에서 외곡이 있을 수 없다」 1, 『레닌기치』, 1989. 8. 18.
11) 위의 글.

를 하는 이들마저 나타나기 시작했다고 기술하고 있다.

이러한 진술을 통해 우리는 강제이주가 고려인들의 삶에 얼마나 큰 충격으로 다가왔는지를 짐작할 수 있게 되었다.

1.1.3. 이주의 원인

필자는 기본적으로 이주를 하는 원인은 이주자 숫자만큼이나 다양하다고 생각한다. 여기서는 자발적 이주와 비자발적 이주에서 언급하지 않은 국제이주의 원인에 대해 간략하게 설명하고자 한다.

국제이주의 원인은 분명 매우 다양하지만 그렇다고 전혀 유형화할 수 없는 것도 아니다. 개략적으로 유형화를 해보면 크게 세 가지 정도이다. 첫째는 철저하게 개인적 욕망과 관련된 경우이고, 둘째는 식민통치와 같은 과거 역사적 사실과 연관을 맺는 경우이다. 마지막으로 세계적 규모로 발전하는 자본주의와 관련하여 설명할 수 있다.

1970~1980년대 한국사회에서 열풍처럼 일었던 미국 이민 등은 개인적 욕망과 관련하여 설명이 가능하며, 일본과 중국에 거주하는 재외동포들은 역사적 사실과 연관을 맺고 있는 국제이주자들이다. 세계적 규모의 자본주의 발전—이른바 세계체제론—과 관련한 이주는 최근 한국사회로 급격히 유입되고 있는 외국인노동자와 관련해 설명할 수 있을 것이다.

필자의 이런 분류에 대해 혹자는 의구심을 제기할 수도 있으리라 생각한다. 왜냐하면 외국인노동자들은 과거 파독광부나 중동건설노동자들이 그랬던 것처럼 높은 임금을 받고자 하는 개인적 욕망에 의한 이주자라는 인식이 지배적이기 때문이다. 하지만 이들의 이주에는 개인적인 욕망 못지않게 세계 자본주의의 불균등한 발전과 국제적인 노동분업에 의한 구조적인 이주라는 점 또한 부정할 수 없는 사실이다. 이런 개념으로 한국 거주 이주노동자를 분석한 대표적인 국내 학자가 설동훈인데, 그에 따르면 세계 자본주의는 1차 산업과 2차 산업의 불균등한 발전을 통해 성장한다. 이로 인해 1차 사업에 종사하는 저개발

국 노동자들은 생존을 위해 국제적인 노동시장에 강제적으로 편입될 수밖에 없다는 것이다.[12]

이주에 관한 지금까지의 논의를 표로 정리하면 다음과 같다.

〈표 1-1〉 다양한 기준에 따른 이주의 유형

분류기준	이주의 유형
공간	국내이주(internal migration)
	국제이주(international migration)
시간	일시적 이주(temporary migration) 예) 계절노동자, 순환이주노동자
	영구적 이주(permanent migration)
이주형태	자발적 이주(voluntary migration) 예) 이주노동자, 결혼이민자, 유학생, 이민자
	비자발적 이주(involuntary migration) 예) 노예제, 난민, 유민, 인신매매
이주규모	개인이주(individual migration)
	집단이주(mass migration)

*정재각(2010)의 내용을 엄한진(2011), 42쪽에서 인용.

1.2. 이주로 인한 문화접촉과 그 문제점

지금까지 우리는 이질문화가 만들어지는 과정 중 하나인 사람의 이동(이주)에 관해 살펴보았다. 일반적으로 하나의 문화와 다른 문화가 교류하게 되면 문화접촉cultural encounter, 문화변용acculturation, 적응adaptation의 과정이 나타나게 된다. 그런데 이 과정은 어느 한쪽에서만 일방적으로 이루어지는 것이 아니라 쌍방향에서 모두 발생한다. 문화교류의 이러한 속성 때문에 학자들은 문화 간 교류를 번역이란 용어로 설명하기도 한다.[13]

간단한 예를 들어보자. 독자들은 필자와 필자 친구 간의 에피소드를 기억할 것이다. 물론 필자의 친구 또한 필자와 마찬가지로 이주자라는 점에서 기존문화에 새로운 문화가 유입되어 발생하는 문화접촉

---

12) 설동훈, 『외국인 노동자와 한국사회』, 서울대학교출판부, 1999 참조.
13) 김현미, 『글로벌 시대의 문화번역』, 또하나의문화, 2005 참조.

과 이로 인한 문제점을 설명하기에는 적절하지 않을 수 있다. 그럼에도 불구하고 필자가 이 에피소드를 소개한 것은 문화교류가 미치는 영향이 쌍방향이라는 점을 설명하기 위해서이다. 다시 한 번 시간을 거슬러 올라가보도록 하자.

필자는 앞서 이미 밝혔듯이 주변 사람들이 필자를 쉽게 특정 지역 출신으로 인식하는 것을 무척 꺼려했다고 말했다. 그래서 가능하면 지역출신임을 드러내는 행위를 자제하게 되었고, 이러한 행위는 현재까지도 의식·무의식적으로 필자의 행동들을 지배하고 있다. 반면, 필자의 친구는 자신의 생각을 비교적 직설적으로 표현하는 편이었다. 하지만 그런 친구도 지역감정이나 지역주의와 관련된 문제만큼은 대단히 신경을 쓴다. 친구는 자신이 무심코 내뱉는 말이나 행동들이 필자에게 큰 상처를 줄 수 있다는 것을 나와의 교류를 통해서 알게 된 후부터 자신을 변화시키기 위해 무던히 노력했다. 이 과정에서 나와 친구 모두는 서로의 출신 지역에 대한 인식 중 잘못된 부분을 어느 교정할 수 있었고, 서로에 대한 이해가 우정을 쌓는 데 많은 도움이 되었다.

문화 간의 교류는 위의 예처럼 분명 쌍방향에 영향을 준다. 하지만 그 영향의 크기는 쌍방향에 동일하게 작용하는 것은 아니다. 즉 어느 한쪽은 큰 영향을 받는 반면, 다른 쪽은 미미한 영향을 받는 경우도 존재한다. 지금부터는 그러한 경우에 관해 이야기하고자 한다. 우리는 그 예를 앞서 제시한 고려인 강제이주에서 가져오려고 한다.

고려인이 강제이주를 당한 원인에 대한 국내외의 연구를 종합해 보면 다음과 같다. 첫째, 일제의 연해주 침략으로 인해 극동 정세가 불안해졌으며 이에 소련이 불안감을 갖게 되었다는 점, 둘째, 소련 당국이 고려인들의 헌신적인 소비에트 건설과 참여에도 불구하고 '황화론'에 근거해 근본적으로 고려인들을 믿지 못했다는 점, 셋째, 중앙아시아의 광활한 황무지 개발을 위한 노동력 확보가 필수적이었다는 점, 넷째, 고려인들의 한인자치공화국 건설을 무력화시키기 위한 예방책, 다섯째, 범튀르크주의를 제어하기 위한 고도의 정치적 행위 등이 그것이다. 이 중에서 부연

설명을 필요로 하는 것은 넷째와 다섯째이다. 넷째의 경우는 국내 젊은 연구자들에 의해 제시되고 있는 것인데, 그 주장은 다음과 같다.

한인 지도자들은 원동 소비에트 정권이 안정되자 1929년 소련 당국에 '원동한인공화국' 건설을 요구하면서 구체적인 계획에 착수한다. 그 중에서 특히 원동 소비에트 정권 설립에 공헌한 김 아파나씨는 1933년 '뽀시예뜨'의 농업집단화 성공을 발판으로 '뽀시예뜨한인민족지구'를 건설하여 최대 10년간 국가로부터 곡물의 국가 공출을 면제받는 성과를 창출하기까지 한다. '뽀시예뜨한인민족지구'의 성공은 당시 이 지구 기관지인『선봉』에 보도되기까지 했는데, 이 일로 인해 일본과 소련 당국은 외교적 마찰을 빚기도 했다. 즉 일본의 입장에서는 명시적으로 일본국민들인 한인들이 공공연히 일본의 지배를 거부할 뿐만 아니라, 일본에 적대적인 행위까지를 하고 있는데도 소련 당국이 이를 묵인 내지 조장하고 하고 있다고 항의하였다.

한편, 급격하게 세력을 키워나가는 한인들의 처리에 골몰하고 있던 소련 당국은 일본과의 대립을 원치 않는다는 명목으로 일본의 요구를 수용했고, 외교적 분쟁의 책임을 물어 김 아파나씨를 체포하여 사형시킨 후, 이후 고려인 자치문제를 엄격하게 탄압하였다. 고려인 강제이주도 이러한 고려인 탄압정책의 일환이라는 것이다.[14] 다섯째는 일종의 대(對)이슬람 정치공학적 관점이라 할 수 있다. 고려인 강제이주를 중앙아시아에 거주하고 있는 다수민족인 무슬림 튀르크족의 연합을 제어하기 위한 방안으로 하나로 설명한다. 다시 말해 소련 당국은 언젠가 발생할지도 모르는 무슬림의 단결을 저지하기 위한 방어수단이 필요했는데, 고려인들을 강제이주시킴으로써 그 같은 방어수단을 갖게 되었다는 주장이다.[15]

---

14) 김대희, 「1937년 중앙아시아 지역 한인 강제이주 연구」, 이화여자대학교 석사논문, 2003, 30~31쪽.
15) 최한우, 「중앙아시아 민족주의 운동과 고려인 집단 정체성 문제」, 『아시아태평양지역연구』 제3권 1호, 전남대학교 아시아태평양지역연구소, 2000, 208쪽.

〈그림 1-3〉 노력영웅 김병화 농장의 현재 모습

    중앙아시아에 도착한 고려인들은 '일본의 스파이'라는 소련 당국의 낙인으로부터 벗어나기 위해서는 자신들의 애국심을 증명하는 길밖에 없다고 생각하였다. 그러나 이것마저도 적성민족이란 이유로 병역의 의무를 이행할 수 없게 됨으로써 좌절되고 만다. 고려인들은 이른바 '조국수호전쟁' 당시 후방에서 전쟁을 지원하기 위해 노력하였다. 하지만 그들은 '노력전선'에서 흘린 피땀에도 불구하고 "우리 조국 사회의 운명이 걸린 참호 속에"16) 함께 동참하지 못했다는 부끄러움을 느껴야만 했다. 이것은 단순한 부끄러움을 넘어 정신적으로 엄청난 상처를 남기게 되는데, 소련 공민으로서의 정당성에 대한 박탈감이 그것이었다. 다시 말해 고려인들은 남들이 죽음으로 지켜낸 소련 연방에 무임승차하였다는 자괴감을 갖게 되었고, 이것은 이후 고려인들로 하여금 소련 당국의 돌격대가 되게 하는 하나의 원인으로 작용하였다.

    결국 고려인들은 중앙아시아의 광활한 황무지 개발을 위한 노동력

---

16) 스쩨빤 김, 「스탈린의 한인 강제이주와 잃어버린 모국어」, 『역사비평』 8, 1990, 130쪽.

확보와 농업기술의 발전이라는 소련 당국의 요구를 많은 '노력영웅'의 배출을 통해 직접적으로 수행17)할 뿐만 아니라, 모델 마이너리티model minority로서의 삶을 통해 소련 당국의 민족분할 지배정책에 간접적으로 기여하게 된다.

필자는 '모델 마이너리티'라는 새로운 용어로 중앙아시아로 이주한 고려인들을 표현하고 있다. 원래 "모델 마이너리티model minority"라는 용어는 1960년대 이후 미국의 백인사회가 아시아계 미국인들을 지칭하는 개념이다. 백인사회는 아시아계 미국인들이 "숱한 정치적 경제적 어려움에도 불구하고 백인을 능가하는 수입을 올리고 성공한 중산층"으로 성장하자, 그들을 모델 마이너리티model minority로 명명하면서 소수자로서의 흑인과 라틴계의 불만을 관리하고자 하였다.18)

필자가 '모델 마이너리티'라는 용어를 가져온 것은 과거 소련체제가 외형적으로 민족주의를 부정했지만 내면적으로 압도적 우위를 점하고 있던 러시아 민족이 헤게모니를 장악하는 시스템이었다는 점에 착안한 것이다. 다시 말해 소련 당국은 겉으로는 줄기차게 '전인민의 소비에트화'라는 슬로건을 내세웠지만, 이것은 엄밀한 의미에서 전인민의 러시아인화였다. 소련 연방이 다수의 민족으로 구성되어 있음을 감안할 때, 러시아민족 중심의 소비에트화 정책으로 인한 상대적 소외와 질병으로 인한 인구 감소, 그리고 흉작 등으로 인한 식량난 등에 시달리고 있던 중앙아시아 사람들의 불만은 자연스러운 것이었다. 모델 마이너리티로서의 고려인들의 존재는 이러한 불만을 잠재우고자 했던 소련 당국의 입장에서는 효과적으로 사용할 수 있는 카드였던 셈이다.

하지만 고려인들은 그 치열한 생존 노력에도 불구하고 중앙아시아에 이주한 이방인이며 소수자일 수밖에 없었다.

집단 이주된 소수민족으로써 고려인들은 지배민족에 대한 이중적인 부담을 가

---

17) 권희영·반병률, 『우즈베키스탄 한인의 정체성 연구』, 정신문화연구원, 2001, 37쪽.
18) 박정선, 「아시아계 미국인에 대한 타자화(他者化)와 그 문제점」, 『역사비평』 58호, 2002, 289쪽.

지게 되었다. 그것은 자신들이 이곳에 이주시킨 절대 지배 민족 러시아인들에 대한 것이요, 또는 정착 지역의 주인이요 실제적인 다수민족 우즈벡 및 카작인들에 대한 것이었다. 서로 갈등하고 대립하며 투쟁하는 두 상전을 동시에 모신다는 것은 것의 불가능한 일이었다.[19]

두 상전을 동시에 모시는 이방인 내지 소수자로 갖게 되는 존재의 불안감 속에서 고려인들이 선택해야 하는 길은 어떤 것이 있었을까? 고려인들은 되도록이면 자신들이 다수자와 구별되는 소수자로 구분되는 것을 피했다. 이들 위해 그들은 다수와 소수의 구별을 무화시키는 상상적 질서를 추구하였다.

고려인들은 조상 대대로부터 토지와 언어 및 문화를 공유하면서 형성한 무슬림 공동체라는 단단한 관념에 휩싸여 있는 다수자들 사이에 존재하는 소수자로서의 자기 생존 방식을 추구하게 되는데, 프롤레타리아 국제주의가 그것이었다. 고려인들은 프롤레타리아 국제주의를 내세워 중앙아시아의 다수자들과의 간극을 '소비에트 시민은 하나'라는 구호로 통합시키고자 했다. 이 과정을 거치면서 고려인들은 자신들이 갖고 있던 고유의 민족정체성에 대한 억압과 프롤레타리아 국제주의를 대내외적으로 과시하면서 러시아인들보다 더 철저한 소비에트인으로 성장[20]하였다.

강제이주를 경험한 고려인들의 삶을 보면서 이렇게 물을 수도 있을 것이다. 모델 마이너리티로서의 그들의 삶은 정말로 행복했을까? 다음의 인용문을 통해 그 물음에 대한 답을 찾아보도록 하자.

> 오! 카사흐쓰탄,
> 은덕 많은 카사흐땅,
> 해빛도 많고

---

19) 최한우, 앞의 글, 208쪽.
20) 최한우는 고려인의 성장을 '러시아인들과의 일종의 공모(共謀)의 형태'로 바라본다. 위의 글, 209쪽.

땅도 넓으며

마음도 후하구나!

나는 네 땅의

떡을 먹고

물을 마시며

우정에 휩싸여

다민족 큰 가문에서 멋지게 살아간다.

－연성용, 「카사흐쓰딴아, 나의 절을 받으라」 중 일부

인용문은 대표적인 고려인 문인 연성용 시의 일부분이다. 이 시에서 연성용(1909~1995)은 자신들과 중앙아시아인들과의 만남을 우정으로 형상화하면서 그들과의 연대성을 유독 강조한다. 시의 내용을 개관하면 중앙아시아인들은 낯선 곳으로 이주해 온 고려인들에 대해 "부드러운 그 말씨/포근한 그 손길"로 마치 형제처럼 따뜻하게 맞이해 주었고, 그들의 도움으로 인해 고려인들은 중앙아시아에서 "학사, 박사/의사, 기사/로력영웅"이 될 수 있었으니 그들의 공을 생각하면 저절로 "반가워 절을 올"릴 수밖에 없다는 것이다.

현지인들과의 우애를 강조하면서 다수민족이 소수민족을 배제하지 않고 상호 공존하는 사회가 이상적인 세계임을 제시하고 있다. 그런데 이런 경향의 작품들은 고려인 문학 전반에 걸쳐서 다수를 점하고 있다. 왜일까? 이 지점에서 소수민족으로 중앙아시아에서 살아야 했던 고려인들의 현실적인 고충을 살필 수 있다고 한다면 너무 큰 억측일까?

1.3. 갈등 극복 방안으로서의 다문화주의

필자는 고려인들의 중앙아시아에서의 삶이 한마디로 민족정체성에 대한 끊임없는 억압과 프롤레타리아 국제주의에 대한 헌신으로 이루어졌음을 살펴보았다. 고려인들의 민족정체성에 대한 억압은 주도면밀하게 이루어졌는데, 고려인들은 소련 당국에 의해 자행된 정치·사

회적 차별에 대해 침묵하였을 뿐만 아니라, 심지어는 망각을 강요하였다. 실제로 고려인들은 자신들의 자손에게까지 자신들이 겪었던 경험을 말하지 않을 정도였는데, 이것은 강제이주를 비롯한 과거의 정치적 탄압을 일부러 기억에서 불러내지 않는 것으로써, 그 이면에는 과거를 기억하는 것만으로도 "새로운 탄압을 불러올 것 같은 공포와 불안"21)이 자리하고 있다. 결국 고려인들은 원동시절 소중히 일궈왔던 문화와 전통, 그리고 언어와 역사를 버리고 소련사회가 강요한 이데올로기에 과잉 적응하는 왜곡된 형태를 띠면서 사회 각 분야에서 일정한 성공을 거둘 수 있었다. 하지만 이러한 고려인들의 삶은 소련사회에 굴욕당한 고려인들이 바로 자신들을 굴복시킨 그 사회의 돌격대가 되어서 자신들이 당했던 모욕감을 지배자의 목소리와 동일시함으로 극복하려 한다는 점에서 비극이라 하지 않을 수 없다.

그런데 다수자에 둘러싸인 모든 소수 이주자들이 고려인들처럼 지배집단(다수자/주체)과의 동일시identification를 통해 갈등을 극복한 것은 아니다. 대부분의 이주자들은 이주과정에서 기존의 지배집단(다수자/주체)에 편입되기를 희망하지만, 문화적 차이로 인한 갈등을 극복하지 못한 경우도 있다. 문화적 차이에 의한 갈등은 이주자들의 정체성 형성은 물론이고 심지어는 삶에까지 커다란 영향을 미친다. 국제이주는 국내이주보다 이주의 영향이 훨씬 크다. 다음의 그림은 이주로 인한 문화 간의 갈등이 한 개인의 삶에 어떠한 영향을 주는지를 잘 보여주고 있다.

"장래 꿈은?"

"……가능하면 일류대학에 들어가서, 가능하면 일류기업에 취직하고, 가능하면 순조롭게 출세해서, 가능하면 예쁜 마누라 얻고, 가능하면 귀여운 애를 둘쯤 낳고, 가능하면 도쿄에 단독주택을 지어서, 가능하면 정년퇴직 후에는 바둑이나 두고, 가능하면 화창한 가을날에 마누라 손을 잡고, '당신이랑 평생을 같이 살 수

21) 권희영, 「중앙아시아 한인들의 외상과 그 영향 분석: 우즈베키스탄의 한인들을 중심으로」, 권희영·반병률, 『우즈베키스탄 한인의 정체성 연구』, 정신문화연구원, 2001, 37쪽.

있어서 행복했어.'라고 말하면서 평화롭게 죽고 싶어. 하지만 그렇게는 되지 않을 테니까 다른 길을 걷겠지."

"정말? 가능하면 그런 인생을 살고 싶어?"

"응."

"……."

─가네시로 가즈키, 김난주 옮김, 『GO』, 53쪽

〈그림 1-4〉 유키사다 이사오 감독의 영화 〈GO〉의 한 장면

　대표적인 재일在日 신세대 작가인 가네시로 가즈키金城一紀(1968~)의 장편소설 『GO』를 영화한 한 장면이다. 가네시로는 1968년 사이타마현埼玉縣에서 태어나 중학교까지는 조총련계 민족학교에 다녔고, 고등학교 1학년 때 국적을 한국으로 바꾼 후, 일본 고등학교와 게이오慶應대학을 졸업했다. 1998년 일본 고단샤講談社의 대중소설 잡지 『現代小說』에 오카다 고신岡田孝進이란 필명으로 단편 「레볼루션 NO. 3」를 발표하여 '소설현대신인상'을 받았다. 가네시로는 처음으로 쓴 장편소설 『GO』로 2000년 나오키直木상을 수상하면서 일약 스타작가로 부상하였다.

　『플라이 대디 플라이』와 『스피드』 등을 발표한 가네시로는 『플라이 대디 플라이』가 2006년 최종태 감독에 의해 〈플라이 대디〉로 영화화되면서 여타의 재일在日 신세대 작가에 비해 비교적 국내에도 많이 알려져 있는 편이다.

가네시로는 재일조선인 문학의 주요 테마였던 조국이나 고향에 대해 "한 번도 만난 일 없이 죽어 버린 할아버지와 할머니의 무덤"이 있는 곳쯤으로 인식하거나 심지어는 "한국 같은 나라 망해버려라……."(86쪽)라고 극단적인 저주를 퍼부으며 거리를 둔다.

물론 가네시로의 출현 이전에도 재일조선인 문학에서 민족에 대한 새로운 인식이나 거리두기가 없었던 것은 아니다. 재일조선인 사회는 재일 2·3세대의 비율이 80%를 상회하기 시작한 1970년대 후반부터 서서히 '정주화'에 관심을 갖기 시작하였다. 그 결과 재일조선인 문학에서도 자연스럽게 기존의 민족 중심에서 벗어나 "「너는 누구인가」, 「나는 누구인가」, 「우리는 누구인가」"22)라는 재일조선인의 아이덴티티를 재확인하는 방향으로 선회하였다. 대표적인 작가가 김학영, 이회성, 이양지, 양석일 등이다. 이들은 "조국과 자신 간의 거리 인식, 자기 정체성 확립, 길항하는 현실과 이상"23) 등을 문제 삼음으로써 변화하는 재일조선인 사회를 반영하고자 했다. 하지만 이들의 이런 변화는 어디까지나 민족을 인정하는 속에서 나온 것이었다.

그런데 가네시로를 비롯한 신세대들은 전통적인 민족에서 벗어나 스스로를 '자이니치在日(ざいにち)'라는 개념으로 규정하였다. 이른바 일본의 개혁개방 정책과 함께 성장한 재일 3·4세대들은 일본에 대한 이질화보다는 동질화 경향이 강했는데, 이들은 스스로를 일본인으로 인식하고 일본사회에 완벽히 동화되고자 욕망한다. 재일조선인 3·4세대의 이 같은 변화에는 다양한 요인들이 작용하고 있지만 필자는 세계화라는 전 지구적 변화에 대응하는 일본사회의 움직임이 중요한 역할을 했다고 생각한다. 필자는 누차에 걸쳐 오늘날 세계는 다국적 기업, 이민(이주노동자·결혼이민), 유학, 해외여행 등의 급속한 증가로 전통적인 국경개념이 해체되고 있다고 이야기했다. 일본 역시 이러한 세계사적 변화에서 자유로울 수 없었다. 특히 일본은 정주 외국인들의 국

---

22) 김재국, 「재일조선인 문학의 민족성의 변용과 그 행방」, 『일본어 문학』 36집, 한국일본어문학회, 2007, 290쪽.

23) 김환기, 「재일 코리언 문학의 계보」, 김환기 편, 『재일 디아스포라 문학』, 새미, 2006, 31쪽.

적 다변화와 꽤를 같이하여 그동안 강고한 체계로 형성되었던 '배제와 극복의 대상으로서의 타자—동화—'에 대한 인식의 변화를 시도하였다.

일본정부는 1985년 '플라자 합의' 이후 총무성 산하에 '다문화공생의 추진에 관한 연구회'를 결성하는 등 정주화 경향을 보인 외국인들에 대한 다양한 대책을 마련24)하는 한편, 그동안 고수해 왔던 "단일민족 이미지"25)에 변화를 꾀하게 된다. 일본사회의 이러한 변화에 대해 재일조선인들은 '정말 그렇게 변할까?'라며 회의의 시선을 보내기도 한다. 하지만 그들은 "원 안에 꼼짝 않고 앉아서, 손닿는 범위 안에 있는 것에만 손을 내밀고 가만히 있으면"(57쪽) 안전할 수는 있지만, 결코 그 원에서 벗어날 수 없다는 생각으로 변화의 중심에 서고자 한다. 하지만 재일조선인들의 이 같은 욕망은 국적이라는 현실적 장벽 앞에서 가로막히고 만다. 스기하라를 비롯한 재일 3·4세대들은 일본에서 태어나 일본에서 자랐지만, 국적(민족)의 차이로 인해 항상 재일조선인으로 규정당해야만 했다. 재일조선인들이 이처럼 국적에 의해 배제당한 것은 이들이 일본인들과 구별할 수 없을 만큼 외형적으로는 비슷했기 때문이었다. 다시 말해 일본에서 태어나 자란 재일조선인들은 일본인의 입장에서 보면 "어떻게든 분류하고 이름을 붙이지 않으면 안심"할 수 없을 만큼 일본인을 닮았다. 일본인들은 자신들과 닮은 재일조선인들을 어떻게든 자신들과 구분하려 했는데, 그 기준이 바로 국적이었던 것이다.

스기하라와 같은 재일조선인 3·4세대들은 아무리 벗어나려고 해도 철옹성처럼 자신들을 둘러싸고 있는 국가의 존재로 인해 작은 일상의 행복마저 "가능하면"이란 단서 속에서만 꿈꿀 수밖에 없었다. 스기하라는 이 같은 현실을 국민국가의 경계를 부정하는 것으로 극복하고자 한다. 다시 말해 그는 "언젠가는 반드시 국경을 없애 버리겠"(243~244

---

24) 고모다 마유미, 「일본의 다문화 공생은 가능한가?」, 『민족연구』 30호, 한국민족연구원, 2007, 52쪽.
25) 위의 글, 53쪽.

쪽)다고 결심하는데, 이러한 그의 결심에는 자신을 옥죄고 있는 일체의 국민국가의 틀을 해체하는 것은 물론이고 그 지배질서마저도 부정한 채, 세계인으로 살아가겠다는 결심이 내포되어 있다.

이 지점에서 필자는 두 가지 질문을 하고자 한다. 첫 번째 질문은 사회 구성원이면 누구나 마땅히 꿈꿀 수 있는 일상의 작은 행복마저도 '가능하면'이란 단서를 통해서만 꿈꾸는 사회가 과연 정당하고 정의로운 사회인가? 스기하라와 같은 재일조선인들로 하여금 일상의 작은 행복마저도 포기하도록 만드는 일본사회에 대한 여러분의 감정은 어떤 것인가? 말해 무엇하냐고? ……오케이!

아마도 이 질문을 통해 여러분들은 필자의 의도를 파악했다며 즐거워 할 것이다. 필자의 의도는 비교적 명확하다. 필자가 스기하라의 이야기를 끌어온 핵심은 사회적 소수자들은 주류문화에 속하는 사람들로서는 당연히 누려야 하는 보편적인 권리마저도 끊임없이 유예하거나 가정으로서만이 추구할 수밖에 없다는 것을 이야기하기 위해서였다. 이 이야기는 스기하라가 겪었던 경험들이 한국사회와는 무관한 것인가라는 물음으로 이어질 것이다. 다시 말해 한국사회에서는 부모의 국적이 외국인이란 이유만으로 스기하라처럼 자신의 꿈을 어쩔 수 없이 유예하는 이들이 존재하지 않는다고 단언할 수 있는가? 만약 한국사회에도 스기하라와 같은 이들이 존재한다면……, 이건 있을 수 없는 일이야. 한국사회는 사회적 소수자들을 공동체의 일원으로 포용하기 위한 특단의 조치가 필요해. 그래, 결심했어. 다문화 정책!

짝! 짝! 짝! 여러분의 추론에 박수를 보낸다. 이렇게 되면 다문화주의는 비교적 간단히 정리할 수 있다. 사회적 소수자들은 다수자에 비해 보편적 권리가 제한당하는 만큼 그들의 권리를 보장해 주는 일련의 행위 정도로 말이다. 근데, 이건 간단해도 너무 간단하다. 필자는 다문화주의를 '몇 개월 또는 몇 년에 걸쳐 참고서적을 찾아보고 궁리해도 풀수 없는 문제들'이라고 이야기했다. 뭔가 속셈이 있는 것 같은데…….

맞다. 다문화주의는 분명 위의 추론처럼 사회적 소수자에 대한 권리 부여와 같은 내용을 포함하고 있다. 하지만 다문화주의는 그것만으로 구성되는 그렇게 간단한 개념이 아니다. 눈 밝은 독자들은 이미 알고 있겠지만, 위의 추론은 다분히 스기하라와 같은 사회적 소수자의 입장에서 다문화주의를 이야기하고 있다. 다문화주의를 소수자의 입장이 아니라 다수자의 입장에서 생각하면 어떻게 될까? 다수자의 입장에서 본다면 스기하라와 같은 존재들은 자신들의 공동체에 들어온 이방인에 불과하다. 그런데 그런 이방인들이 공동체의 문화는 물론이고 공공연히 지배질서를 부정한다면 어떨까? 이럴 경우 우리들은 지금까지의 논의와는 다른 문제들과 마주하게 될 것이다. 가령, 2005년 11월에 발생한 파리 외곽의 무슬림 소요사태를 생각해 보자. 프랑스로 이민한 무슬림 이민자들의 후손들은 프랑스 사회의 사회적 차별에 항의하면서 자신들이 겪는 불만을 폭력적으로 방법으로 표출하였다. 장기간의 폭력 소요로 인해 엄청난 인적·물적 손실이 발생하였고, 프랑스의 이주민 통합정책의 취약성이 전 세계적으로 폭로되었다.

만약 여러분이 다수자의 입장이라면 사회적 소수자들의 이 같은 행동을 마냥 용인할 수 있을까? 쉽지 않을 것이다. 왜냐하면 사회적 소수자들이 공동체의 지배질서를 부정함으로써 초래하는 사회적 비용이 엄청나기 때문이다. 가장 좋은 방법은 사회적 소수자들을 공동체 밖으로 영구적으로 추방함으로써 갈등 발생을 미연에 방지하는 것이다. 하지만 이러한 방법은 현실적으로 거의 실효성이 없으며, 설사 실현가능하다고 하더라도 엄청난 사회적 비용이 요구된다.

〈그림 1-5〉 강제추방에 반대하는 외국인노동자들의 시위 모습
(≪연합뉴스≫, 2004. 2. 26)

사회적 소수자들을 공동체 내에서 완전히 축출할 수 없는 현실 속에서 다수자들은 결국 사회적 소수자에 대한 '배제/포용'이라는 선택지 중에 하나를 선택하도록 강요받게 될 것이다. 선택지를 받아들게 된 게 당신이라면 과연 어떤 것을 선택할까? 아마 대부분의 다수자들은 최소한의 사회적 비용으로 갈등을 해소하는 방법을 추구하게 될 것이다. 어쩌면 다문화주의는 그렇게 선택한 방법 중 하나일는지도 모른다.

이상의 논의를 통해 우리는 다문화주의가 다수자나 사회적 소수자 중 어느 한편만의 이해를 온전히 반영하기보다는 양쪽의 이해관계가 서로 중첩되고 있는 이중적 개념이라는 것을 알 수 있었다.

2. 세계 각국의 이주민 통합정책

지금까지의 논의를 통해 우리는 이주는 일정한 갈등을 양산하며, 이주를 근절시킬 수 없다면, 사회는 어떻게든 이주로 인한 갈등해소 방안을 모색하지 않을 수 없다는 것에 관해 살펴보았다. 그런데 이주자로 인한 갈등해소는 그렇게 간단한 문제가 아니다. 왜냐하면 이주는 앞서 살폈듯이 지극히 개인적인 문제인 동시에 구조적인 문제이고, 계급과 인종, 그리고 종교까지가 결합되어 복합적인 성격을 띠고 있기 때문이다. 이주문제에 있어 현실적인 난점은 무엇보다도 이주가 '일국의 문제인 동시에 국가 간의 문제'라는 점일 것이다.

베트남에서 한국으로 국제결혼을 해온 결혼이주여성의 경우를 상정해 보도록 하자. 그녀들이 자신의 꿈꿨던 대로 한국에서 행복한 삶을 산다고 해도 그녀의 국제결혼은 베트남과 한국사회 양쪽에 긍정적이든 부정적이든 일정한 영향을 미친다. 그런데 이런 영향은 베트남 결혼이주여성들을 한국에 팔려온 성 상품쯤으로 비하한 ≪조선일보≫의 보도26)에서 보듯이 외교적인 문제로 비화되기까지 한다.

〈그림 1-6〉 조선일보의 보도태도에 항의하는 베트남 유학생들 모습
(≪프레시안≫, 2006. 4. 26)

그렇기 때문에 이주자들에 대해 어느 한 국가가 일방적으로 자신들의 입맛에 맞게 처리하는 것은 쉽지 않다. 이주자들에 대한 처리 문제는 이처럼 너무나 복잡하기 때문에 세계 각국은 자국의 형편에 맞는 다양한 형태의 이주민 통합정책을 시행한다. 선행연구들에 따르면 이주민 통합정책은 크게 3가지로 유형화할 수 있는데, 차별배제differential exclusionary모형, 동화assimilationist모형, 다문화multicultural모형이 그것이다. 여기에서는 이들 각 모형의 특징에 관해 살펴보기로 하자.

2.1. 차별배제모형(differential exclusionary model)

차별배제모형은 이주자들을 받아들이는 데 있어 문자 그대로 차별하고 배제하겠다는 원칙이다. 이 모형의 특징은 이른바 '종족적 민족주

---

26) '조선일보 베트남 신부 비하 보도' 사건은 조선일보가 2006년 4월 21일자에 '베트남 처녀들, 희망의 땅 코리아로!'라는 기사를 게재한 것을 말한다. 이 기사에서 조선일보는 한국 남성을 '왕자'로 베트남 여성들을 '왕자의 선택을 기다리는 여성'으로 묘사함으로써 많은 국내의 시민들은 물론이고 베트남 국민들의 공분을 불러일으켰다. 결국 이 문제로 인해 한국정부는 베트남에 유감의 뜻을 전하기도 했다.

의'나 혈통주의가 강한 나라에서 이주자 통합정책으로 사용하고 있는데, 독일어권 국가(독일, 스위스, 오스트리아)가 전형적인 예라 할 수 있다.

대표적인 국가인 독일의 이주자정책을 통해 차별배제모형에 대해 좀 더 알아보도록 하자. 프랑스와 함께 유럽 대륙을 대표했던 독일은 국민국가로의 전환이 프랑스에 비해 상대적으로 뒤떨어졌는데, 이 같은 후진성을 혈통을 중심으로 한 강력한 민족주의를 통해 극복하고자 했다. 혈통중심의 강력한 민족주의는 "독일은 이주국가가 아니다Deutschland ist kein Einwanderungsland"라는 원칙으로 이어졌고, 그 결과 제2차 세계대전 이후 유럽에서 가장 많은 이주민을 받아들인 국가들 중 하나가 되었다. 하지만 독일사회는 이주민들을 독일사회에 온전히 통합시키기보다는 가능하면 배제하는 정책을 추진하였다.27)

이러한 원칙은 독일정부의 이주노동자정책에 고스란히 들어있는데, 한마디로 경제적 이익을 위해 이주노동자를 받아들이고 활용할 수는 있지만, 그들이 독일인과 함께 영구적으로 사는 것은 허락할 수 없다는 것이다. 독일정부는 제2차 세계대전 이후 이른바 '라인강의 기적' 시기에 탄광 산업을 비롯한 특정 산업을 중심으로 노동력이 부족하자, 부족한 노동력을 외국인노동자의 고용을 통해 해결하려 하였다. 그런데 이때 독일정부는 외국인노동자들이 독일사회에 영구적으로 정주하는 것을 방지하고자, 노동자를 송출한 국가와 '고용을 위한 협정'을 체결하여, 이주노동자의 독일 내 영구 정주를 막는 데 송출국이 일정한 역할을 하도록 하였다. 독일 이주노동자 정책의 핵심을 한마디로 정리하면 고용계약이 끝나면 이주노동자들을 본국으로의 귀환시키는 것이었다. 이러한 원칙하에 독일정부는 처음에는 스페인과 이탈리아 등 유럽 국가 노동자들만을 받아들이다 점차 터키 등 인접의 비유럽 국가 노동자들로 대상을 확대하였다. 그 이후 동아시아 국가인 한국에까지 간호사와 광부들을 요청할 만큼 범위가 확대되었다.

그렇다면 차별배제에 의한 독일정부의 이주민정책은 소기의 성과

---

27) 박재영, 「유럽 다문화사회의 문화충돌」, 『다문화연구』 창간호, 중앙대학교 문화콘텐츠 기술연구원, 2008, 107~138쪽.

를 거두었을까? 과연 독일에 이주해 왔던 이주노동자들은 고용기간이 끝나고 모두들 본국으로 귀환했을까? 독일연방공화국(BRD)의 인구학적 통계는 독일정부의 이주민정책이 그들의 계획대로 된 것만은 아니라는 사실을 보여주고 있다. 오늘날 독일에는 전체 국민의 9%에 달하는 약 720만 명의 이민자들이 살고 있다.28) 여기에는 파독 간호사와 광부로 갔던 한국인들과 그 후손들도 포함되어 있음은 물론이다.

독일정부의 뜻과는 달리 고용계약이 끝난 많은 이주노동자들은 귀환하지 않았을 뿐만 아니라, 이른바 가족재결합이란 형태로 본국에 있는 가족을 초청하면서 독일 거주 외국인 수는 급격히 증가하였다. 그중에서도 터키출신을 포함한 무슬림들의 증가가 두드러졌다. 하지만 독일정부는 독일사회에 정착한 외국인노동자들과 그 가족들을 독일사회에 영구적으로 거주하는 대상으로 인식하기보다는 언젠가 귀환할 대상으로 간주했기에 그들을 사회 일원으로 통합하기 위한 정책보다는 귀국을 목표로 한 차별적 배제정책을 강행하였다.

그 결과 독일 주류사회는 정주 외국인과의 사회통합에 상당한 어려움을 겪고 있다. 그중에서도 터키인 공동체를 비롯한 독일 거주 무슬림계 이민자들과의 갈등이 심각한데, 무슬림계 이민자들 중 일부는 심지어 독일사회로의 동화를 거부하기까지 한다.29)

〈그림 1-7〉 라이너 베르너 파스빈더(Rainer Werner Fassbinder) 감독의
영화 〈불안은 영혼을 잠식한다〉의 한 장면

28) 박재영, 「독일 다문화사회의 터키인 공동체」, 『다문화콘텐츠연구』 12집, 중앙대학교 문화콘텐츠기술연구원, 2012, 11쪽.
29) 위의 글, 24~25쪽.

독일정부는 이 같은 문제들을 해결하기 위해 2005년 이민법을 제정하고, 이주민 자녀를 위한 각종 지원정책 및 사회통합을 위한 계몽프로그램 등을 실시하고 있다. 하지만 이러한 독일정부의 이주민정책은 본질적으로 독일사회에 필요한 인력들을 선택적으로 받아들인다는 점에서 차별배제형에서 완전히 탈피했다고 말하기에는 여전히 의문이 남는다. 마지막으로 차별배제형 모델에서 말한 차별differential이란 이민자들을 노동시장에만 참여시키고 복지나 시민권 또는 정치참여 등에서 배제시키는 것을 의미한다.30)

2.2. 동화모형(assimilationist model)

이민자 통합정책 중 동화assimilation만큼 오해를 많이 받은 모형도 없을 것이다. 흔히 동화모형이라고 하면 대분의 한국인들은 일제강점기의 동화정책에 대한 기억 때문인지 매우 부정적인 반응을 보인다. 다시 말해 동화모형에는 이주자나 소수문화의 다양성을 인정하고 소통하기보다는 국가권력이 강제적으로 다수자의 문화를 강요하는 일종의 폭력이라는 인식이 깔려 있다. 이 지점에서 우리는 한 가지 의문을 자연스럽게 가지게 된다. 동화모형이 이처럼 폭력적인 것이라면 왜 톨레랑스tolérance(관용)를 사회구성의 중요한 가치로 내세우고 있는 프랑스에서는 동화모형을 고수하는 것일까? 프랑스의 이주민 통합정책을 통해 동화모형에 관해 좀 더 자세히 알아보도록 하자.

톨레랑스는 '타인에게 내가 동의하지 않는 견해나 신념이라도 자유롭게 표현할 수 있게 허용하는 것'을 말한다.31) 오늘날 프랑스에서 보편적 사회 가치로 인정받고 있는 톨레랑스의 기원은 종교전쟁 기간으로 거슬러 올라간다. 종교전쟁을 통해 대량학살을 경험한 프랑스인들은 신앙과 종교의식의 자유에 관해 생각하기 시작하였고, 이

---

30) 엄한진, 『다문화 사회론』, 소화, 2011, 63쪽.

31) 이산호, 「프랑스의 문화다양성과 사회통합정책」, 『다문화연구』 창간호, 중앙대학교 문화콘텐츠기술연구원, 2008, 19쪽.

후 톨레랑스는 프랑스의 대표적인 가치가 되었다. 장 칼라스가 신교도라는 이유로 살인 누명을 쓰자『톨레랑스론』을 통해서 종교적 톨레랑스를 호소한 볼테르François-Marie Arouet(1694~1778)를 비롯하여 몽테스키외Baron de La Brde et de Montesqu(1689~1755)는 이민족에 대해, 루소Rousseau, Jean Jacques(1712~1778)는 정치이념에 대한 톨레랑스를 강조하였다.32)

정치와 종교(사상), 그리고 인종에 있어서의 관용을 사회적 가치로 내세운 프랑스는 이주자 통합정책에 있어서만큼은 '공화주의 모델republican model'을 실시하고 있다. 왜일까? 기본적으로 프랑스정부는 프랑스에 이주한 이주민들에 대해 프랑스 시민과 같은 동등한 사회적 권리를 제공함으로써 이주민들이 온전한 프랑스 시민이 되게 하는 정책을 사용하였다. 이 과정에서 이주민들은 그들 고유의 언어와 문화는 물론이고 종교적인 특성마저 포기하고 주류사회의 성원이 되어야 했고, 국가의 역할은 이주민의 적응을 적극적으로 지원하는 것이었다. 이것이 공화주의 동화모형의 핵심이다.

프랑스의 이와 같은 정책의 기저에는 프랑스 대혁명의 이념인 자유, 평등, 박애정신이 자라잡고 있다. 프랑스는 엄격한 정교 분리의 세속주의를 원칙으로 하여 프랑스 대혁명의 이념과 애국주의를 바탕으로 강력한 공화주의 정책을 펴왔다. 공화주의적 가치를 지키기 위해서는 개별 시민들의 자발적인 참여가 중요했는데, 그것은 '시민으로서 공공활동에 적극적인 참여를 통해 스스로의 자유를 완성'하는 것이었다. 다시 말해 프랑스의 시민들은 공화주의적 가치를 지닌 시민이 되기 위해 기꺼이 자신이 갖고 있는 인종이나 종교적 정체성들을 사적 영역으로 취급할 것을 강요받았던 것이다. 공화주의적 가치가 대표적으로 드러난 곳이 학교 교육이다. 프랑스의 학교 교육에서는 이주민들의 인종적·종교적 성향을 고려하지 않고 평등성만을 강조했고, 심지어 1976년 이전까지는 이주민들에 대한 자국어 교육마저도 실시하지 않았다.

---

32) 위의 글, 같은 쪽.

전통적인 톨레랑스 정신과 위배된 것처럼 보임에도 불구하고 프랑스가 오랫동안 공화주의적 가치를 고수했던 것은 자유, 평등, 박애, 애국주의로 대표되는 공화주의적 가치가 인종이나 문화적 다양성보다 더 보편적인 가치를 내포하고 있다고 생각했기 때문이다. 다시 말해 프랑스는 다양한 인종이나 민족 또는 문화(종교)가 프랑스라는 국민국가 내에서 평화롭게 공존하기 위해서는 모든 시민이 소수자에 대한 편견과 차별을 버리고 공동체가 지향하는 이상에 맞춰 스스로에게 새로운 정체성을 부여하는 것이 최선의 길이라고 판단했던 것이다. 프랑스는 그 길을 '공화주의 모델republican model'에서 찾았다.

하지만 프랑스의 이러한 희망은 1980년대부터 나타나기 시작한 북아프리카 출신 이민자들의 공공연한 공화주의에 대한 부정적인 태도로 인해 위기를 맞게 된다. 현재 프랑스의 이민자 비율은 과거 식민지였던 북아프리카 3국(알제리·모로코·튀니지) 출신이 전체 외국인의 42.7%를 차지하고 있다. 프랑스정부는 공화주의적 가치를 통해 이들 북아프리카 계열 이주민들을 동화하려 하였지만 이른바 '뵈르Beur'라 불리는 이주노동자들의 2세들은 프랑스 문화에 동화하기는커녕 학교교육에서 중도 탈락한 채 사회 하층민으로 전락하였다. 이들은 자신들의 좌절과 실패를 개인의 문제가 아닌 인종에 있다고 주장하면서 프랑스사회에 대한 공공연히 적개심을 드러내는 한편 부모 세대의 문화로 회귀하는 현상을 보여주고 있다.[33] 2005년 10월 27일에 발생한 '프랑스 도시 외곽지역 소요사태'는 그들의 절망이 얼마나 큰 것인지를 단적으로 보여주는 사례라 할 수 있겠다.

프랑스의 무슬림 소요사태는 이른바 공화주의적 동화모델이라고 말해지는 프랑스 사회통합모델의 위기를 반영한 것이라 할 수 있다. 소요사태 이후 프랑스정부는 '공화주의 모델republican model'이란 용어 대신 '통합intégration'이라는 용어를 사용하기 시작한다. 이것은 프랑스정부가 기존에 고수해 왔던 정책 대신 '소수인종들의 고유성들이 유지되

---

33) 위의 글, 16쪽.

〈그림 1-8〉 이민자 청년들의 소요사태 현장을 둘러보고 있는 브리스 오르트푀 내무장관 모습(《연합뉴스》)

고, 다양한 고유성들이 상호 침투'하는 방향으로 전환하고 있다는 것을 의미한다. 프랑스의 '최고통합위원회'는 통합정책은 서로의 차이를 인정하고, 이 차이를 받아들이고, 서로 다른 구성원들을 닮아가게 하여 하나로 뭉치게 하는 것이라고 규정하고 있다. 이 같은 원칙에 근거하여 프랑스정부는 파리 도심에 아랍 문화관을 건립하고, 프랑스 전역에 수많은 이슬람 사원의 건립을 지원하고 있다.[34]

2.3. 다문화모형(multicultural model)

차별배제모형과 동화주의모형이 주로 혈통적 민족주의나 이념적 국민국가를 추구하는 나라의 이주자 통합정책이라면, 다문화모형은 이주민들의 이주로 만들어진 이민국가의 이주자 통합정책이라 할 수 있다. 다문화모형은 크게 미국형과 캐나다형으로 구분되지만, "이민

---

34) 위의 글, 22쪽.

자들이 그들의 다양성을 포기하지 않으면서 사회의 모든 영역에서 지배 집단과 동등한 권리를 누려야 한다"[35]는 원칙에서는 동일하다.

이 지점에서 여러분들은 한 가지 의문을 가질 것이다. 도대체 이민자들의 문화적 차이를 인정한다는 점에서 동일한데, 무엇 때문에 미국형과 캐나다형으로 구분되는가? 좋은 질문이다. 기실 미국형과 캐나다형은 비슷하면서도 다르다. 미국형과 캐나다형의 가장 큰 차이점은 정부가 이민자들의 문화적 차이의 유지와 발전에 어떠한 역할을 하느냐에 달려 있다. 미국형이 전형적인 자유방임laissez-faire에 가깝다면 캐나다형은 정책적 다문화주의 방식을 채택하고 있다. 다시 말해 캐나다의 경우, 다수집단이 종족적 소수집단의 문화적 차이를 받아들이고 이와 동시에 국가가 이 소수자들의 동등한 권리를 보증하는 적극적인 역할을 수행한다.[36]

미국과 캐나다에서 이처럼 다른 형태의 다문화모형이 만들어진 데에는 두 나라의 건국 과정과 관계가 깊다. 전형적인 다문화사회를 형성하고 있는 캐나다부터 살펴보면서 논의를 시작하도록 하자. 캐나다의 다문화 정책의 근저에는 넓은 국토로 대변되는 환경적 요인과 퀘벡주로 상징화되는 정치적 상황이 깔려 있다.

원래 아메리카 인디언과 이누이트족이 살았던 캐나다는 현재 약 200여 개 민족들이 거주하고 있는 다민족 국가이다. 인구 구성은 50% 이상을 차지하는 영국과 프랑스계에 독일과 이태리 등에서 이주해 온 유럽계가 인구의 80% 이상을 차지하고 있고, 원주민과 아시아계 이주민들 및 그 나머지 소수민족들로 구성되어 있다. 캐나다가 이처럼 다양한 인종들이 모여 사는 국가가 된 것은 세계에서 두 번째로 큰 영토와 거기에 반비례하는 낮은 인구밀도 때문이었다.

기실, 캐나다 인구는 19세기 후반까지만 해도 약 400만 명에 미달했다고 한다. 낮은 인구밀도로 인해 산림을 비롯해 광산, 농작물 등 풍부

---

35) 엄한진, 앞의 책, 64쪽.
36) 위의 책, 같은 쪽.

한 자원을 효과적으로 이용하고 발전시킬 인력이 턱없이 부족했다. 국가의 형태를 갖추기 위해선 무엇보다도 노동력이 필요했고, 그 해결책은 이민밖에 없었다. 캐나다 정부는 기존의 유럽 중심의 폐쇄적이었던 이민정책을 개혁하고 대외적으로 인종차별에 대한 우려를 불식시킬 수 있는 다문화주의 정책을 표방함으로써 인구 부족 문제를 해결하려 했다. 그 결과 100년 전에는 약 350만 명 정도였던 인구가 1971년에는 약 2,150만으로 증가하였다.[37] 급격한 인구증가로 인해 캐나다는 비약적인 성장을 이루었지만, 언어와 인종, 피부색, 종교, 생활습관과 문화 전반에 걸친 새로운 갈등 요인들을 떠안게 된 것 또한 사실이었다.

낮은 인구문제—이민자 문제—와 함께 캐나다 정부가 반드시 해결해야 할 당면 과제는 '퀘벡주'의 분리 독립에 대한 것이었다. 퀘벡주 문제는 과거 식민지 시대 영국과 프랑스의 식민지 쟁탈전으로까지 거슬러 올라간다. 세계 각국에서 식민지 확보로 대치했던 영국과 프랑스는 광대한 캐나다 영토를 차지하기 위해 전쟁을 벌이게 되는데, 이 과정에서 영국은 이른바 '퀘벡 전투'라 불리는 전투의 승리를 발판으로 몬트리올을 점령하는 등 사실상 전쟁에서 승리를 하게 된다. 그 결과 영국은 프랑스로부터 퀘벡주를 할양받게 되었고 최종적으로 캐나다 영토로 편입되었다. 하지만 주민의 80% 이상이 프랑스인이었던 퀘벡주로서는 캐나다로의 편입은 일방적인 영국의 지배를 수용하는 것을 의미했다. 이러한 사실을 받아들일 수 없었던 퀘벡주는 공공연히 캐나다 연방으로부터 독립을 정치적으로 요구하였다.

캐나다 정부는 급격한 이민자의 증가로 인한 문화적 갈등과 퀘벡의 분리 독립 문제를 한꺼번에 해결할 수 있는 방안을 강구할 수밖에 없었고, 이 과정에서 1971년 당시의 수상 트뤼도Pierre Elliott Trudeau는 다문화주의 정책을 결정하였다. 그 이후 캐나다 정부는 어떠한 형태의 차별도 없는 사회를 이루기 위한 목적하에 1988년 Canadian Multiculturalism

---

37) 장진숙, 「다문화주의와 국민국가 통합정책 비교 고찰: 캐나다와 일본사례를 중심으로」, 『공법학연구』 제11권 3호, 한국비교공법학회, 2010, 104쪽.

Act(캐나다 다문화주의 법령)를 제정하여 정부의 다문화주의 발전을 위한 책임과 활동을 제시하는 법적 틀을 마련하였고, 2008년에는 이민부가 다문화주의 관련 프로그램을 맡아 좀 더 구체적이고 세심한 다문화 정착에 힘쓰고 있다.38)

캐나다 다문화모형의 특징은 여러 민족과 문화가 어울려 함께 존재하는 모자이크 방식이다. 다시 말해 구성원 각자의 종교와 사상의 자유가 보장될 뿐만 아니라, 모든 민족과 인종들이 사회적 구애 없이 그들의 전통문화를 향유하게 된다. 그 결과 이민자들은 그들의 종교나 문화를 포기하고 캐나다문화에 동화되는 것이 아니라, 그들의 문화를 유지하면서 캐나다문화를 비롯한 다른 여러 민족의 문화도 또한 존중하며 공존방식을 배우고 된다.

이 과정에서 정부의 정책은 매우 중요한 역할을 한다. 캐나다 정부는 이민자를 위한 언어교육(LINC)과 이민자 정착 및 적응 프로그램(ISAP), 신규 이민자의 도우미 역할을 해 주는 호스트HOST 프로그램 등을 적극적으로 지원하는 것을 통해 다문화주의를 정책적으로 뒷받침하고 있다.

캐나다의 다문화모형이 정부의 적극적인 개입을 전제로 한다면 미국은 이와는 사뭇 다르다. 기실, 이민자 통합문제는 미국의 핵심과제였다. 미국은 건국 직후부터 이민자들을 통합시키기 위한 방안을 강구해왔는데, 그 근저에는 이른바 '미국적 신조The American Creed'가 깔려 있었다. 미국적 신조란 한마디로 다른 나라에는 없는 미국만이 갖고 있는 일종의 예외주의exceptionalism로서 자유, 평등주의, 개인주의, 자유방임주의 등을 핵심적 요체로 한다.

미국은 건국 초기부터 '미국적 신조'로 대표되는 자유주의적 이상을 통해 이주민들을 통합시키고자 했다.39) 다시 말해 그들은 모든 미국인들이 미국적 신조에 충실하면 미국이란 나라는 이민자들이 차별받

---

38) 최혜양, 「캐나다의 이민과 다문화주의 이해」, 『다문화콘텐츠연구』 통권 9호, 중앙대학교 문화콘텐츠기술연구원, 2010, 232쪽.

39) 곽준혁, 「미국에서의 다문화주의」, 『민족연구』 30, 한국민족연구원, 2007, 126쪽.

지 않고 동일한 대우를 받을 수 있는 보다 포용적이고 평등한 정치사
회적 조건을 갖는 나라가 될 것이며, 그러한 조건들로 인해 모든 이민
자들의 종족적·인종적·계급적 차별을 극복할 수 있다고 믿었다. 이
과정에서 만약 특정의 종족적·인종적·계급적 차이가 미국의 이상 실
현에 저해가 된다면, 그것은 미국이라는 독특한 환경 속에서 마땅히
용해되어야 하고 또 용해될 수 있다고 생각했다. 물론 여기서 말한 '미
국의 이상'이 다분히 WASP White Anglo-Saxon Protestant들만의 이상이란 비난에
직면하기도 하지만.

　어쨌든 미국은 미국적 신조에 근거해 이주자들을 문화적 용광로,
즉 멜팅폿melting-pot을 통해 통합하려 했다. 멜팅폿 개념은 개별집단이 과
거에 소지했던 습관이나 전통이 더 큰 문화에 흡수되어 새로운 문화
를 창출한다는 의미를 담고 있는 있다. 미국사회는 자신들이 세운 원
칙을 교육제도를 통해 제도적으로 확산하였으며, 특히 제1차 세계대
전 후에는 연방정부가 직접 미국화Americanization 프로그램을 지원하기도
하였다.40) 하지만 이러한 미국의 통합정책도 일정한 위기에 직면하게
된다. 그 위기란 바로 이민자들이 미국사회의 바람과 달리 자신들의
독특한 정체성을 결코 전적으로 포기하지 않는 것은 물론이고, 공공
연히 문화적 다양성을 요구하기 시작하였다는 점이다. 여기에 흑인
인권운동이 결합되면서 미국사회는 각 인종집단의 유일한 문화유산
찬양과 자기고유 언어와 생활방식을 인정하는 것으로 방향을 전환하
였고, 1965년 새로 통과된 이민법에서 볼 수 있듯이 공공정책에 있어
서 소수집단 우대정책을 적극 시행하기 시작했다.

　그러나 미국사회는 이러한 일련의 조치들을 다문화주의라는 용어
보다는 문화다원주의라는 개념으로 사용하고 있는데, 이것은 다문화
주의가 미국적 이상을 훼손할 수 있다는 우려 때문이었다.

---

40) 김호연, 「미국의 동화주의적 이민자 정책과 다문화주의」, 『인문과학연구』 28, 강원대학
　　교 인문과학연구소, 2011, 254쪽.

〈그림 1-9〉 흑인들의 인권과 자유를 위해 연설하고 있는 마틴 루터 킹 목사
(출처: http://k.daum.net, 지식백과)

미국에서 다문화주의가 대중적 찬반양론의 영역으로 확산된 것은 1990년대 이후 이주민의 증가로 인한 미국 내 노동시장의 불안정과 1992년 로드니 킹Rodney King 사건으로 상징되는 'L.A. 사태'를 촉발시킨 인종갈등의 심각성에 대한 공통의 인식에 기인하고 있다.41) 다시 말해 미국사회는 기존의 통합정책만으로는 해결할 수 없는 새로운 문제—이민자의 증가, 미국 내 고용 불안정, 인종갈등—로 인해 갈등 상황을 겪고 있지만, 아직까지는 국가가 적극적으로 개입하기보다는 사회적 조종에 의지하고 있다는 점에서 본격적인 차원의 정책적 다문화주의라기보다는 자유방임에서 벗어나기 시작하는 단계라 할 수 있겠다.

지금까지의 논의된 통합정책을 표로 정리하면 다음과 같다.

〈표 1-2〉 이주자 통합정책 유형과 특징

구분	특징
차별배제모형 (differential exclusionary)	•이민자를 3D 등 특정 직종에 개방, 시민권 등 불허 •불필요한 이민자 정착 방지 •독일의 1960년대 이주노동자정책, 한국 고용허가제
동화모형 (assimilationist)	•고유 문화를 포기하는 대가로 국적과 시민권 등을 부여 •이민자의 고유 언어, 문화를 잃고 주류문화에 통합

41) 김호연, 위의 글, 260쪽.

	•프랑스 동화주의
다문화모형 (multicultural)	•문화적 다원주의에 기초, 통합이 아닌 공존을 선택 •이민자의 다양한 문화 인정 •캐나다, 호주의 다문화주의

3. 통합 이론의 주요 개념

지금까지의 논의를 통해 세계 각국은 자신들의 상황에 맞는 이주자 통합모델을 통해 어떻게든 이주민들과 공존하려 하고 있다는 점을 알 수 있었다. 그런데 이 같은 공존의 노력은 그 선한(?) 의도에도 불구하고 때로는 누군가(소수집단)의 희생을 요구하거나 심지어는 폭력적인 형태를 수반하기도 한다. 누군가의 희생을 전제로 한 통합정책은 도 덕적인 비난에 직면하기 쉬운데, 이것을 극복하고자 국가(주류집단)는 자신들이 마련한 통합정책이 소수자의 희생을 전제로 하지 않는 합리 적이고 보편적이라는 점을 입증하고자 한다.

지금부터 논의하고자 하는 개념들—동화주의, 용광로이론, 샐러드 볼이론, 모자이크이론 등—은 통합정책 과정에서 고안된 것들인데, 각 각의 개념에 대해 좀 더 자세히 살펴보자. 언제나 그렇듯이 사전적 정 의는 개념 정립에 상당한 수월성을 제공한다.

3.1. 동화주의

동화란 개인이나 집단이 다른 문화를 지니는 개인이나 집단으로부 터 그 문화를 받아들여 공통문화를 가지게 되는 과정을 말하며, 이것 이 정책의 형태로 일방적이고 강제성을 띨 경우 동화정책assimilationism, 同化 政策이라고 한다. 동화정책이란 본국 또는 지배민족이 식민지의 원주민 이나 또는 국내의 소수민족을 자기의 문화에 동화시키려는 정책으로, 산업혁명 후 자본주의 국가들이 새로운 식민지정책을 추진하면서 본 격화되었다. 한마디로 정치·경제·사회·문화 측면에서 우세한 한쪽 집단이 이민移民이나 인종적 소수자집단을 지배하는 경우가 일반적이다.

동화의 종류에는 개인·집단이 직접적인 접촉과 상호작용을 통하여 이질문화를 흡수하는 과정인 문화변용acculturation, 文化變容이나, 생물학상의 혼혈混血을 가리키는 융합amalgamation, 融合, 정치 또는 법률의 개념인 귀화歸化 등이 포함된다.

보통 의식주와 정치, 스포츠, 언어 등은 동화정책에 의해 쉽게 동화되지만, 민족 고유의 예술이나 생활화된 민족종교 등 민족적 차원의 습속習俗은 이질문화와 유기적으로 쉽게 결합되지 않는다. 이 같은 특성을 무시하고 일방적으로 동화를 강요할 경우 반항·불복종 운동이 일어나기도 한다.

사람들은 흔히 동화라고 하면 과거 제국주의 국가였던 영국과 프랑스가 이른바 '백인의 책임'에 근거해 식민지를 본국에 예속 또는 동화시키려 했던 역사적 기억을 떠올리거나, 일제의 동화정책을 기억한다. 일제는 3·1운동이 일어나자 식민지 교육정책을 강요하면서 우리 민족문화를 왜곡하고 그들의 문화를 미화美化시키는 한편, 조선 어문語文의 사용금지, 일본어 사용 강요, 일본식 창씨개명創氏改名 등 기만적인 동화정책을 시행하여 민족적 공분을 불러일으켰다.

그렇다면 동화주의가 소수자집단에 대한 다수자의 지배라는 오해에도 불구하고 일정한 세력을 형성할 수 있는 이유는 무엇일까? 그것은 동화주의 정책으로 인해 국가가 단일한 국가정체성을 구축할 수 있었고, 그로 인해 현재의 발전된 상황에 도달할 수 있었다고 믿을 뿐만 아니라, 더 나아가 사회가 적극적으로 이민자들을 주류에 통합시키기 위한 노력을 한다면, 이민자들은 자연적으로 그러한 주류집단의 노력에 응답하기 위해 작동할 것이고, 새로운 문화를 수용하게 될 것이라고 주장한다. 동화주의자들의 주장에 따르면, 다문화주의 정책은 결과적으로 다양한 기원을 가진 이민자들의 다량 유입을 낳을 뿐만 아니라, 그들의 욕구를 충족시키기 위해 과도한 비용을 지불하게 함으로써 국가경쟁력을 약화시킨다고 주장한다. 뿐만 아니라, 이민자 간 광범위한 빈곤과 또 다른 유형의 차별을 발생시킨다고 비판한다. 따라서 동화주의자들은 이 모든 문제를 해결하기 위해서라도 소수집단이 적절한 수준에서 공동체로 흡수되는 동화가 적합하다고 주장한다.[42]

3.1.1. 토착주의(Nativism)

동화주의 정책 중 하나인 토착주의Nativism는 특정 원주민들에게 더 우호적인 지위를 제공하는 정치적 상태를 말한다. 토착주의자들은 이민자나 특정 민족(가령 유대인, 중국인), 또는 특정 문화적 집단(이슬람 문화)을 적대적으로 여기거나 부정적으로 바라본다.

최근 이민에 대한 연구에 따르면 유럽과 세계 각국에서는 국가적·문화적·종교적 정체성과 관련해 이민자에 대한 반대 운동이 활발하게 전개되고 있다.

〈그림 1-10〉 극우 민족주의자들의 집회 모습(출처: 《오마이뉴스》, 2006. 11. 5)

토착주의는 이러한 이민자 반대 운동의 일환이라고 할 수 있는데, 이들은 이민자들이 현존하는 문화적 가치를 왜곡하고 손상할 것에 대한 두려움에 근거하고 있다. 실제로 이민자의 규모가 원주민 수보다

---

42) 두산백과 사전(http://terms.naver.com/entry.nhn?cid=200000000&docId=1084760&mobile&categoryId=200000201)과 위키피디아 사전 참조.

상당히 크거나 이민자로 인해 원주민들이 경제적·문화적 변화의 압력에 직면하게 될 경우, 원주민들은 자신들의 문화적 생존을 위해 토착주의 운동을 전개하기도 한다.

토착주의는 외국인혐오적xenophobic인 형태를 띠기도 하지만, 공공정치 담론에서는 이민배척주의자 등의 의미로 사용되고 있다.43)

3.1.2. 백호주의 정책(White Australia Policy, 白濠主義政策)

백호주의 정책은 오스트레일리아의 백인우선 정책으로, 주로 연방 형성 당시 오스트레일리아에서 백인 이외의 인종, 특히 황인종의 이민을 배척하고 정치·경제에서뿐만 아니라 사회적·문화적으로도 백인 사회의 동질성을 유지하여야 한다는 주장과 운동을 말한다.

19세기에 자유이민이 시작되면서 개척된 오스트레일리아는 본래 목축을 중심으로 한 산업이 발달했지만, 1851년 대량의 금광이 발견되자 갑자기 골드러시gold rush가 이루어졌고, 그때부터 중국인을 중심으로 하는 유색인종이 이민을 시작하여 1881년에는 그 수가 5만에 달하였다. 중국인 이민자들은 형편없이 낮은 임금도 마다하지 않고, 백인들과 고립된 취락을 이루고 살았다. 중국인 노동자들의 낮은 임금과 고립된 생활은 백인 노동자들을 자극하여 임금저하의 원인이 되는 유색인종의 이민제한을 주장하게 된다. 1901년 1월 1일 연방이 결성되고 그 해 5월 9일 제1차 연방의회에서 '통일이민제한법'이 채택됨으로써 종전에 각 주州에서 개별적으로 시행되던 이민제한법규가 정비되었다.

구체적 내용을 살펴보면, 이민을 희망하는 자에게 교육시험, 특히 어학시험을 치르게 하였는데, 백인에 대하여는 사실상 시험이 면제되었고, 또 영어를 해득하는 동양인에 대하여는 그리스어로 대신하게 하여 사실상 차별하였다. 제2차 세계대전 이후에는 노동력 부족으로 제한된 범위 내에서 유색인종의 이주를 인정하고 있었으며, 오늘날에

---

43) 위키피디아(http://en.wikipedia.org/wiki/Nativism_(politics)) 참조.

는 인종에 따른 제한은 해소되었다.[44]

3.2. 용광로이론

건국 초기부터 이민자의 나라였던 미국은 스스로를 백인 중심의 사회로 생각하였다. 하지만 앵글로 색슨 중심의 일체화는 다양한 이민자들을 받아들이면서 현실적으로 불가능해졌고, 이를 타계하고자 이른바 용광로이론을 제창하였다. 다시 말해 앵글로 색슨들만이 아니라 다양한 이민자들이 모여서도 미국인American이라는 새로운 정체성을 만들 수 있다는 논리로 발전하였던 것이다.

용광로melting pot로서의 미국의 이미지는 1908년 상영된 〈The Melting Pot〉에 의해 대중화되었다. 하지만 이 용어가 미국 이민자의 동화를 설명하는 용어로 사용된 것은 1970년대부터이다. 용광로는 이질적인 사회가 점차 동질적으로 변해가는 것을 묘사하기 위해 서로 다른 요소들이 보편의 문화와 함께 녹아 조화로운 전체를 이룬다는 의미를 지니고 있다. 미국 이민자에게 용광로란 한마디로 곧 미국화Amenricanization를 의미하는 것으로서 필연적으로 문화적 동화와 문화변용acculturation을 야기한다. 미국인들은 모든 이민자들이 미국이란 용광로 속에서 미국 라이프스타일을 수용하면서 문화적 용광로에 융합될 것이라 믿어 왔다. 하지만 적지 않은 이민자들이 그러한 믿음과는 달리 거대도시 내 차이나타운과 같은 소수민족 거주지에서 미국문화에 융합되지 않은 채, 문화적으로 분리되어 살고 있는 것 또한 사실이다.

이러한 상황에서 용광로는 다문화주의 지지자들에 의해 도전을 받게 된다. 다문화주의자들은 사회 내 문화적 차이의 가치를 주장하며, 대안 모델로 모자이크, 샐러드볼 또는 '아메리칸 만화경American Kaleidoscope'을 제안하였고, 서로 다른 문화가 섞여 있되 구별되어 보존되어야 함을 강조하였다.

---

44) 두산백과 사전(http://terms.naver.com/entry.nhn?cid=200000000&docId=1100408&mobile&categoryId=200000223) 참조.

다문화주의자들은 용광로가 상대적으로 동질한 사회를 만든다는 것을 인정하기도 하지만, 강한 국가주의가 통합되기를 거부하는 소수집단까지도 동화될 것을 강요한다는 점을 경고하고 있다. 대표적인 예를 현재 약 6천만 명에 달하는 독일 혈통의 미국 시민에서 찾을 수 있다. 이들은 교실 내에서 영어 외 다른 언어를 사용하지 못하게 하는 과거의 정책으로 인해, 현재 약 10만 명만이 집에서 독일어를 사용하고 있다. 그 결과 이들은 해외에 있는 가족과의 유대감의 단절을 경험하고 있다.

최근 사회학과 역사학 분야에서는 미국 내 문화와 민족이 혼합되는 방식에 대한 설명으로 '샐러드볼'이나 '심포니'와 같은 이민자들이 그들 본연의 문화를 유지하는 대안적 모델을 선호하고 있다. 하지만 아직도 많은 수의 이민자와 그들의 후세가 이민국가의 언어를 제1언어로 사용하는 것과 같은 방식을 설명하기 위해 여전히 용광로가 필요하다는 주장 또한 존재하고 있는 것도 사실이다.[45)]

3.3. 샐러드볼(Salad bowl)이론

샐러드볼The salad bowl 개념은 미국의 서로 다른 많은 문화들이 '샐러드처럼 섞여 있는 것과 같은 통합'을 제안하는 이론이다. 흔히 문화적 용광로의 대안이라고 일컬어지고 있는 이 이론은 다양한 미국문화는 샐러드 재료들과 같이 병치되어 있되 단일한 문화로 병합되지 않음을 의미한다.

샐러드볼이론은 동화로 인해 소수민족집단이 그들의 문화를 보존할 수 없는 용광로 모델보다 정치적으로 올바른 것으로 평가받고 있지만 여전히 논쟁적이다.

샐러드볼모델을 옹호하는 측에서는 미국은 본질적으로 단일 문화로 묶일 수 없기에 사회 '통합'을 위해 동화를 강조하기 보다는 미국에 대한 시민성과 충성심loyalty이 필요하다고 주장한다. 즉 이민자는 '미국

---

45) 위키피디아(http://en.wikipedia.org/wiki/Melting_pot) 참조.

인'이 되기 위해 개인의 고유한 문화적 유산을 분리시킬 필요 없이 미국에 대한 충성심을 보이면 된다는 것이다. 반면에 샐러드볼을 반대하는 이들은 자국의 문화적 유산을 견지한 채, 자발적인 시민성과 충성심만으로 보편적인 미국인으로서의 정체성을 보존할 수 없다며, 샐러드볼이론을 비판한다.

이러한 논란에도 불구하고 샐러드볼이론은 자유로운 개인들의 다양한 뒤섞임을 추구하는 현대 미국문화의 핵심적 특징이라고 할 수 있겠다.[46]

3.4. 모자이크이론(Cultural mosaic)

모자이크이론Cultural mosaic은 사회 내 공존하는 인종 집단, 언어 및 문화의 섞임을 의미한다. 모자이크라는 용어는 1938년 John Murray Gibbon의 저서 『캐나다식 모자이크Canadian Mosaic』에서 처음 사용되었다. Gibbon은 미국의 용광로 개념을 명백히 반대하면서 용광로가 이민자와 그 후세들로 하여금 그들이 떠나온 국가와 문화와의 단절을 조장하여 미국 방식으로 동화시키는 과정이라고 비판하였다.

모자이크이론은 다양한 조각들이 조합되어 예쁜 그림을 만들듯이 이민자의 다양한 문화가 평화롭게 조합되어 더 크고 창의적인 캐나다 문화의 원천이 될 것이란 믿음에 근거한다. 이 믿음은 1970년대 초, 캐나다 정부의 다문화주의적 정책의 기반이 되었다. 캐나다 정부는 1971년 공식적으로 다문화주의 법안을 채택하는 것을 필두로 정부에 다문화부처(1973)와 함께 캐나다 다문화의회를 설립하는 등 모자이크이론의 실현에 힘쓰고 있다.

모자이크이론에 대한 비판도 존재하는데, 일부 전문가들은 모자이크이론이 상당부분 관념적인 개념이기 때문에 캐나다 이민자가 얼마나 '동화'되었는지, 얼마나 '다문화'적인지 여부를 증명할 수 없다고

---

46) 위키피디아(http://en.wikipedia.org/wiki/Salad_bowl_(cultural_idea)) 참조.

비판한다. 한편, 제27대 캐나다 총독인 Michaëlle Jean은 2005년 4월에 모자이크 개념이 캐나다인들을 게토화로 이끈다며 공개적으로 비판하였는데, 이는 모자이크이론의 한계를 보여주는 대표적인 예라 할 수 있다.[47]

4. 보론

4.1. 사증(VISA)이란?

사증이란 원래 의미로는 일종의 배서 또는 확인으로 국가정책에 따라 그 의미가 다르다. 구분을 하자면 외국인이 그 나라에 입국할 수 있음을 인정하는 '입국허가 확인'의 의미와 외국인의 입국허가 신청에 대한 영사의 '입국추천행위'의 의미로 대별된다. 한국에서는 후자의 의미, 즉 '외국인의 입국허가 신청에 대한 영사의 입국추천행위'로 이해되고 있다. 따라서 외국인이 사증을 소지한 경우에도 공·항만 출입국관리사무소 심사관의 입국심사결과 입국허가 요건에 부합하지 아니한 경우 입국을 허가하지 않을 수 있다.

4.1.1. 사증 없이 입국할 수 있는 경우

사증은 입국허가의 기본요건으로 대한민국에 입국하고자 하는 외국인은 원칙적으로 사증을 소지하여야 한다. 다만, 다음에 해당하는 자는 사증 없이 입국할 수 있다(출입국관리법 제7조 제2항).

- 재입국허가를 받은 자 또는 재입국허가가 면제된 자로서 그 허가 또는 면제받은 기간이 만료되기 전에 입국하는 자

---

47) 위키피디아(http://en.wikipedia.org/wiki/Cultural_mosaic) 참조.

- 대한민국과 사증면제협정을 체결한 국가의 국민으로 그 협정에 의하여 면제 대상이 되는 자
- 국제친선·관광 또는 대한민국의 이익 등을 위하여 입국하는 자로서 대통령령이 정하는 바에 따라 입국허가를 받은 자
- 난민여행증명서를 발급 받고 출국하여 그 유효기간이 만료되기 전에 입국하는 자

4.1.2. 사증의 유효 기간

- 단수 사증
  - 유효기간 내에 1회에 한하여 입국할 수 있음.
  - 유효기간: 발급일로부터 3개월
- 복수 사증
  - 유효기간 내에 2회 이상 입국할 수 있음.
  - 유효기간: 발급일로부터
- 외교(A-1)/내지 협정(A-3)에 해당하는 사증은 3년 이내
- 복수사증발급협정에 의한 사증은 협정상의 기간
- 상호주의, 기타 국가이익 등을 고려하여 발급된 사증은 법무부장관이 따로 정하는 기간

4.1.3. 주의사항

사증발급 승인을 요청한 자가 그 승인여부가 결정되기 전에 국내에 입국하게 되면 그 신청을 포기한 것으로 간주하여 불허 처리된다. 사증발급 신청일 또는 사증발급에 관한 법무부장관의 승인 통보를 받은 날로부터 3개월이 경과한 후 사증을 발급 받고자 하는 때에는 새로이 사증발급 신청을 하여야 한다.

4.2. 사증(VISA) 종류

• 외교/공무 사증

외교(A-1), 공무(A-2), 협정(A-3)

• 비영리 단기 사증

일시취재(C-1), 단기상용(C-2), 단기방문(C-3)

• 취업 사증

단기취업(C-4), 교수(E-1), 회화지도(E-2), 연구(E-3), 기술지도(E-4), 전문직업(E-5), 예술흥행(E-6), 특정 활동(E-7), 비전문취업(E-9), 내항선원(E-10), 관광취업(H-1)

• 일반 장기 사증

문화예술(D-1), 유학(D-2), 산업연수(D-3), 일반연수(D-4), 취재(D-5), 종교(D-6), 주재(D-7), 기업투자(D-8), 무역경영(D-9), 구직(D-10), 방문동거(F-1), 거주(F-2), 동반(F-3), 영주(F-5), 기타(G-1)

4.3. 일반적 사증발급 절차 흐름도

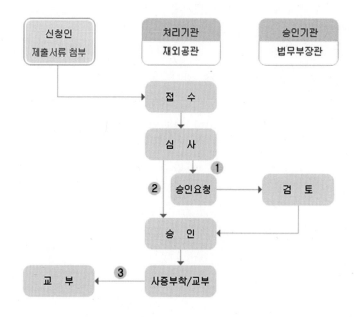

❖ 토론해 봅시다 ❖

- 한국사회에서 다문화는 이제 '일상적 삶의 경험'이라고 말한다. 어떤 측면에서 다문화성이 '일상적 삶의 경험'이 되고 있는지 자신의 체험에 비추어 이야기해 보자.

- 문화적 차이를 이야기하면 흔히 '이주'를 떠올리게 된다. 이주 이외의 문화적 차이에는 어떤 것들이 있는지 이야기해 보자.

- 남성이주와 여성이주의 차이점에 관해 이야기해 보자.

- '자발적 이주자'와 '비자발적 이주자'들을 공동체는 동일한 방식으로 대해야 하는가? 만약 차이를 둔다면 왜 그래야 하는가?

- 강제이주 당한 고려인들은 소련 당국의 정책을 충실히 따르는 '충성스런 소수자'로서의 정체성을 확립해 가는데, 이 같은 고려인들의 행위를 어떻게 이해해야 하는가?

- 내가 가네시로의 소설 『GO』에 등장하는 스기하라의 입장이라면, '인종과 민족'의 차이를 빌미로 차별하는 국민국가(공동체)에 대해 어떻게 대응할지에 관해 이야기해 보자.

❖ 더 읽어야 할 자료 ❖

1. 이주와 문화변동

• 김현미, 『글로벌 시대의 문화번역』, 또하나의문화, 2005.

　이 책의 저자는 급변하는 일상의 경험을 글로벌리즘과 연결해 설명할 수 있는 실천적 개념으로 '문화번역'을 내세운다. 문화번역이란 문화적 차이에 대한 의미 있는 해석을 만들어 내는 행위이다. 저자는 글로벌화로 인해 한국사회는 이미 이질적인 문화들이 교류하고 충돌하는 '문화 교차 지역'으로 변했다고 주장하면서 이 속에서 이른바 '한국성', '한국인', '한국문화'는 어떻게 정의되고 있으며, 한국인들과 타문화권 사람들은 어떻게 협상을 벌여 나가는가 하는 점을 밝히고자 한다.

　구체적인 방법론으로 저자는 전통적인 문화인류학자가 특정 문화를 자신이 속한 사람들이 이해할 수 있는 언어로 '번역'하듯이 자신 역시 이주로 인한 문화교류가 진행되고 있는 한국사회의 현장—남성 중심, 서구 중심, 엘리트 중심의 문화 권력—에 정치적으로 개입하면서 한국사회를 '번역'하려 한다.

2. 디아스포라의 삶

• 서경식 지음, 김혜신 옮김, 『디아스포라 기행』, 돌베개, 2006.

　이 저서는 『디아스포라의 눈』, 『난민과 국민사이』 등의 저작으로 잘 알려진 재일동포 서경식의 에세이다. 전 세계에 흩어져있는 코리언 디아스포라 600만 명 가운데 한 명인 재일교포 2세 서경식이 20년간 런던, 잘츠부르크, 카셀, 브뤼셀, 런던, 파리, 한국의 광주 등을 여행하며 접한 디아스포라적 삶의 유래와 그 의미를 탐색하고 있다.

　저자 서경식은 1970년대 재일 한국인 유학생 간첩사건에 연루되어 19년, 17년의 옥고를 치렀던 서승, 서준식 형제의 동생이다. 형들을 옥바라지하면서 디아스포라의 뼈아픈 고통을 느낀 그가 지구촌 디아스포라 예술인들을 바라보면서 느낀

심정과 자기 내면의 고백을 담아내었다.

이 저서에 등장하는 다양한 디아스포라들의 삶을 통해 우리들은 디아스포라로 산다는 것이 어떤 의미인지를 경험할 수 있을 것이다.

• 강진구, 「중앙아시아 고려인 문학에 나타난 기억의 양상 연구」, 『국제한인문학연구』 창간호, 국제한인문학회, 2004.

이 글은 스탈린의 '강제이주(deportation)'를 직·간접적으로 다룬 고려인 한글문학작품을 중심으로 기억의 문제를 탐구하고 있다. 1937년 스탈린의 강제이주는 고려인들에게 '민족 전멸'이라는 미증유의 공포를 불러 일으켰다. 고려인들은 영문도 모른 채 '일본개'라는 누명을 쓴 채 죄수가 되어 피땀으로 일군 원동(遠東)에서 추방되어 낯선 사막 한가운데 버려지듯 내던져졌다. 소련 당국의 이러한 조치는 원동을 봉건 압제와 일제 식민지 지배로부터 탈출의 땅이자 조국해방의 열쇠로 인식했던 대다수 고려인들에게는 죽음보다 더 큰 치욕을 안겨주었다.

그런데도 고려인들은 사변과도 같았던 강제이주에 대해서 침묵으로 일관한다. 그들은 강제이주에 관해서는 자신들의 자손에게까지도 말하지 않을 정도였고, 심지어는 반세기가 지난 현재에도 과거사에 대하여 말하기를 주저하고 있다.

절대적 금기 영역이었던 '강제이주'가 1989년 소련 개방과 더불어 본격적으로 역사의 전면에 등장하는 것을 통해 저자는 디아스포라로서 살아야만 했던 고려인들의 실존이 기억을 통해 어떻게 재구성되는지를 분석하고 있다.

3. 이주민 통합정책

• 김남국, 「다문화의 도전과 사회통합: 영국, 프랑스, 미국 비교 연구」, 『유럽연구』 제28권 3호, 한국유럽학회, 2010.

이 논문은 영국, 프랑스, 미국 세 나라의 다문화사회 현상과 서로 다른 다문화정책을 비교하고 각 국의 사회통합 원칙을 자유주의적 심의다문화주의, 공화주의적 시민동화주의, 자유방임주의적 선의의 묵인으로 개념화하여 세 가지 통합 원칙의 장, 단점을 고찰하고 있다. 저자는 이들 나라의 경험을 바탕으로 다문화사회의 도전에 직면하고 있는 한국의 미래에 대한 함의를 도출하려 한다. 특히 다문화주의 이행의 3단계 모델, 다문화 정책을 결정하는 구조 등은 눈여겨 볼 부분이다.

• 이용승, 「다문화정책에 대한 비판적 검토」, 『민족연구』 44, 한국민
   족연구원, 2010.

이 논문은 한국정부의 다문화 정책을 비판적으로 검토하고 있다. 저자는 정부의 다문화 정책이 결혼이민자, 특히 농촌지역의 이주민에 초점을 맞춤으로서 결과적으로 이주노동자를 비롯한 여타의 다문화 주체를 배제 혹은 간과하는 왜곡을 낳고 있다고 비판한다.

정부의 다문화 정책이 다문화 주체들을 주체로 세우지 못할 뿐만 아니라, 우후죽순마냥 무차별적으로 제공됨으로써 피로감을 높이는 동시에 정책 신뢰도를 낮추고 있다고 지적하면서 이러한 문제를 해결하기 위해서라도 올바른 다문화 정책의 수립이 필요하다고 주장하고 있다.

저자는 한국사회의 다문화 정책은 동화정책 내지는 한국문화(주류)로의 흡수·통합을 주요 목적으로 하고 있음에도 '다문화'의 이름으로 시행된다고 주장하면서 다문화 정책과 동화정책은 구분되어야 함을 역설한다.

2장 한국사회와 다문화

1. 인구통계학적으로 살펴본 한국의 다문화

이주로 인한 문화적 갈등과 그 극복이 인류의 당면 과제임은 유엔 개발 프로그램(UNDP)의 "문화다양성 이슈를 다루는 것이 우리 시대 중요한 도전 가운데 하나"라는 선언에서도 확인할 수 있다. 이주로 인한 문화의 접촉과 변동, 적응은 더 이상 피하거나 선택하는 문제가 아닌 삶의 한 방식으로 자리 잡았다고 해도 과언이 아니다.

법무부의 발표에 따르면 2014년 1월 현재 국내 체류외국인 숫자는 약 157만 명이다. 이것은 전년의 142만 명에 비해 15만 명이 증가한 것이다(법무부 출입국·외국인정책본부, 2014). 이러한 수치는 국내 체류외국인의 숫자가 5만 명(총 인구대비 0.11%)이었던 1990년과 비교했을 때 비약적으로 증가한 것으로써, 일부 통계는 2050년에는 전 인구의 10%에 육박하는 403만 명에 이를 것으로 추계하기까지 한다. 이러한 인구통계학적 자료들은 한국사회가 이미 이주로 인한 다양한 가치와 문화가 공존하는 사회로 진입했음을 보여준다. 이 과정에서 우리들은 이질적인 문화의 유입으로 인한 인종적 편견이나 전통문화와 새로운 문화 사이의 충돌, 세대차 등 크고 작은 갈등과 마주하게 되었다.

앞장에서 살폈듯이 세계 각국은 오래전부터 이주로 인한 문화적 갈등 극복과 사회통합에 대처하기 위한 다양한 연구와 정책들을 실행해 왔다.

하지만 '미국 L.A. 흑인 폭동(1992)'과 '프랑스 이슬람 청년 폭동(2005)' 등은 갈등 극복과 사회통합이 결코 쉽지만은 않다는 것을 보여준다.

이 장에서는 김영삼 정부가 '세계화를 선언(1994)한 이래, 근 20년간 한국사회의 인구통계학적 변화를 살펴보고, 급격한 이주로 인한 문제점(갈등)과 그 극복을 위한 한국사회의 대책 등에 관해서 모색해 보고자 한다.

1.1. 국내 거주 외국인 현황

2014년 1월 현재 국내 체류외국인은 1,395,077명으로, 2010년 대비 10.6% 증가한 것으로 나타났다.[1]

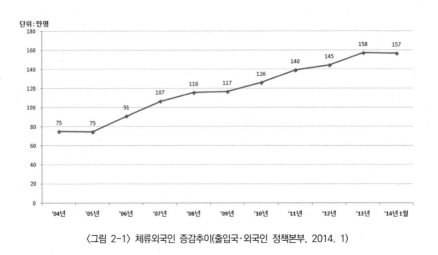

〈그림 2-1〉 체류외국인 증감추이(출입국·외국인 정책본부, 2014. 1)

체류 외국인의 급격한 증가는 최근 외국인 관광객에 대한 사증발급 절차 간소화 절차에 따른 관광통과(B-2), 단기종합(C-3) 등 단기체류 외국인 수의 급증과 특정활동(E-7), 비전문취업(E-9), 방문취업(H-2) 등 취업자격 및 재외동포(F-4), 영주(F-5) 자격 등도 한몫을 차지하고 있다.

1) 출입국·외국인정책본부, 출입국·외국인정책 통계연보, 2014.

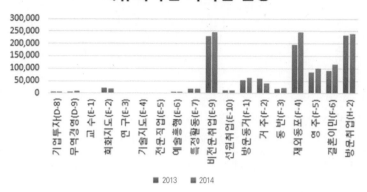

체류외국인 자격별 현황

300,000
250,000
200,000
150,000
100,000
50,000
0

기술투자자(D-8) 무역경영(D-9) 교수(E-1) 회화지도(E-2) 연구(E-3) 기술지도(E-4) 전문직업(E-5) 예술흥행(E-6) 특정활동(E-7) 비전문취업(E-9) 선원취업(E-10) 방문동거(F-1) 거주(F-2) 동반(F-3) 재외동포(F-4) 영주(F-5) 결혼이민(F-6) 방문취업(H-2)

■ 2013   ■ 2014

〈그림 2-2〉 체류외국인 자격별 현황(출입국·외국인 정책본부, 2014. 1)

장기체류 외국인 현황을 살펴보면, 비전문취업(E-9), 재외동포(F-4), 방문취업(H-2),결혼이민(F-6) 순으로 체류하고 있음을 알 수 있다. 이 중에서 전년 대비 1만 명 이상 증가한 항목을 살펴보면 비전문취업(E-9)과 재외동포, 영주자격, 결혼이민 등이 큰 폭으로 증가했음을 알 수 있다. 이는 중국 및 구소련지역 동포에 대한 재외동포(F-4) 및 영주(F-5) 자격 부여 확대 등으로 인한 결과이며2), 제조업 분야 등의 중소기업 인력난에 따른 외국인노동자 도입 확대3)와 다소간의 부침을 겪기도 했지만 결혼이주 등도 한 몫을 차지하고 있음을 알 수 있다.

---

2) 2009년 12월 1일 이후로 중국, CIS(독립국가연합) 등 동포들이 '국내 출입국·체류 및 사업활동 등을 하는데 불편이 없도록' 하고, '한민족이라는 자부심을 갖고 모국과 교류 확대 등을 할 수 있도록' 하기 위해 4년제 대학졸업자, 기업체 관리직원(2명 이내) 및 동포단체 소속 직원(10명 이내) 등 재외동포(F-4) 비자 발급 대상을 대폭 확대한 바 있다.
3) 2010년 4월 26일 이후로 국내 인력 부족이 심각한 특정업종(제조업·농축산업·어업 등)에서 장기 근속한 방문취업(H-2) 동포에 대해 본인이 원하는 기간 동안 장기 취업이 가능한 재외동포(F-4) 자격으로 변경가능하게 하였다.

1.1.1. 외국인노동자

비전문취업(E-9)과 방문취업(H-2)등을 통해 국내에 입국한 외국인들은 주로 산업현장에 취업을 함으로써 외국인노동자가 된다. 주지하다시피 방문취업제도는 중국과 구소련지역 거주 동포들이 우리나라를 쉽게 방문하고 취업할 수 있도록 법무부에서 시행하고 있는 제도를 말한다. 즉 중국 및 구소련지역에 거주하는 만 25세 이상의 동포들은 방문취업사증(H-2)을 통해 입국할 수 있는데, 이들은 최장 3년간 체류가능하며, 체류기간 내에는 별도의 입국허가를 받지 않고도 자유로운 출입국이 가능하다.

방문취업 사증의 발급 절차는 국내에 호적이나 친인척이 있는 동포는 연간 허용인원(쿼터)에 관계없이 사증을 받아 입국이 가능하며, 무연고 동포는 연간 허용인원(쿼터) 범위 내에서 한국어시험에 응시하여 기준 점수에 도달한 자 중에서 무작위 컴퓨터 추첨으로 선발한다. 기존 체류동포 중 비전문취업(E-9) 자격과 방문동거(F-1-4) 자격 취득자는 방문취업(H-2) 자격으로 간주하며 체류기간 연장 허가 시 체류자격 변경 허가를 받을 수 있다. 연도별 방문취업자는 2008년 들어 큰 폭으로 증가하였고, 이후 꾸준한 수준을 보이고 있다.

〈표 2-1〉 비전문취업(E-9) 업종별 현황(출입국·외국인 정책본부, 2014. 1)

구 분	총체류자	합법체류자	불법체류자
총 계	246,554	192,924	53,630
소 계	230,720	192,905	37,815
제 조 업(E-9-1)	193,088	163,877	29,211
건 설 업(E-9-2)	10,792	8,184	2,608
농 업(E-9-3)	17,603	14,267	3,336
어 업(E-9-4)	6,775	4,465	2,310
냉장냉동(E-9-5)	505	272	233
재료수집(E-9-6)	91	81	10
축 산 업(E-9-8)	1,865	1,758	107
기 타4)	15,835	20	15,815

4) 기타: 과거추천연수(E-9-95)~과거합법조치(E-9-98)

비전문취업(E-9)은 위의 표에서 볼 수 있듯이 주로 제조업과 건설, 농업 등에 종사하고 있음을 알 수 있다. 비전문취업 사증은 과거 산업연수나 일반연수 등을 통해 국내에 체류했던 외국인노동자들의 불법체류 문제가 갈수록 확산됨에 따라 이들에 대한 대책 차원에서 신설한 사증이다. 고용노동부에 등록된 기업이 사증발급 인정서를 통해 비전문취업(E-9) 사증을 발급받은 외국인노동자를 지정하여 초청한 후 고용하는 방식으로 이루어진다. 정부차원에서 체류자격을 가진 노동자 수와 입출국 여부를 관리하기 때문에 체류가능 기간인 4년 10개월이 되면 출국해야 하며, 체류기간 연장허가나 체류자격 변경이 어려운 편에 속한다.

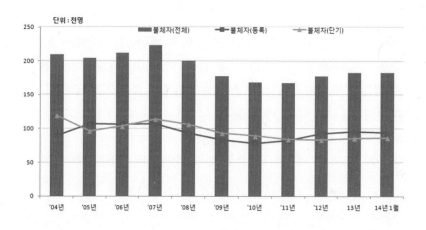

〈그림 2-3〉 불법체류자 증감 추이 비교(출입국·외국인 정책본부, 2014. 1)

한편, 불법체류자 현황을 함께 살펴보면 2007년 이후 감소 추세를 확인할 수 있는데, 이는 2008년에 실시한 정부의 '불법체류자 감소 5개년 계획'에 따른 지속적 단속 및 계도활동을 통한 감소정책의 성과로 해석된다. 고용허가제 외국인근로자의 만기가 도래한 2011년에는 불법체류자의 증가를 우려했지만, 최소치를 보이다 점차 증가하고 있음을 알 수 있다.

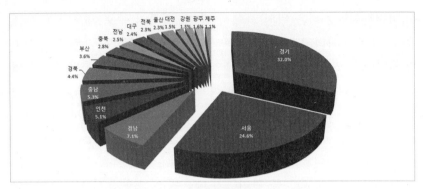

〈그림 2-4〉 등록외국인 거주지역별 분포현황(출입국·외국인 정책본부, 2014. 1)

1.1.2. 결혼이민자

국내 체류 결혼이민자 수는 2002년 이후 매년 28% 이상의 높은 증가율을 보이다가 2007년부터 점차 감소하였으며, 2009년에는 결혼이민자 국적국의 국제결혼제도 강화 등의 영향으로 현저히 감소하여 전년대비 2.1% 증가하는 데 그쳤다.

〈표 2-2〉 국민의 배우자(결혼이민자)의 연도별 증감추이(출입국·외국인 정책본부, 2014. 1)

연 도	2009년	2010년	2011년	2012년	2013년	'13년 1월	'14년 1월
인 원	125,087	141,654	144,681	148,498	150,865	148,499	151,145
전년대비 증감률	2.1%	12.2%	2.1%	2.6%	1.6%		1.8%

2010년에는 국제결혼 희망 내국인이 증가함과 더불어 각국의 국제결혼제도 정상화 등으로 전년대비 13.2% 증가하였으나, 2011년에는 국제결혼 건전화를 위한 결혼이민사증 발급심사 강화 및 국제결혼 안내 프로그램 이수 의무화 조치 등으로 인하여 증가율이 전년대비 2.1%로 다시 하락하였다.

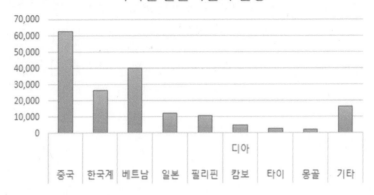

〈그림 2-5〉국적별 결혼이민자 현황(출입국·외국인 정책본부, 2014. 1)

국적별 결혼이민자 수를 살펴보면 중국이 41.3%로 가장 많고, 다음으로 베트남 26.3%, 일본 8.1%, 필리핀 6.9% 순이다. 결혼이민자들의 국적은 2000년대 초를 기점으로 매우 다양해지는 경향을 보인다. 1980~1990년대는 종교단체를 통한 일본 여성의 입국이 대다수였으나 이후 중국 및 필리핀, 베트남, 캄보디아, 몽골, 타이 등 다양한 국가 출신 입국자들을 확인할 수 있다.

지역별로는 경기 27%, 서울 21.6%, 인천 5.7% 등 수도권 거주자가 절반 정도를 차지하고 있다.

1.1.3. 외국인 유학생

외국인 유학생은 매해 증가 추세를 보이고 있다. 출신지역별로 보면 중국, 몽골, 베트남, 일본 순이며 주로 아시아 지역 유학생이 주류를 차지하고 있으며, 북미, 유럽 등이 뒤를 잇고 있다. 유학생들의 전공은 주로 인문사회 과정과 어학연수 관련 비율이 높다. 특히 중국 출신 유학생의 두드러진 증가는 시사하는 바가 크다고 할 수 있다.

〈표 2-3〉 외국인 유학생 체류현황(출입국·외국인 정책본부, 2014. 1)

연　　도	2009	2010	2011	2012	2013	'13년 1월	'14년 1월
합　　　　계	80,985	87,480	88,468	84,711	81,847	83,012	80,153
유　　학(D-2)	62,451	69,600	68,039	64,030	60,466	62,829	58,958
한국어연수(D-4·1)	18,534	17,880	20,429	20,681	21,381	20,183	21,195
전년대비 증감률	13.2%	8.0%	1.1%	-4.2%	-3.4%	-	-3.4%

1.1.4. 새터민

새터민[5]은 북한이탈주민과 동일한 의미로 사용되는데, 북한이탈주민이란 북한에 주소·직계가족·배우자·직장 등을 두고 있는 자로서 북한을 벗어난 후 외국의 국적을 취득하지 아니한 자를 의미한다. 〈그림 2-6〉는 북한이탈주민의 입국추이를 보여준다.

북한이탈주민은 1990년대 중반 북한의 식량사정 악화를 계기로 꾸준히 증가하기 시작했으며, 1999년 100명, 2002년 1,000명을 넘어선 이래 2006년에는 2,000명을 초과하였다. 2007년 2월 북한이탈주민 총 입국자 수가 1만 명을 넘어섰고 2014년 현재는 약 3만 명이 넘는 숫자가 국내에 입국하였다.

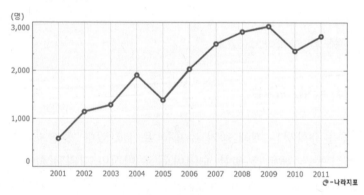

〈그림 2-6〉 새터민 입국현황

5) 통일부, 북한이탈주민 현황, 2012.
　　(http://www.index.go.kr/egams/stts/jsp/potal/stts/PO_STTS_IdxMain.jsp?idx_cd=1694&bbs=INDX_001&clas_div=C&rootKey=1.48.0)

<표 2-4> 입국현황 (~'12. 1월 입국자기준)

구분	~'98	~'01	'02	'03	'04	'05	'06	'07	'08	'09	'10	'11	'12.1 (잠정)	합계
남	831	565	509	473	626	424	514	571	606	662	589	798	61	7,229
여	116	481	632	809	1,272	958	1,512	1,980	2,195	2,252	1,812	1,908	99	16,026
합계	947	1,046	1,141	1,282	1,898	1,382	2,026	2,551	2,801	2,914	2,401	2,706	160	23,255
여성 비율	12%	46%	55%	63%	67%	69%	75%	78%	78%	77%	75%	70%	62%	69%

새터민 중 특이한 사항은 여성의 입국비율 변화가 두드러진다는 점이다. 1989년 이전에는 7%에 불과했던 북한이탈여성주민의 비율이 1997년 35%, 2000년 42% 등 꾸준한 증가추세를 보이다가 2002년을 기점으로 남성비율을 넘어섰다.

2. 미디어를 통해 살펴본 한국의 다문화 현상

지금까지 우리는 김영삼 정부가 세계화를 선언(1994)한 이래, 한국사회의 인구통계학적 변화에 대해 살펴보았다. 통계학적 인구 구성의 다양화는 기존과는 다른 갈등 양상을 초래하기도 하였다. 이 장에서는 그 갈등들에 대해 살펴보도록 하자.

최소의 경비와 노력으로 한국사회에서 통용되고 있는 다문화 또는 다문화 현상을 확인하는 방법은 아무래도 언론매체(방송과 광고도 포함)를 활용하는 것일 것이다. 자, 다시 컴퓨터를 켜도록 하자. 포털사이트 검색창에 '한국언론재단'을 치고 검색을 해보자. 한국언론재단이 번거롭다고 생각한 이는 '카인즈'[6]를 쳐도 상관없다. '카인즈'가 검색되면 클릭을 하자. 짜잔! 기사통합검색 창이 열릴 것이다. 마우스 커서로 뉴스기사를 클릭을 하고, 각종 검색 조건을 자신이 원하는 대로 설정한 다음 검색을 해보자.

---

6) 카인즈는 한국언론재단에서 운영 중인 통합뉴스DB 운영체계를 말한다. 자세한 것은 http://www.kinds.or.kr/을 참조할 것.

필자는 검색 기간을 1990년 1월 1일부터 현재(2012. 8. 31.)까지로 설정하고 맨 먼저 '다문화'란 키워드로 검색하였다. 총 15,044건의 기사가 검색되었다. 동일한 조건으로 검색을 하면 '국제결혼'으로는 15,374건, 결혼이민자 3,178건, 외국인노동자 13,022건, 이주노동자 6,636건 등이 검색된다. 이것은 대한민국 국민들이 현재 자신의 의지와 상관없이 하루 평균 7건 이상의 '다문화'와 관련된 뉴스에 노출되어 있다고도 할 수 있다. 즉 매일매일 쏟아지는 '다문화'에 관한 담론 속에서 의식·무의식적으로 다문화와 관련된 인식과 개념들을 형성하고 있다는 것이다.

2.1. 급격한 외국인 유입으로 인한 갈등 양상

다문화 관련 뉴스 기사들은 주로 외국인노동자와 결혼이주여성 등의 국내 유입(통계학적 분석)과 그로 인한 갈등 양상(편견과 차별의 실상), 그리고 그 극복 방안에 관한 것들이다. 여기서는 언론에 보도된 기사들을 중심으로 급격한 외국인들의 유입에 대해 한국사회가 어떻게 대응하고 있는지를 살펴보도록 하겠다.

구체적인 사례 분석에 앞서, 우리가 앞 장에서 확인했던 내용을 상기해 주기 바란다. 필자는 누차에 걸쳐 이주(문화교류)의 문제는 이주자들만의 것이 아니라 이주자들을 받아들인 공동체의 문제이기도 한다는 점을 강조했다. 그렇다면 외국인 유입으로 인한 갈등 또한 비록 강도의 차이는 있겠지만, 어느 한편만의 몫이 아니라 양쪽 모두에 걸쳐 공히 나타나는 현상이라고 할 수 있겠다.

따라서 외국인의 유입으로 인한 갈등 양상을 구체적으로 파악하기 위해서는 이주자뿐만 아니라, 그들을 받아들이는 한국인들의 입장 또한 고려되어야 한다. 이에 필자는 이주자를 외국인노동자와 결혼이민자 군으로 분류한 후, 갈등 양상을 한국인과 이주자의 입장에서 살펴보도록 하겠다.

2.1.1. 이주노동자들이 겪는 편견과 차별

외국인노동자와 관련하여 우리들이 가장 빈번하게 접할 수 있는 기사들은 이른바 '사장님 나빠요' 부류이다. '사장님 나빠요'라니? 도대체 무슨 말을 하려고 하는 거지? 충분히 의문을 품을 수 있다고 생각한다. 왜냐하면 '사장님 나빠요'는 필자에게는 익숙한 '개그'이지만, 여러분들에게는 생소할 것이기 때문이다.

예전에 KBS 2TV 프로그램 중에 〈폭소클럽〉이란 개그 프로그램이 있었다. 방송 초창기부터 국민들의 인기를 한 몸에 받아왔던 대표적인 개그 프로그램인 〈개그콘서트〉만큼은 아니지만 꽤 인기가 있었던 프로그램이었던 것 같다. 〈폭소클럽〉에서는 어느 시점부터 시사개그 꼭지들이 사라진 〈개그콘서트〉와 달리, 시사개그들도 당당히 한 꼭지를 점유하고 있었는데, '사장님 나빠요'란 유행어는 이 프로그램을 통해 세상에 나왔다.

문득, '1등만 기억하는 더러운 세상'이란 대사가 찝찝하다는 모 국회의원의 한마디 때문에 그런 것은 물론 아니겠지만, 문득 개그마저 마음대로 할 수 없는 세상에서 살고 있는 것 같아 씁쓸한 생각이 든다.

전국의 모든 사장님들과 한국 사람들을 개그의 소재로 삼아 불편하게 만드는 '뭡니까 이게'와 같은 꼭지들을 다시 볼 수는 없는 것일까? …… 오케이! 잡설은 여기까지만. 잠시 기억을 되살려보도록 하자.

〈그림 2-7〉 블랑카의 〈뭡니까 이게〉의 한 장면

'사장님 나빠요'라는 유행어를 전국적으로 유행시킨 '블랑카의 뭡니까 이게'의 한 장면이다. 한 사내가 수줍게 웃으며 무대 한가운데로 나온다. 한눈에 봐도 잘생긴 것하고는 거리가 멀다. 작업복 차림에 얼굴색이 유난히 검다. 그렇다고 흑인도 아니다. 동남아 쪽인가? 이런 생각이 잠깐 들 때쯤 사내는 관객들을 향해 이렇게 말한다.

안녕하세요? 스리랑카에서 온 외국인노동자 블랑카입니다. 며칠 전에 회식했어요. 고기 먹으러 갔어요. 저 너무 좋아서 고기 먹으려 했더니 사장님 '음흠'합니다. 또 저 고기 먹으려 하면 사장님 '음흠'합니다. 그래서 저도 사장님 고기 먹으려 할 때 '음흠'했더니 사장님 불판을 던졌어요. 뭡니까 이게~, 사장님 나빠요~.

자신을 스리랑카에서 온 외국인노동자로 밝힌 사내는 어눌한 한국어와 부자연스러운 몸짓으로, 그렇지만 이번 기회에 자신이 하고 싶은 말은 반드시 다하고야 말겠다는 표정으로 이야기를 시작한다. 그는 외국인노동자로서 자신이 직접 체험한 한국사회에서의 생활들과 이 속에서 서로 간의 문화차이로 인해 발생한 일들을 예의 어눌한 한국어와 부자연스러운 몸짓으로 과장되게 표현한다. 그럴 때마다 객석에서는 웃음이 폭죽처럼 터진다. 소문만복래笑門萬福來!!

밤하늘을 수놓은 폭죽이 아름답지만 이내 사라짐으로써 아쉬움과 정적, 그 뒤를 따르는 알 수 없는 비애감을 주듯이 진짜 동남아에서 온 사람이 아닐까라는 착각을 들게 한 개그맨 정철규의 연기는 이내 보는 이들로 하여금 알 수 없는 파토스pathos를 느끼게 한다. 그렇다면 무엇이 관객들로 하여금 파토스를 느끼게 하는 것일까?

앞의 인용문에서 우리를 웃게 만드는 것은 블랑카와 사장님 사이에 존재하는 문화차이로 인한 의사소통의 어긋남이다. 하지만 정작 관객들을 웃음으로 끌고 가는 것은 아무렇지도 않게 블랑카를 향해 행사되고 있는 사장님(?)의 폭력에 대한 자기방어 기제인지도 모른다. 블랑카는 관객들을 향해 문화차이에서 비롯된 소소한 갈등에서부터 손가락이 잘라나가는 산재의 끔찍함과 시도 때도 없이 날아오는 한국인 동료들의 온갖 욕설과 폭력에 관해 '뭡니까 이게~'를 연발하면서 풀어낸다. '뭡니까 이게~'를 들을 때마다 관객들을 웃음을 터트리지만, 그 웃음 끝자락에는 '한국은 외국인노동자의 피만 빨아도 충분히 배가 부른 사회'[7]라는 자괴감 또한 붙어 있는 것은 아닐까? 사회 곳곳에 만연해 있는 외국인노동자에 대한 온갖 차별적 행위들을 불편해 함으로써 한국인들은 어쩌면 스스로를 블랑카가 '뭡니까 이게~'라고 비판하는 대상들로부터 분리, 구분하려 하는 것은 아닐까? 구체적인 기사들을 살펴보도록 하자.

①	"돈 버는 재미도 좋지만 이젠 한국이 싫어졌어요." 인도네시아 근로자 베르토(29)는 며칠 뒤면 2년 5개월 동안 힘겨웠던 한국생활을 정리하고 가족이 기다

---

7) 장정일, 『보트하우스』, 프레스21, 2000 참조.

리는 고향 자카르타로 돌아간다. 베르토는 안양과 파주 등지의 3D업종에서 하루 13시간이 넘는 고된 노동을 견디며 월급 90만 원을 받아 50만원씩 고국으로 송금해 딸(5)과 아들(2)을 키우고 저축도 해왔다. 50만 원이면 인도네시아 근로자 평균 월급여의 10배에 가까운 큰 돈. 평소 꿈이었던 부동산 중개업소를 차릴만한 돈은 아직 못 모았지만 그는 '코리안드림'을 버리기로 했다.

베르토가 고국 행을 결심한 것은 특히 한국인 직원들의 인간적인 모독을 견디기 어려웠기 때문. 직장상사들은 그가 한국말을 제대로 못 알아듣는다고 욕설을 일삼았고 일부는 구타도 서슴지 않았다. 밀린 임금을 받으러 갔다가 사장이 경찰을 부르며 위협하는 바람에 쫓겨난 적도 있다. 3D업종이다 보니 잦은 부상으로 온몸에 상처가 났지만 병원은 거의 가보질 못했다. 그는 다행히 큰 부상을 당하지 않아 형편이 나은 편이지만 손가락이 잘리고 허리를 다치는 등 중상을 입는 외국인 동료들을 주변에서 쉽게 볼 수 있었다.

　　　　　　　－「차별 없는 한국을 위하여」, ≪문화일보≫, 2002. 7. 23, 28면

② 지난 6월 경남에서 인도네시아 노동자들이 한국인에게 무자비하게 구타당하는 사건이 있었다. 맞은 이유는 '건방지다'는 것이었다. 차를 태워주겠다고 했는데 외국인노동자들이 아무 대답도 없이 담배만 피우는 모습이 건방지게 보였던 것이다. 한국말을 알아듣지 못한 외국인노동자들은 영문도 모른 채 각목 등으로 얻어맞아 팔이 부러지는 등 전치 10주의 중상을 입었다. 자신의 호의가 무시당했다고 저지른 분풀이치고는 너무 지나쳤다.

　　　　　　　－「한국인의 문화차별」, ≪내일신문≫, 2007. 7. 11, 23면

③ 베트남 여성노동자 다나(가명·27)는 경북 영천시 ㅅ회사에서 한국인 관리자의 성폭행에 저항하는 과정에서 이가 부러지는 등 구타를 당했지만, 신고하면 불법체류자로 쫓겨날 것이 두려워 조용히 회사를 그만두었다. 경북 구미의 ㅅ섬유업체의 스리랑카 여성노동자 9명은 외출 금지는 물론이고 밤 11시부터 아침 6시까지 기숙사 방문을 밖에서 잠근 채 관리당하다 인근 단체의 신고로 노동부의 시정조처가 내려졌지만 여전히 별 차이가 없었다.

　　　　　　　－「여성 외국인노동자 삼중고」, ≪한겨레신문≫, 2002. 4. 16, 24면

④ "안녀엉~하세요, 베로니카입니다." 서울 외곽 K관광호텔에서 무용수로 일하고 있는 베로니카 양(21·학생)과 모니카 양(22·간호조무사)을 26일 오후 2시 K호텔 부근 음식점에서 만났다. 사전에 이들과 만나기로 약속한 회사원 L씨와 동행했다. 이들은 보자마자 서툰 우리말로 인사부터 건넸다. 의사소통이 제대로 안 되자 영어와 러시아말을 섞어가며 말을 이었다. 국내에 들어온 지는 2개월째다.

이날 낮 12시부터 오후 4시까지 자유시간이 주어져 빠져나왔다고 말했다. 스스로 '복 받은 시간'이란 표현을 썼다. 그러면서도 쫓기는 듯한 표정으로 빨리 들어가야 한다는 말을 여러 차례 되뇌었다. "조금이라도 늦으면 매니저한테 매 맞기 때문"이란다. 무희들은 보통 저녁 6시부터 다음날 새벽 5시까지 일한다. 밤에는 춤추고 낮에는 잠자는 것이 생활의 전부라고 한다. 그래도 이런 날은 마음 편하다고. 조금이라도 빈틈이 보이면 매니저와 감시하는 사람들로부터 사흘이 멀다 하고 두들겨 맞는 게 다반사라고 했다. 큰 돈을 벌 수 있다는 광고모집을 보고 왔으나 내용과 너무 다르다고 고개를 젓는다. 얼마나 돈을 벌어 돌아갈지에 대해 자신이 없는 표정이다. 이들은 무용에 대한 전문성도 없었다. 하지만 음악에 맞춰 흔들기만 하면 되니까 아무런 문제가 없단다. 처음엔 호텔에서 5명이 합숙생활을 했으나 통제가 어렵다는 이유로 얼마 전 연립주택 지하로 옮겼다고 한다. 때때로 낮에도 매니저가 시키는 대로 호텔로 불려간다는 이들은 스스로를 '로봇' 같다고 말했다.

–「코리안드림 깨진 '인터걸'」, ≪서울신문≫, 2001. 10. 27, 5면

셀 수도 없이 많은 기사 중에서 우선 4개를 골랐다. 눈 밝은 독자들은 이미 알고 있겠지만, 기사 중 2개는 남성 외국인노동자와 관련된 것이고 나머지 2개는 여성 외국인노동자에 관한 것이다. 첫 번째 기사를 살펴보자. 눈을 감고 여러분이 베르토 씨라고 가정해 보자. 여러분은 이제 코리안드림을 안고 한국에 온 인도네시아 출신 외국인노동자 베르토(29) 씨가 되었다. 당신은 평소부터 부동산 중개업소를 하고 싶었다. 하지만 자금이 없었다. 자금이 필요했던 당신은 자금 마련을 위해 백방으로 노력하다 누군가로부터 한국에 가서 몇 년 만 고생하면 된다는 말을 듣거나 알게 되었다. 꿈을 이루고자 하는 열망이 컸던 당신은

기꺼이 외국인노동자가 되어 한국 땅을 밟았다. 하지만 2년 5개월 동안의 한국생활을 통해 당신은 어쩌면 영원히 자신의 꿈을 접을지도 모르는 결정을 하게 된다. 한국인들에 의해 행해졌던 '인간적인 모독'이 당신을 이 같은 결정으로 내모는 결정적인 역할을 하였다.

아마도 당신은 처음 한국 땅에 발을 내딛으면서 어느 정도의 고생은 각오했을 터이다. 한국에서 외국으로 돈을 벌러 간 노동자들이 남긴 수기手記 곳곳에는 '아무리 일이 힘들고 가족들이 보고 싶더라도 꾹 참고 견디리라!'와 같은 굳은 결심을 드러내는 구절이 다수 있다. 분명 당신도 한국을 떠나 외국으로 간 노동자들과 별반 다르지 않았을 것이다. 하지만 당신은 생각지도 못한 복병들을 만나게 된다. 당신과 함께 공장에서 힘들게 일하는 한국인 노동자들이 당신을 동료로 대하기보다는 마치 하인을 부리듯 한 것이다. 그들은 당신이 한국말을 제대로 알아듣지 못한다고 걸핏하면 욕설을 일삼았고, 심지어는 구타를 한 것이다.

영문도 모른 채, 동료(?)들로부터 욕설과 구타를 당하던 순간, 당신은 무엇을 보고 어떤 생각을 하게 되었을까? ……. 당신을 괴롭혔던 것은 비단 한국인 노동자들 뿐만은 아니었을 것이다. 매달 가족을 부양해야만 하는 당신에게 어떤 사장님들은 사전에 양해도 구하지 않은 채 월급을 주지 않기도 했을 것이고, 돈이 필요했던 당신이 그것에 대해 항의라도 하려고 하면 공권력을 들먹거리며 외국인노동자라는 신분(?)상의 약점을 악용하기도 했을 것이다.

그리고 또 하나!! 상상을 뛰어넘는 노동 강도와 위험한 작업환경!!

기사에는 '3D업종이다 보니 잦은 부상으로 온몸에 상처가 났지만 병원은 거의 가보질 못했다'정도로 표현하고 있지만, 당신이 정말로 이야기하고 싶었던 것은 마치 노동자들의 노동력을 마지막 한 방울까지 짜내려는 것 같은 강도 높은 노동에 대한 불만이었을지도 모른다. 엄청난 노동 강도에 잘 적응하지 못한 당신을 보면서 한국인 노동자들과 관리자들은 '역시 외국 것들은 게으르다니까'라거나 '저것들은 틈만 나면 일을 하지 않으려고 꾀를 부린다니까'라며 비난했을 것이다. 필자가 여러 곳에서 만나본 외국인노동자들은 한국생활에서 가장 이해하기 힘든 것으로 '죽어라고 일만 하는 한국인 노동자들의 태도'였다. 외국인노동자들은 노동이란 것은 인간다운 삶을 위한 하나의 수단인데도 불구하고 한국 노동자들은 노동 그 자체가 목적이거나 아니면 오직 돈만을 벌기 위한 도구로 생각한다며 의아해 하곤 했다. 이런 그들에게 필자가 해줄 수 있는 말이라고는 한국 노동자들의 근면함이 이른바 '한강의 기적'이라 불리는 오늘날의 경제적 풍요의 원동력이 되었다는 정도의 애매한 말뿐이었던 것으로 기억한다.

인용문 ②는 정말 어처구니가 없는 이야기다. 자신의 호의를 무시했다고—사실 무시한 것도 아니지만—자신과 함께 일하던 동료 노동자를 팔이 부러질 정도로 때리는 이의 맨탈리티mentality를 어떻게 이해해야 할까? 문득 한국인 노동자들에게 외국인노동자들은 어떤 존재일까 하는 의문이 든다. 동료일까? 아니면 화풀이 대상일까? ……. 누군가는 이렇게 반문할지도 모른다. 어이 여보, 필자 양반! 당신 매우 삐딱한 시선을 가지고 있군. 외국인노동자라서 맞는다고? 이 사람 큰일 날 사람일세. 우린 말이야 옛날에 일할 때 하나부터 열까지 맞으면서 배웠어. 아니 일 배우면서 그만한 것도 못 참나. 그리고 이왕지사 말이 나왔으니까 하는 말이지만, 어디 공장이나 공사판에서 욕 안하고 안 맞고 일이 돌아간다고 생각해? …….

엉터리 같은 반론이라 대답할 가치가 없다고? 글쎄 그럴까. 필자는 그렇게 생각하지 않는다. 엉터리처럼 보이는 이 말들을 한 번도 들어보지 않았다고 자신할 수 있는 사람이 과연 몇 명이나 될까? 필자는 언젠가 파주에서 자동차 부품을 생산하는 조그마한 사업체를 운영하고 있는 지인과 이 비슷한 이야기를 나눈 적이 있다. 지인은 한국을 대표하는 H사의 중형자동차의 스피커에 소요되는 부품을 생산해 납품하는 업체를 운영하고 있는데, 그의 사업체에도 외국인노동자가 4~6명이 일하고 있다. 주로 베트남과 필리핀에서 온 여성노동자들이었는데, 지인과 외국인노동자 모두 서로 만족하고 있는 편이라 할 수 있다. 그런데도 지인은 현장에서의 외국인노동자에 대한 비인격적 처우에 대해서는 위의 반론들과 별반 다른 입장을 보이지 않았다. 그런 지인을 향해 필자는 노동 현장에서의 행사되는 모든 폭력은 분명 옳지 않다. 폭력은 정당화될 수 없고 이해되서도 안 된다. 자신이 폭력을 당했다고 외국인노동자에게 폭력을 강요할 수는 없지 않느냐는 취지로 이야기했던 기억이 난다.

인용문 ③과 ④는 한국에 이주해 온 여성 외국인노동자에 관한 이야기다. 통계 자료에 따르면 한국 내 거주하고 있는 외국인노동자의 약 30%가 여성노동자라고 한다. 등록된 노동자가 약 40만 명이라고 할 때, 적게 잡아도 12만 명 이상의 여성 외국인노동자들이 여성이란 이유로 남성 외국인노동자들이 당했던 것에 덧붙여서 '성폭력'과 '감금노동' 그리고 '저임금'에 시달리고 있는 것이다. 기사에 보도된 내용만으로 판단해 본다면, ③의 베트남 여성노동자 다나(가명, 27)의 경우는 산업연수생으로 한국에 온 노동자이다. 그녀는 배치 받았던 연수기관을 이탈해 불법체류자 신분으로 사건이 발생한 ㅅ회사에서 취직을 했을 것이다. 불법체류자인 그녀의 입장에서는 어떻게 해서든지 자신의 신분이 탄로 나지 않고, 그곳에서 안정적으로 일하는 것을 꿈꿨을 터이다. 하지만 그녀의 바람은 외국인 여성노동자를 성적 대상으로 여겼던 한국인 관리자의 성폭행으로 여지없이 깨어지고 말았다.

④의 베로니카는 이른바 '예술흥행비자(E-6)'로 입국한 여성이다. 예술흥행비자로 국내에 입국한 여성들은 주로 러시아와 필리핀 출신들이 다수를 차지하고 있는데, 이들은 클럽의 가수나 전문 댄서(무용수) 등으로 유입된다. 한마디로 연예인이라고 할 수 있다. 하지만 그들의 실상은 연예인은커녕 국제적인 성노예자로 전락하고 있음을 알 수 있다. 베로니카의 경우처럼 '예술흥행비자(E-6)'로 입국한 여성들의 대다수는 이른바 유흥산업으로 유입된다. 그곳에서 그들은 한국인들의 왜곡된 성적 욕망을 충족시켜주는 성의 도구로 전락하고 만다. 이해할 수도, 그렇다고 빠져나올 수도 없는 성노예의 굴레 속을 허덕이다 끝내 스스로 삶을 마감하는 이들도 있다고 한다.

지금까지 우리는 신문에 보도된 외국인노동자와 관련한 한국사회의 차별에 대한 몇 가지 사례에 대해 살펴보았다. 신문 기사들은 한국사회에 거주하고 있는 외국인노동자들이 법정근로시간인 40시간을 훨씬 초과한 장시간의 노동—외국인노동자대책협의회가 발표한 조사에 따르면 외국인노동자들의 평균 노동시간은 법정근로시간을 24시간이나 초과한 주당 평균 64.1시간 이라고 함—으로 인한 산재의 위험에 노출되었다. 게다가 구타와 성폭행, 감금, 임금 체불 등 비인간적인 대우를 받고 있음도 알 수 있다. 이 같은 보도를 통해 우리들은 한국사회에 만연해 있는 외국인노동자들에 대한 편견과 차별의 구체적인 모습을 확인할 수 있게 되었다. 아마도 여러분은 인용된 기사를 읽으면서 마음이 편치 않았을 것이다. 대부분은 차별받는 외국인노동자들에 대해 안타까운 감정을 드러냈을 것이고, 한두 명쯤은 불쌍한 외국인노동자들을 비인간적으로 대하는 그릇된 한국인들에게 대해 분노했을 것이다. 그런데 여러분들의 이런 감정들이 외국인노동자들에 대한 차별을 명시적으로 드러냄으로써 자신은 그러한 차별과 무관함을 증명하고 싶어 하는 일종의 책임회피의 심리가 숨어 있지 않다고 장담할 수 있을까? ……, 잠시 생각 중!

2.1.2. 인종차별주의자로 전락한 한국인

지금까지 우리들은 이주노동자에 대한 한국사회의 차별과 편견을 외국인노동자의 입장에서 보도한 신문 기사들을 통해 살펴보았다. 물론 엄밀한 의미에서 신문에 보도된 이야기들은 이주노동자들의 목소리가 아니다. 스피박G. Spivak(1942~)이 이야기했듯이 하위주체subaltern는 말할 수 없기 때문이다. 다시 말해 신문에 나와 있는 외국인노동자들의 이야기는 그들의 생생한 목소리가 아니라 그들의 목소리를 대변한다고 자처하는 지식인 대변자(기자)에 변조된 목소리이다. 다나의 이야기를 다룬 신문 기사를 보면, 지워진 다나의 목소리의 여백이 자못 크다는 사실을 확인할 수 있다. 과연 어떤 목소리가 지워진 것일까?

스피박이 말한 하위주체 개념은 외국인노동자를 비롯한 다문화 관련 논의에서 중요한 개념이기에 꼭 이해해야만 하지만, 여기서는 그 문제는 일단 접어두고 진행해 온 논의에 집중하도록 하자.

- 외국인노동자들을 차별하는 것은 일부 몰지각한 사람들의 일일 뿐이다. 도대체 나랑 무슨 상관이 있단 말인가?
- 한국에 와서 고생한 대가로 외국인노동자들은 자기나라 노동자들보다 평균적으로 3~5배(어떤 나라는 10배)나 많은 돈을 번다는데, 까짓것 한국 사람들한테 좀 굽혀주면 안 돼?
- 외국인노동자들은 월급의 대부분을 본국으로 송금하는데 그렇다면 산업발전에 도움이 되기보다는 오히려 국부를 유출하는 것 아냐?
- 가뜩이나 취업 등으로 힘들어 죽겠는데, 외국인노동자들의 처지까지 이해하라고 하는 것은 너무 많은 것을 요구하는 것 아냐?

한국사회에 만연한 외국인노동자들에 대한 차별과 관련하여 아래와 같은 생각을 하는 사람이 있다고 가정하자. 정말로 이렇게 생각하는 사람이 있을까라고 반문할지도 모르지만, 필자는 외국인노동자 문제와 관련하여 충분히 가능한 질문들이라고 생각한다. 필자는 지난 몇 년간 대학에서의 다문화 관련 강의와 시민들을 대상으로 한 대중적인 다문화 강의를 진행해 오고 있다. 강의에 참가한 많은 이들은 외국인노동자들에 대한 한국사회의 차별에 관한 구체적인 사례를 제시하면서 이야기를 진행하면, 외국인노동자들의 처지에 대해 공감을 하면서도 한편으로는 위의 질문들과 비슷한 반론들을 제기하곤 했다.

필자는 이러한 질문을 받을 때마다 속으로 앗싸! 하고 쾌재를 불렀다. 질문이 많다는 것은 그만큼 사람들이 나의 이야기에 귀를 기울였다는 것을 의미하기 때문이다. 그런 사람들일수록 시간을 갖고 이야기를 나누다보면 의외로 상대방에 대한 이해의 폭이 넓다는 게 필자의 판단이다. 필자의 경험에 의하면 외국인노동자와 관련하여 정말 소통하기 어려운 난제는 외국인노동자들에 대한 직접적인 반감을 표현하는 것보다는 이른바 '막연한 울분'을 드러내면서 소통을 거부하는 것이다. 막연한 울분이란 급격한 외국인노동자와 결혼이민자들의 이주와 이로 인한 전통적인 생활양식의 변화, 그리고 그러한 변화에 자신의 의지와 상관없이 어쩔 수 없이 적응을 강요당해야만 하는 상황에서 오는 어떤 심리적 폭발이라 할 수 있다. 가령, 다음과 같은 상황에서 한국인이 갖는 일반적인 감정이 여기에 해당한다.

지난해 스위스 국제경영개발원의 조사에 따르면 한국은 조사대상 55개 국가 중 인종차별이 51위에 해당했다. 유엔 인종차별철폐위원회는 지난 18일 우리나라에 대해서 단일민족에 따른 인종차별주의를 시정할 것을 권고했다. 유엔은 "한국이 민족 단일성을 강조하는 것은 영토 내에 사는 다른 민족과 국가그룹들 간의 이해와 관용, 우의증진에 장애가 될 수 있다"고 지적했다. '순수혈통'과 '혼혈'이라는 용어와 이로 인한 부작용과 잘못된 관념에 대한 우려를 나타낸 것이다.

유엔은 또 "한국에서 일반적으로 사용하는 '순혈'과 '혼혈' 같은 단순한 용어도 널리 퍼진 인종적 우월주의를 드러내는 것"이라고 밝혔다. 이에 따라 유엔은 "외국인노동자나 국제결혼을 통해 태어난 자녀 등이 고용 결혼 주거 교육 등에서 차별 받지 않고 동등한 권리를 보장 받도록 관련법을 제정하라"며 "다양한 인종과 민족의 역사와 문화에 관한 정보를 초·중등 교과목에 포함시킬 것"을 한국정부에 권고했다.
—「인종차별 55개국 중 51위」, ≪내일신문≫, 2007. 8. 22, 21면

인용문은 유엔 인종차별철폐위원회가 한국에 대해 인종차별주의를 시정할 것을 권고한 내용과 관련된 기사이다. 기사는 한국사회는 단일민족을 유난히 강조하는데, 이것은 이주가 일상화된 현대사회에서는 맞지 않는다는 것이다. 단일민족주의에 대한 집착이 한국사회에서 함께 살아가는 다른 나라 사람이나 민족 그룹들과의 이해와 관용, 그리고 우의증진에 장애가 되니 하루라도 빨리 이른바 단일민족주의로 대표되는 '순혈'주의를 폐기하라는 권고이다. 여기에 덧붙여 한국사회에 만연(?)해 있는 인종적 우월주의로 인해 외국인노동자나 국제결혼을 통해 태어나는 아이들이 고용, 결혼, 주거, 교육 등에서 차별을 받게 되는 게 틀림없으니 이들의 권리를 보장하는 관련법을 제정하라고

충고하기까지 한다. 심지어는 보존하고 교육해야할 할 공동체적 가치들의 집합체라고 할 수 있는 초·중등 교과서까지 개정하라고 한다.

　유엔 인종차별철폐위원회의 권고는 한마디로 한국사회를 인종차별주의가 만연한 사회로 규정한 후, 그 해결책을 요구하고 있는 셈이다. 그런데 이러한 일방적인 규정은 한국인들의 보편적인 정서와는 사뭇 다른 것이다. 한국사회에서 강력한 위력을 발휘하고 있는 민족주의의 문제에 대해 어느 정도 관심을 갖고 있었던 필자마저도 처음 신문에 보도된 내용을 접하면서 조금 놀랐다. 아마도 다수의 한국인들은 유엔 인종차별철폐위원회의 권고를 신문으로 처음 접하고는 당혹감을 느꼈을 터이다. 왜냐하면 대부분의 한국인들은 스스로를 인종차별주의자로 인식하기는커녕 오히려 외국인들에서 친절하다고 생각하고 있기 때문이다.

　하지만 유엔 인종차별철폐위원회의 권고는 '동방예의지국'의 국민임을 자랑스럽게 생각하는 한국인들에게 당신들이 믿고 있는 것은 거짓에 불과하며, 당신들 얼굴에서는 추악한 인종차별주의자의 모습이 어른거린다며 비난을 퍼붓고 있는 셈이다. 만약 여러분이 이러한 상황과 마주하게 된다면 어떤 반응을 보일 수 있을까? 한순간에 잠재적 인종차별주의자로 전락해 버린 한국인들은 당황한 표정을 드러냈다. 그들은 유엔 인종차별철폐위원회의 권고를 계기로 그동안 의식·무의식적 영역에서 행해져왔던 순혈민족주의와 관련된 행위들에 대해 진지하게 성찰보다는 오히려 이러한 상황을 초래한 표면적인 여건들에 대한 불편한 심기를 드러냄으로써 유엔 기관에 대한 불만을 우회적으로 표출하였다. 유엔 권고가 보도된 다음 신문에 실린 관련기사들을 살펴보면 유엔의 권고를 계기로 순혈민족주의에서 벗어나야 한다고 이야기하고 있지만, 차제에 느슨하고 애매모호한 외국인 관리정책을 근본적으로 뜯어고쳐야 한다는 주장 또한 적지 않다. 매우 합리적이고 바람직한 것처럼 보이는 이들 주장들에는 비록 명시적으로 드러나지는 않지만, 외국인노동자와 결혼이민자와 같은 이주자로 인해 오명을 뒤집어 쓴 것에 대한 억울함이 묻어 있다.

이 같은 억울함은 기껏 몇 개월 동안 잘 가르쳐 이제 일 좀 하려나 했더니 사전에 아무런 통보도 없이 작업장을 이탈해 생업에 차질을 준 외국인노동자들의 배신감 등과 결합되어 이주노동자에 대한 합리적인 논의들을 봉쇄하기도 한다. 게다가 심심찮게 신문지상에 오르는 외국인노동자들의 범죄 행위와 일부 직종—건설노동자—에서 벌어지고 있는 일자리 경쟁 등은 적지 않은 한국인들로 하여금 자신들 역시 피해자라는 감정을 갖게 한다. 어찌 생각하면 우리들도 피해자인데, 너무 하는 것이 아닌가? ……, 그렇다면 정말로 우리들은 외국인노동자의 이주로 인해 피해를 입고 있는 것일까?

2.1.3. 한국인을 낳은 또 하나의 몸: 결혼이주여성

결혼이주여성의 존재는 한국사회의 다문화를 논의하는 데 있어 매우 중요한 위치를 점유하고 있다. 한국사회의 다문화 담론은 다문화에 대한 보편적 합의보다는 실천적인 측면에 경사된 경향을 보이는데, 이것은 결혼이주여성의 급격한 유입에 따른 불가피한 선택이었다. 다시 말해 한국사회의 다문화 담론에는 인권의 사각지대에 방치된 채, 가부장적 억압에 짓눌려 있던 수많은 결혼이주여성들이 직접적으로 겪고 있는 피해상황이란 변수가 가로놓여 있었던 것이다. 기실, 결혼이주여성들은 합법적인 "정주화의 가능성"[8]을 지닌 대단히 미묘하고 복잡한 존재들이다. 그들은 자본의 국제적 불균형이 초래한 '여성노동력의 이주'라는 점에서 노동이주와 비슷하지만 노동자가 아닌 한국 남성의 아내이자, 한국인 아이의 엄마라는 점에서 대단히 복합적인 존재들이다.[9] 즉 인종적으로는 타자이지만 이미 한국인의 일원인 결혼이주여성들의 중층적인 존재성으로 인해 한국인들은 결혼이주여성

---

8) 홍기원, 「한국 다문화정책의 문제점과 개선 방향」, 『한국공공관리학보』 제23권 3호, 한국공공관리학회, 2009, 174쪽.

9) 황정미, 「'이주의 여성화' 현상과 한국 내 결혼이주에 대한 이론적 고찰」, 『페미니즘연구』 제9권 2호, 한국여성연구소, 2009, 2쪽.

들의 존재를 이주노동자들처럼 애써 무시할 수만은 없게 된 것이다. 이 지점에서 한국의 시민사회와 정부는 국제결혼의 급증으로 인한 단기적인 폐해 극복과 다양한 인종과 문화의 유입으로 인해 발생할 수도 있는 혼란을 최소화하고 사회통합을 이루기 위한 새로운 패러다임을 모색하지 않을 수 없게 되었다.

이런 점에서 볼 때, 결혼이주여성들은 한국사회의 다문화 담론과 관련하여 어쩌면 다문화 정책의 필요성을 증명하는 존재가 될 운명을 가졌는지도 모른다. 결혼이주여성들에 대한 신문 기사들은 필자의 가설이 전혀 근거 없는 것이 아님을 보여준다. 기사들은 결혼이주여성들이 한국인 아이를 낳는 아주 중요한 존재임에도 불구하고 한국인들은 그들의 존재를 애써 외면하거나 문화차와 사회적 편견 속에 방치하고 있다고 비판한다. 각종 범죄행위의 희생자로 결혼이주여성을 표상하는 것이 대표적인 사례인데, 이것은 공범으로서의 죄의식을 독자들에게 유도함으로써 제도나 인식 개선과 같은 사회적 실천행위를 강제하기까지 한다.

① 11살의 나이 차에도 불구하고 결혼한 교포 3세 B씨. 건설 일용직 노동자인 남편 사이에 10개월 된 아이를 두고 있지만 남편은 지난 1년 반 동안 거의 일은 나가지 않은 채 술로 세월을 보냈다. 임신 9개월째 되던 날 남편은 '집이 팔렸다'며 B씨에게 집을 나가라고 소리쳤다.

–「팔려온 신부, 국제결혼여성」, ≪내일신문≫, 2005. 2. 15, 22면

② 지난 2000년 초 국제결혼으로 입국한 태국인 여성 M(31)씨는 결혼 2년 만에 남편이 교통사고로 사망하면서 행복한 결혼생활을 접어야 했다. 시댁 식구들이 "팔자 센 ×, 태국으로 돌아가라"며 폭력과 괄시를 퍼붓기 시작했던 것. 결국 그는 유족보상금 1억 5,000만 원과 자신 명의의 전남 완도의 주택, 두 아이까지 모두 시댁에 빼앗긴 채 쫓겨나고 말았다. M씨는 아이들을 양육할 생각에 공장에서 번 돈 1,000만원을 가지고 시댁을 찾아갔지만 아이들은 만나지 못하고 폭행만 당했다.

–「시댁서 때리고 돈 뺏고 "팔아 버리겠다" 극언 예사」, ≪문화일보≫, 2006. 8. 31, 10면

③ 한국 남성과 결혼했다가 가정불화 등으로 가출한 베트남 여성들이 성매매에 나선 사건이 발생했다. 서울중앙지검 형사5부(염동신 부장검사)는 베트남 출신 여성 B씨를 성매매 알선 등 행위의 처벌에 관한 법률 위반 혐의로 구속기소하고, 이미 강제 출국된 20대 베트남 여성 A씨 등 2명을 기소유예 처분했다고 10일 밝혔다.

— 「베트남여성 '일그러진 코리안드림'」, ≪세계일보≫, 2009. 7. 11, 8면

결혼이주여성을 다룬 신문 기사 중 일부이다. 인용문 ①은 제목에서부터 알 수 있듯이 결혼이주여성을 '팔려온 신부'로 규정하고 있다. 기사는 11살이란 나이차에도 불구하고 한국인 남성의 경제력에 팔려온(?) 결혼이주여성이 남편의 경제적 무능력으로 인해 고통받고 있음을 보여주고 있다. 이 기사에 따르면 결혼이주여성은 자신의 의무(?)인 아이를 출산하는 등 특별한 결격사유가 없음에도 불구하고, 남편으로부터 당연히 받아야만 하는 경제적 보호를 받기는커녕 심지어는 비인간적인 대우를 당하기까지 한다.

국제결혼과 관련된 논의들에 따르면 한국사회에 존재하는 이주여성들은 크게 육체적 폭력과 폭언·폭행 위협 등에 따른 '심리적 폭력'과 '니네 나라로 돌아가라'는 식의 '정서적 폭력', 생활비 등을 일체 주지 않는 '경제적 폭력' 등과 언어·문화 차이에서 오는 '사회적 고립' 등으로 어려움을 겪고 있다고 한다. 인용문 ①은 전형적인 경제적 폭력에 해당한다고 할 수 있다.

인용문 ①이 남편에 의한 학대를 이야기한다면 인용문 ②는 이른바 시댁으로 대변되는 한국사회의 뿌리 깊은 가부장적 가족제도가 결혼이주여성에게 가하는 폭력성을 보여주고 있다. 극단적인 사례를 가지고 일반화하기에는 무리가 있지만 인용문은 결혼이주여성들이 한국사회의 그릇된 가부장적 가족문화로 인해 고통받고 있음을 보여준다. 가부장적 가족문화는 교통사고로 사망한 자식의 죽음을 모두 팔자 센 며느리로 탓으로 돌린다. 심지어는 결혼이주여성이 남편을 잃은 슬픔을 털어내고 자식과 함께 사는 데 필요한 유족보상금마저 가로채고

두 아이를 빼앗는 비정함을 보이기까지 한다. 그런데 문제는 이것이 비단 무정한 한 가족의 문제만의 아니라는 데 있다. 여기에는 결혼이주여성을 바라보는 한국 가족제도의 근본적인 시선―왜곡된 시선임에 틀림없는―이 녹아 있다.

너무 과장된 것 아닌가? 극단적인 사례 하나를 가지고 한국 가족제도의 근본적인 시선 운운하는 것은 나가도 너무 나갔다고 생각되는데, ……, 과연 그럴까? 좀 더 풀어서 논의를 진행해보도록 하자. 위의 기사에 등장한 결혼이주여성이 가족들로부터 받은 피해를 정리하면 세 가지다. 첫째는 '자식을 잡아간 팔자 센 ×'이란 폭언이고, 둘째는 유족보상금과 며느리 명의의 재산 강탈이며, 셋째는 손주를 빼앗은 것이다. 어느 것 하나 용인될 수 없는 폭력들이기는 하지만 첫 번째의 경우는 왕왕 발생하기도 한다. 피붙이를 잃은 가족들 중 간혹 그 슬픔으로 이성을 잃고 애꿎은 배우자를 탓하기도 하는 경우가 있기 때문이다. 기사의 상황과 정확하게 들어맞는 것은 아니지만, 세간을 떠들썩하게 했던 모배우의 죽음과 관련하여 그 가족들이 배우자인 개그우먼에게 보였던 반응도 큰 틀에서 보면 여기에 해당한다 하겠다.

하지만 두 번째와 세 번째의 경우는 보통의 한국인들의 결혼에서는 일어날 수 없는 일에 가깝다. 과연 며느리가 한국이었다면 가족들이 이처럼 손쉽게 유족보상금과 며느리 명의의 재산을 빼앗을 수가 있을까? 전혀 없다고 할 수 없지만 매우 어려운 일이었음에 틀림없다. 만약 그런 일들이 발생했다면 십중팔구 그 가족은 온갖 비난에 직면했을 터이다. 가족이 이처럼 쉽게 이런 일을 감행할 수 있었던 것은 오직 며느리가 태국에서 시집온 결혼이주여성이었기 때문에 가능한 일이었다. 가족관계를 유지하고 있던 결혼이란 끈이 끊어진 상황에서 태국출신 며느리는 더 이상 가족의 성원이 될 수 없으며, 그런 그녀에게 재산과 손주의 미래를 맡길 수 없다는 인식이 깔려 있었으리라.

필자가 만난 결혼이주여성도 비슷한 경험을 했다고 밝힌 적이 있다. 물론 이 경우는 신문 기사와는 매우 다르다. 인터뷰 대상 결혼이주여성은 남편이 병으로 사망한 후, 가족들로부터 어떻게든 살아야 한다고 격려도 받고, 그녀의 불행한 처지—남편 하나 믿고 머나먼 이국땅 까지 시집왔는데, 그 남편이 갑자기 죽었다—에 대해 진심어린 동정 (?)을 받았다고 했다. 그리고 많지는 않지만 남편이 남긴 재산도 정리 하여 아이들과 살 수 있는 최소한의 기반도 마련해 줬다고 했다. 하지 만 그녀의 사연에서 필자는 그녀 역시 남편의 부재와 동시에 가족으로부터 자신이 분리되는 경험을 하였다는 것을 발견할 수 있었다.

그녀는 처음에는 시어머니를 모시고 함께 살려고 했단다. 하지만 시어머니는 '젊은 것이 혼자서 어찌 살며, 아들도 없는데, 외국 며느리 데리고 살면 욕먹는다'며 한사코 분가를 강요해, 결국은 아이를 데리고 나와서 산다고 했다. 가끔 시어머니를 찾아가면 죽은 애들 아빠는 싹 잊고 너희 나라 가서 고생하지 말고 좋은 사람 만나서 잘 살라고 당부한다고 했다. 그러면서 자신이 움직일 수 있는 동안은 손주들은 키울 것이니 애들 걱정은 하지 말라고 한단다. 물론 시어머니의 말이 그리 평범한 것은 아니다. 자식을 잃은 시부모의 입장에서 젊은 며느리에게 그런 말을 할 수 있다는 것이 쉽지만은 않을 것이다.

하지만 우리들은 시어머니의 선의에서도 여전히 존재하고 있는 결혼이주여성에 대한 두꺼운 편견의 그늘을 발견할 수 있다. 하나는 결혼이주여성들은 남편이 부재하면 언제든지 자신의 나라로 돌아갈 수 있는 존재라는 점과 다른 하나는 불쌍하고 가난한 이들이라는 인식이 그것이다.

인용문 ③에는 한국사회 일반이 바라보는 결혼이주여성에 대한 시선이 잘 드러나 있다. 기사는 가정이란 울타리를 벗어난 결혼이주여성이 결국 '성매매'업소로 흘러들어 범죄의 피의자로 전락하고 있음을 고발하고 있다. 참으로 안타까운 사연이다. 그런데 이런 기사를 접하면 왠지 모를 찜찜함에 입맛이 쓰리다. 도대체 무엇 때문에 우리는 이와 같은 기사(스토리)들에 대해 찜찜해 하는 것일까? ……

찜찜함을 털어내기 위한 방법은 없을까? 물론 있다. 왜 성매매 업소인가?라고 한번 물어 보는 것만으로도 우리들은 상당부분 찜찜함을 털어낼 수가 있다. 기자는 왜 결혼이주여성과 관련된 수많은 기삿거리 중에서 하필이면 '성매매'와 관련 것을 선택했을까? 혹시 결혼이주여성은 돈만 주면 언제든지 '매매할 수 있는 존재'라는 인식이 무의식적으로 작용하고 있는 것은 아닐까?

지금까지의 논의를 통해 우리는 한 가지 사실을 확인할 수 있었는데, 그것은 결혼이주여성들이 남편과 가족, 그리고 사회로부터 일정한 편견에 항시 노출되고 있으며, 이로 인해 이삼중의 고통을 당하고 있다는 것이다. 건전한 상식을 지닌 한국인들치고 이들의 고통으로부터 자유스러운 이는 과연 몇 명이나 될까? 아마도 그러기는 어려울 것이다. 고통받는 자들에 대한 연민……, 이것을 한국사회가 추구하고 있는 정책적 다문화주의 중요 항목 중 하나라고 평가한다면 너무한 것일까?

2.1.4. 사기 결혼으로 점철된 국제결혼

지금까지 우리는 '한국인을 낳은 몸'이지만 여전히 '한국인의 어머니'로서 인정받기 보다는 '결혼이주여성(경계인)'으로 취급받으면서 편견과 냉대를 받고 있는 결혼이주여성들에 대해 살펴보았다. 이제부터는 국제결혼 또는 결혼이주여성을 맞이하는 한국인의 입장에서 국제결혼과 관련된 갈등 양상에 대해 살펴보도록 하자.

앞서 논의에서 수차례 확인한 바이지만, 국제결혼 또는 결혼이주여성에 대한 가장 일반적이고 보편적인 인식은 돈에 '팔려온 신부'나 불법적인 국제결혼 업체에 의한 '범죄의 희생양' 등이다. 이러한 인식은 국제결혼 당사자들의 완강한 부정에도 불구하고 여전히 우리 사회에서 일정한 담론을 형성하고 있는데, 최종렬 등은 이 같은 현상을 이른바 대중매체에 의해 이루어진 "표상의 정치학이 한국인의 생활세계에 광범하게 영향을 미친 것"[10]으로 진단하고 있다. 그에 따르면 한국의 대중매체는 결혼이주여성들을 "'저출산과 고령화를 해결해 줄

---

10) 최종렬·최인영, 「국제결혼 이주여성에 대한 문화사회학적 접근: 방법론적·윤리적 논의를 중심으로」, 『문화와사회』 제5권, 한국문화사회학회, 2008, 149쪽.

영웅', '돈 때문에 팔려온 불쌍한 여자' 또는 '한국 남성의 성적 욕구를 풀어주기 위해 인신매매성 결혼을 한 여자' 정도로 보는 시각"11)을 갖고 있는데, 이것은 그 선한 의도에도 불구하고 오히려 결혼이주여성에 대한 그릇된 관념을 유포하는 데 일조하고 있다고 비판한다.

다시 우리들의 논의로 돌아가도록 하자. 결혼이주여성에 대한 각종 '희생자 담론'은 그 반대편에 가해자를 상정하고 있다는 점에서 문제라 할 수 있다. 다시 말해 이 담론은 국제결혼의 상대자인 한국인 남성들을 비도덕적인 존재로 몰아세우고 심지어는 공공연하게 '국제적인 범죄' 행위에 가담한 공모자로 규정하기까지 한다. 결혼이 국민들이 반드시 지켜야만 하는 국민의 기본 의무가 아니라 개인들의 자유로운 선택이라는 점을 염두에 둘 때, 결혼 대상자의 국적과 익숙하지 않은 결혼방식 때문에 비난을 받는 것은 분명 잘못된 것이다. 여러분이 당사자라면 과연 어떤 기분이 들까? 범박하게 표현해 국제결혼은 한국사회의 결혼제도 속에서 어려움을 겪었던—꼭 그런 것만은 아니지만—이들이 행복한 가정을 이루고자 선택한 최선의 방법일 수도 있다. 하지만 대중매체는 이런 남성들의 노력에 대해 의혹의 눈초리를 보내고 때로는 범죄 혐의를 들씌우기까지 한다. 행복한 가정을 이루고자 하는 노력이 왜 범죄가 되어야만 하는가? 국제결혼이주여성과의 결혼을 잠재적인 범죄자로 상정하는 담론들이 국제결혼을 한 다수의 한국인 남성들의 결혼생활에 직·간접적으로 영향을 미칠 것은 자명하다. 자신의 결혼이 본인의 의지와 달리 왜곡되는 과정에서 국제결혼 남성들은 자존감에 일정한 상처를 입게 된다. 결국 국제결혼에 대한 과도한 '희생자 담론'은 또 다른 희생자를 양산한다고 할 수 있다.

국제결혼으로 인한 갈등과 피해는 비단 이 경우만이 아니다. 결혼이주여성들에 의해 행해지는 일방적인 결혼파기도 문제라 할 수 있다.

부산에 사는 강건웅(34) 씨는 러시아인 아내 V(31)씨와 2004년 9월과 12월에

---

11) 위의 글, 같은 쪽.

각각 러시아와 한국에서 결혼식을 올렸다. 2007년에는 아들도 얻었다. 하지만, 지난해 4월 아내가 친정에 잠시 다녀오겠다며 아들과 함께 간 뒤 소식이 끊겼다. 같은 해 10월 강씨는 러시아 블라디보스토크에 있는 총영사관까지 찾아갔으나 자신이 '이혼당했다.'는 얘기만 전해 들었다. 강씨는 외교통상부 등에 도움을 요청했지만 "한국법으로는 어쩔 수 없다."는 말만 들었다. 현재 강씨는 러시아 변호사를 고용, 양육권소송을 준비 중이다. 아이만은 찾아오겠다는 것이 강씨의 바람이다.

－「국제결혼의 그늘… 홀로 남겨진 한국 아빠들의 눈물」, ≪서울신문≫,
2011. 4. 26, 9면

인용문은 아내의 갑작스런 귀국으로 인해 파경을 맞은 한 국제결혼 가정의 안타까운 사연을 소개하고 있다. 외국인 아내가 아이를 데리고 말없이 떠나 버리는 경우로 국제결혼 남성들이 겪는 대표적인 피해 사례의 하나에 해당한다. 기사를 좀 더 따라가면서 그 피해 상황을 살펴보기로 하자.

기사에 따르면 이들 부부는 외형적으로 양호해 보인다. 국제결혼 가정에서 흔히 목격되는 남편과 아내의 현격한 나이차로 인한 성격차도 없어 보이며, 아이도 낳아 기르는 등 어느 정도 한국사회에 적응한 모습이다. 물론 이들 부부도 문화적 차이로 인해 적지 않은 갈등을 겪었을 터이다. 국제결혼 초기에는 문화적 차이와 더불어 의사소통의 어려움 등도 있었을 것이고, 아이를 낳고 기르면서도 크고 작은 어려움들에 직면했을 것이다. 결혼생활 7년차란 시간의 흐름과 남편이 아내를 아이와 함께 친정에 보냈다는 사실들에서 우리는 이들 부부가 국제결혼의 어려움을 이미 상당부분 극복했으며 부부간의 신뢰 또한 깊다는 것을 알 수 있다. 적어도 남편의 입장에서는.

그런데 아내는 남편의 이런 믿음을 저버렸다. 그녀는 아이를 데리고 친정에 간 이후 소식을 끊고 일방적으로 이혼을 통보한 것이다. '마른하늘에 날벼락'을 맞는 것처럼 남편은 손수무책으로 이혼을 강요당했을 뿐만 아니라, 아이까지도 빼앗기게 된 것이다. 친권자인 엄마가 아이를 데려가는 것은 현행법상 불법이 아니어서 결국 양육권 다툼은 법정으로 갈 수밖에 없다. 하지만 이마저도 엄마가 순순히 응할 때만 가능하다. 결혼이주여성이 친정에서 연락을 끊고 잠적할 경우 마땅한 대책이 없는 실정이다.

한국 남성이 국제결혼을 통해 피해를 보고 있는 사례는 점차 증가하고 있는 추세라고 한다. 외국인노동자대책시민연대(외대연대)에 따르면 국제결혼과 관련하여 한국인 남성이 입는 피해는 크게 두 가지이다. 하나는 결혼이주여성이 처음부터 한국 남성의 돈을 노리고 의도적으로 '사기 결혼'을 하는 경우이고, 다른 하나는 성혼 이후에야 비용의 대부분을 받는 국제결혼 업체의 독특한 결혼비용 지급 방식에 따른 문제라 할 수 있다. 베트남 여성과의 국제결혼 비용을 1,000만 원으로 상정하고, 현재 성업 중인 한 업체의 예를 들어 설명해 보도록 하자. 이 업체의 결혼비용 지급방식은 계약금 중도금 잔금으로 구성되어 있는데, 이것은 통상 대부분의 결혼업체가 한국인 남성들로부터 비용을 받는 방식이다. 계약금을 1이라 했을 때, 중도금은 7이고 잔금은 2라 할 수 있다.

따라서 결혼업체로서는 현지의 성혼비율이 곧 사업의 성패와 직결된다고 할 수 있다. 국제결혼 업체에 의한 국제결혼이 이러저러한 인권 유린과 성매매 의혹에 시달리는 것도 따지고 보면 현지 성혼비율을 높이려는 업체의 무리수도 한몫한다고 할 수 있다. 일부 국제결혼 업체는 간혹 성혼비율을 높이려고 상대방에 대한 잘못된 정보를 제공하기도 하고, 심지어는 현지 여성과 공모하여 이른바 '사기 결혼'을 주도하기도 한다고 한다.

이상의 논의를 통해 우리는 국제결혼으로 인한 갈등은 어느 한 당사자의 일방적인 희생으로만 점철되는 것이 아니라 상대편에게도 깊은 상처를 남길 수 있다는 점을 발견할 수 있었다. 우리들이 다문화가정 문제를 비롯한 한국사회 다문화 담론에 신중해야 하는 이유는 여기에도 있다.

2.2. 어글리 코리안(Ugly Korean)에 대한 반감

문화접촉으로 인한 갈등 상황과 관련된 오해 중 하나는 그것을 국내만으로 한정한다는 점이다. 문화접촉에 의한 갈등은 국내에서만 발생하는 것이 아니라 외국에서도 일어난다. 지금부터는 1989년 1월 1일을 기해 전격적으로 실시된 '해외여행자유화 조치' 이후, 한국인들의 세계 진출로 인한 갈등에 관해 살펴보도록 하자.

'해외여행자유화 조치' 이전까지 한국사회에서 일반 국민이 여행을 목적으로 해외에 나가는 것은 거의 불가능에 가까웠다. 그러다 보니 한국 땅을 합법적으로 벗어날 수 있는 여권은 일종의 'VIP 쫑'12) 같은 것이었다. 여권이란 오직 선택받은 특권층만이 소요할 수 있는 것이었고, 이것을 소지해야만 김포공항의 국제선 청사를 유유자적하며 통과할 수 있었다. 해외여행을 국가가 이처럼 엄격히 통제한 데에는 분명한 이유가 있었을 터이다. 문학평론가 오창은은 그 이유를 다음과 같이 이야기 한다.

① 부당한 방식으로 권력을 획득하고 유지하려는 세력은 외부를 오염된 세계로 묘사하고, 내부의 순결성을 이데올로기적으로 강조한다. 이러한 이분법은 자신의 권력 아래에 있음으로써 안정을 구가할 수 있다는 환상을 만들어낸다. 이는 가상의 적을 만들어 내부를 결속하는 것과 같다. 그런 의미에서 1980년대 말경까지 해외여행은 외부의 바이러스를 묻혀 오는 '이적 행위'처럼 간주됐다. 게다가 동서가 대립하고 있는 양극체제 아래서 해외여행은 사회주의권과 대면하는 기회를 제공할 뿐이었다. 분단과 냉전의 그림자는 이렇듯 짙은 음영을 드리웠던 것이다.

② 해외여행자유화 조치 이후에도 남한의 폐쇄적 체제는 여전히 강고했다. 모든 해외여행자를 대상으로 소양교육이 이뤄졌고, 그 교육의 중요한 주체도 보수우익 단체인 '자유총연맹'이었다. 신원조사도 까다롭기 그지없었다. 정치적 사건에

---

12) 오창은, 「우리들의 일그러진 로망, 해외여행」, 《프레시안》, 2007. 7. 6.
   (http://www.pressian.com/article/article.asp?article_num=60070703184834&section=)

연루된 사람이나 연좌제에 걸려 있는 이들은 여권발급을 기대하기 어려웠다.[13]

인용문은 부당한 방식으로 획득한 권력을 유지하려는 지배집단의 그릇된 통제정책과 이른바 분단체제로 대변되는 한국사회의 반공이데올로기로 인해 해외여행은 금기를 넘어 '이적행위'로 까지 간주했고, 그러기에 해외여행은 특별한 경험이었다는 설명이다. 그 시절을 경험하지 않은 여러분들에게는 생소하고 낯선, 마치 먼 옛날의 전설을 듣는 것 마냥 신기한 일이겠지만, 불과 20년 남짓한 시간의 간격을 두고 한국사회에서 엄연히 존재했던 사실들이다.

해외여행이 너무나 특별한 경험이었기 때문이었을까? 막혔던 해외여행의 물꼬가 터지자 여기저기서 부작용이 나타나기 시작했다. 그 대표적인 사례가 이른바 '어글리 코리안Ugly Korean'들에 의한 추태였다. 한국인 여행객들은 그동안 한국 땅에 갇혀 있었던 것에 대해 분풀이라도 하는 듯 세계 곳곳으로 여행을 떠났고 부끄러운 흔적을 남겼다. 그렇게 해외에 나간 관광객 중 일부는 과거 일본인 관광객들이 행했던 기생관광의 추태—도박관광, 섹스관광, 보신관광—를 재현하기 시작했다. 교수님 질문 있습니다. 일본인 관광객들에 의한 기생관광이 무엇입니까? 문득 이런 질문하는 똑똑한 학생이 있을 것만 같아 좀 설명을 해야겠다. 쉿! 조용. 잠시 이 시를 읽어보도록 하자.

육만 엥이란다
후쿠오카에서 비행기 타고 전세버스 타고
부산 거쳐 순천 거쳐 섬진강 물 맑은 유곡나루
아이스박스 들고 허리 차는 고무장화 신고
은어잡이 나온 일본 관광객들
삼박사일 풀코스에 육만 엥이란다
초가지붕 위로 피어오르는 아침 햇살

13) 위의 글.

선선하게 터지는 박꽃 넝쿨 바라보며

니빠나 모노 데스네 니빠나 모노 데스네

가스불에 은어 소금구이 살살 혀 굴리면서

신간선 왕복 기차 값이면 조선 관광 다 끝난단다

육만 엥이란다, 낚시대 접고 고무장화 벗고

순천 특급 호텔 사우나에서 몸 풀고 나면

긴 밤 내내 미끈한 풋가시내들 서비스 볼 만한데

나이 예순 일본 관광객들 칙사 대받고

아이스박스 가득 등살 푸른 섬진강

맑은 물 값이 육만 엥이란다.

　　　　　　　－곽재구, 「유곡나루」, 『서울 세노야』, 문화과지성사, 1990

〈그림 2-8〉 정태춘과 박은옥이 1993년에 발표한 〈92년 장마, 종로에서〉 앨범 사진

정태춘(1954~ , 가수)은 위 시에 곡을 붙여 '나살던 고향'으로 발표했다. 정태춘? 정태춘이 누구지? ……, 휴후 한숨 한번 쉬고. 정말 노래 잘하고, 좋은 노래 많이 부른 가수고, 공연윤리위원회(영상물등급위원회)의 가요 사전심의 폐지를 위해 노력한 대표적인 가수라는 정도로 알아 두자. 어떤 느낌이 드는가? 트롯 같은데, 트롯은 아닌 것 같고, 목소리는 좋은데, 왠지 가사가 쫌 그렇고……. 정확히 들었다. 이 노래는 엔카演歌풍으로 만들어진 노래다. 이 노래는 곽재구(1954~ , 시인·교수) 시 「유곡나루」에 곡을 붙인 것이다. 시인과 가수는 일본인들의 무분별한 기생관광의 실태를 고발하면서 이 과정에서 훼손된 민족에 대해 안타까워하고 있다.

훼손되는 민족 정체성과 같은 거창한 문제에 관해 이야기하는 것은 차치하기로 하자. 다만, '신간선 왕복 기차 운임' 정도의 비용으로 한국 관광을 와서는 온갖 돈 자랑도 모자라 순천의 특급 호텔에서 젊은 한국 여성들의 성접대를 받으며 즐거워하는 일본 관광객들의 모습이 한국인들에게 어떻게 다가왔을까 하는 점을 생각해 보자. 결코 호의적일 수는 없을 터이다. 어떤 이들에게는 일본인들의 이런 관광 형태가 호의는커녕 자존심에 상처를 주는 추태로 다가왔을 것이다.

해외여행자유화 조치 이후 해외여행에 나선 한국 관광객들은 일본인들의 기생관광만을 봐온 탓인지 고가 사치품을 마구잡이로 구입하면서 돈 자랑에 열을 올려 빈축을 샀고, 기고만장한 태도로 걸핏하면 현지의 관습이나 예절 따위는 안중에도 없다는 듯이 행동하기도 했다.

당시의 한 신문은 해외여행객 1,000만 시대를 맞이해 국제적으로 큰 문제가 되었던 한국인 골프 관광객들의 추태에 관해 보고하고 있다. 보도에 따르면 중국 하이난성海南省과 칭다오青島는 한국인 골프 여행객들로 몸살을 앓고 있는데, 두 달 동안 1만 여명이 우르르 몰려가서 술에 취한 상태로 필드에 나가 사고를 내는가 하면 저녁이면 술집에서 고성방가를 일삼고 심지어는 성매매까지 요구하는 등 온갖 추태를 부리고 있단다. 그런데 이러한 추태는 비단 중국에서만 일어나는 것이 아니라 베트남과 필리핀, 태국 등 한국보다 경제적으로 뒤떨어진 나라 곳곳에서 발생하고 있다.

해외관광객들의 이 같은 행위에 대해 대다수 한국인들마저 출입국 관리법을 개정해서라도 '추한 한국인'을 강력히 처벌해야 한다고 주장하고 있다. 현지 주민들이 느끼는 감정은 어떤 것일까? 이들 현지인들이 느낀 감정과 유곡나루에서 기생관광을 하러온 일본인들을 보고 느꼈을 한국인의 감정 사이에는 어떤 차이가 있을까?

외국에서의 한국인과 관련된 갈등은 비단 해외여행에만 국한된 것은 아니다. 오히려 더 큰 문제는 무분별한 해외진출을 선언한 일부 한국 기업들의 비윤리적이고 비열한 처신으로 인한 갈등이다. 국제민주연대(http://www.khis.or.kr/)[14]가 발표한 자료에 따르면 해외에 진출한 한국 기업 중에는 인도네시아, 필리핀, 베트남, 스리랑카 등지에서 인권침해, 임금체불은 물론이고 심지어는 탈세와 사회보장 분담금 미납 등 불법적인 행위로 인해 현지 사회의 지탄을 받고 있는 기업들의 사례가 자주 등장한다. 스리랑카 최대 의류회사를 운영하던 모기업은 거액의 임금을 체불한 채 야반도주를 했고, 심지어 어떤 기업은 사회보장 분담금을 내지 않으려고 흑자인 기업을 고의로 부도를 낸 후 잠적한 후 버젓이 다른 나라에서 사업을 한 사례도 보고되고 있다.

지금까지 살펴본 한국인들의 그릇된 행위들은 한국에 대한 이미지 악화는 물론이고 한국인과 현지인 간 갈등의 직접적인 원인이 되기도 한다. 여기에 한국사회의 문화적 폐쇄성으로 인해 차별을 받았던 외국인노동자들의 경험들이 결합되면서 급기야는 아키아AKIA, Anti Korea Interests Agency와 같은 단체의 반한활동으로까지 갈등은 증폭되고 있다.

태국 주재 한국 대사관에 8일 오전 한국의 주요 기관과 국적 항공기 등을 겨냥해 테러 공격을 가하겠다는 협박 편지가 배달됐다. 주태 한국 대사관은 'Anti

---

14) '인권과 평화를 위한 국제민주연대(이하 국제민주연대)'는 '인종·종교·성·민족을 뛰어넘어 모든 사람들이 인간으로서의 소중한 권리를 존중받고 누릴 수 있는 세상'을 만드는 데 기여하고자 2000년 2월에 창립한 단체이다. 주로 다국적기업, 특히 해외에 투자한 한국기업에 의해 일어나는 각종 반인권·반노·반환경적인 행위들을 고발하고 기업의 태도를 바꾸기 위한 운동을 전개하고 있다.

Korean Interests agency'(AKIA)라는 반한단체 명의의 테러 협박편지가 우송됐으며 1월 6일자 소인이 찍혀 있었다고 밝혔다. 대사관측은 이에 따라 태국 경찰 등 보안 당국에 긴급히 수사를 의뢰하는 한편 방콕에 나와 있는 우리 항공사 및 주요 기관, 기업체 등에 비상경계 태세를 갖추도록 당부했다.

－「泰 한국공관에 테러협박 편지, 反韓단체 명의」, ≪경향신문≫,
2004. 1. 19, 6면

자신들을 아키아라 밝힌 단체는 한국 기업들의 임금체불과 강도 높은 노동에 의한 육체적 학대, 그리고 한국정부의 외국인 불법체류자 관련 정책 등을 문제 삼으면서 반한 운동뿐만 아니라 직접적인 테러 공격을 하고 있다. 아키아의 구체적 실체는 밝혀지지 않고 있지만, 대체로 한국에서 불법체류 중 쫓겨난 태국인 근로자들을 중심으로 구성된 단체라고 추정하고 있다. 그런데 이 같은 반한단체나 현지인들의 불만이 단순한 협박만으로 끝나는 것이 아니라 직접적인 행동으로 전환된다는 점에서 문제의 심각성은 더욱 커진다. ≪세계일보≫(2000. 5. 8)의 보도에 따르면 인도네시아에서는 정체불명의 현지 시위대로부터 한국대사관이 피습을 당한 일이 벌어지기도 했다고 한다.

이상의 논의를 통해 우리는 문화접촉으로 인한 갈등을 해소하기 위해서는 한국사회 내부에 존재하는 타자들뿐만 아니라, 한국사회 바깥에서 만나는 타자들과도 소통할 수 있는 방법을 고민해야 한다는 점을 확인할 수 있었다.

2.3. 갈등 극복을 위한 노력

지금까지 논의를 통해 우리는 이주는 필연적으로 문화접촉을 낳고, 이러한 문화접촉은 갈등 양상으로 발전할 수 있음을 확인하였다. 기실, 한국사회에는 외국인노동자와 결혼이주여성 등이 유입되어 갈등이 전면화되기 이전부터 인종적 소수자들이 존재했었다. 하지만 이들은 엄연히 존재했음에도 그 존재가 은폐되었다. 그들이 누구냐고? 화

교와 혼혈인들이다. 오정희(1947~ , 소설가)의 소설 「중국인 거리」15)의 공간적 배경이 된 중국인(화교)들은 이른바 '뙤놈'으로 불리며 한국사회에서 철저히 소외되었고, 정호승(1950~ , 시인)이 시 「혼혈아에게」16)를 통해 등을 토닥여줬던 수많은 혼혈인들은 일부 성공한 이들을 제외하고는 사회적 무관심 속에서 방치되었다.

　존재인 동시에 부존재였던 이들이 호명되기 시작한 것은 외국인노동자와 결혼이주여성들로 인한 갈등이 사회적으로 커다란 파장을 불러일으키기 시작하면서부터이다. 한국사회에 새롭게 유입된 인종적 타자들에 대한 대응책들은 역설적이게도 '존재하지만 존재하지 않았던 이들'의 존재를 상기시켰다. 혼혈인에 대한 차별을 방치한 채 결혼이주여성에 대한 정책을 세울 수 있을까? 이것은 거의 불가능에 가깝다. 왜냐하면 결혼이주여성들이 곧 아이를 낳게 될 것이기 때문이다.

　따라서 한국사회는 인종적 타자들과의 갈등은 물론이고 다양한 문화의 접촉으로 인한 갈등 또한 해결해야만 했다. 한국사회는 이것을 '정책적 다문화주의multicultural project'로 정식화하였다. 정책적 다문화주의란 국가가 적극적으로 문화의 다양성이 보장되는 사회 환경을 조성하고, 더 나아가서는 국가 기구를 이와 같은 방향으로 재편하려 한 것을 말한다. 한국사회는 정책과 제도—이에 관해서는 다음 장에서 자세하게 논의하도록 하자—는 물론이고 미디어를 비롯한 문화 전 영역으로까지 정책적 다문화주의를 확장시키고자 했다.

　논의해야 할 대상은 매우 많지만, 여기서는 "일상의 현실을 가장 빨리 반영하는 매체"17)인 광고를 통해 한국사회가 다문화로 인한 사회적 갈등해소를 위해 어떠한 노력을 경주하고 있는지 살펴보도록 하자. 필자가 다문화 광고를 선택한 것은 이들 광고들이 다문화에 대한 인식의 현주소를 비교적 정확하게 읽어낼 수 있는 유력한 대상이기 때문이다.

---

15) 오정희, 『유년의 뜰』, 문학과지성사, 1981.

16) 정호승, 『슬픔이 기쁨에게』, 창작과비평사, 1993.

17) 이은희·유경한·안지현, 「TV 광고에 나타난 전략적 다문화주의와 인종주의」, 『한국언론정보학보』 통권 39집, 한국언론정보학회, 2007, 477쪽.

〈그림 2-9〉 하나금융그룹의 다문화 공익광고 　　〈그림 2-10〉 LG그룹의 다문화 공익광고

두 편의 다문화 공익광고를 보니 어떤 느낌이 드는가? 〈그림 2-9〉는 한국사회에서 다문화에 대한 사회적 관심이 비교적 높지 않았던 때부터 일관되게 외국인노동자의 권리와 다문화가정에 대한 관심을 촉구했던 '하나금융그룹'의 다문화 광고이다. 내용을 살펴보도록 하자.

베트남 엄마를 두었지만,
당신처럼 이 아이는 한국인입니다.
김치가 없으면 밥을 못 먹고
세종대왕을 존경하고
독도를 우리 땅이라고 생각합니다.
축구를 보면서 대한민국을 외칩니다.
스무 살이 넘으면 군대에 갈 것이고
세금을 내고 투표를 할 것입니다.
당신처럼

우리 사회에 행복 하나 더하기

1998년 창단된 아일랜드 팝 그룹 웨스트 라이프Westlife 가 부른 〈The Rose〉가 BGM으로 은은하게 흘러나오면서 영상과 자막, 그리고 내레이션으로 이루어진 광고다. 〈The Rose〉는 감미로운 멜로디와 삶의 소중함을 일깨워주는 시적인 가사로 인해 많은 이들의 사랑을 받았던 곡이다. 삶이 고통스럽더라도 좌절하지 말고 자신의 존재를 소중히 하라는 BGM의 가사처럼 이 광고 역시 베트남 엄마를 둔 아이에게 좌절하지 말고 자신을 소중하게 여기며 씩씩하게 자라라고 격려하고 있다. 그러면서 광고를 보는 이들에게 베트남 엄마를 둔 아이가 어려운 환경에서도 꿋꿋하게 자라나고 있으니, 이 아이에 대한 섣부른 판단이나 편견을 갖지 말 것을 당부한다. 아니 편견을 가져서는 안 된다고 이야기하면서 그 근거로 이 아이가 당신과 같은 한국인이기 때문이란다.

여기서 필자는 조금 기분이 상했다. 아니, 그럼 그 아이가 한국인이 아니라면 편견을 가져도 좋다는 말인지……. 어쨌든 이 광고는 다문화가정 아이도 보통의 한국인처럼 생각하고 느낀다는 점을 한국적인 정체성을 대표하는 김치, 독도, 한글(세종대왕), '대~한민국'을 외치는 독특한 응원문화 등을 통해서 제시하고 있다. 덧붙여 다문화가정 아이들을 '군대'와 '세금'으로 상징되는 의무를 성실히 수행할 이들로 표상하고 있다. 그러면서 "다문화가정을 지원하는 일/내일의 행복을 위한 일입니다"라는 헤드 카피를 내레이션이 아닌 자막을 통해 제시하는 것으로 끝을 맺고 있다.

이 광고가 전달하는 메시지는 매우 분명한데, 그것은 다문화가정에 대한 지원이 예산낭비가 아니라 '우리사회에 행복 하나를 더하는 일'이라는 것이다. 논의할 것이 많지만 이쯤에서 〈그림 2-10〉을 보도록 하자. 한국의 대표적인 글로벌 기업 'LG'에서 만든 다문화 공익광고이다. '사랑해요 코리아' 시리즈 중에서 다문화 공익광고에 해당한다. 이 광고는 아이들에게 친숙한 애니메이션을 통해 구성하고 있다. '못'이란 어휘와 재료를 활용해서 '못'이란 글자 하나를 빼서 편견이 사라지는 것을 보여줌으로써 다문화 감수성을 자극하고 있다. "우리말을 잘 못할 것이다"란 선입견과 편견에서 인위적으로 박혀있는 못을 빼듯이 '못'자를 빼내어 "우리말을 잘 할 것이다"로 담론을 만드는 방식이다. 전달하고자 하는 메시지가 독창적인 아이디어와 친숙한 이미지 등과 잘 결합되어 있고, 특히 헤드 카피인 "편견의 못을 빼면 더 큰 대한민국이 열립니다"라는 구절을 통해 다문화가정과 함께하려고 하는 노력마저 엿보인다.

이 두 광고를 보면서 공통점과 차이점을 발견했는가? 발견했다면 구체적으로 무엇인가? 우선 공통점부터 찾아보도록 하자. 공통점보다는 차이점이 먼저 눈에 띄게 마련이니, 차이점에 대해 이야기하도록 하자. 애니메이션과 실사라는 차이가 크게 두드러지고, 그 다음은 색깔이다. 전자의 광고는 등장인물과 배경 등이 흑백으로 구성되었으며, 후자는 칼라로 되어 있다. 이들 광고에서 흑백과 칼라는 단순한 색상이 있고 없음을 의미하지 않는다. 하나금융의 광고는 흑백의 화면 구성을 통해 보통의 한국인과 베트남 엄마를 둔 아이 사이에 존재하는 피부색의 차이를 소거하면서 이 둘 사이의 동일성을 강조하고 있다. 이에 반해 LG 광고는 선명한 색깔을 통해 다문화가정 자녀와 보통의 한국인 아이들의 차이를 부각시킨다. 다시 말해 선명하게 차이가 나는 존재들이 서로 어울려 즐겁게 뛰어놀고 생활하는 것을 통해 공존의 중요성을 보여주고 있는 것이다. 전자의 동일성 추구와 후자의 차이점 강조가 둘 사이의 상이점이라고 할 수 있다.

이 두 광고의 공통점이라고 한다면 아마도 메시지의 유사성일 것이다. 이 두 광고는 '동일성/차이'라는 기본 콘셉트의 차이에도 불구하고 다문화가 '더 큰 대한민국'을 만드는 초석이 된다는 메시지를 공히 포함하고 있다. 메시지의 유사성은 비단 이 두 광고만이 아니라 이른바 '다문화 공익광고'라는 이름으로 만들어진 대부분의 광고에서도 동일하게 반복하고 있는 현상이기도 하다. 범박하게 말하면 다문화 공익광고들은 민족과 인종의 차이를 넘어 다양한 문화가 함께 공존하는 하모니(조화)를 강조하면서 이것이야말로 '더 큰 대한민국'을 만드는 첩경이라는 주장을 내보내고 있는 것이다. 여기서 우리는 한 가지 의문점을 갖게 된다. 왜 다문화 공익광고들은 비슷한 메시지를 반복적으로 생산하는가? 그것을 통해 무엇을 얻고자 하는 것일까?

이 물음에 답하기 위해서는 먼저 공익광고의 특성에 대한 이해가 선행되어야 한다. 흔히 공익광고는 '사회적 현안에 대해 공공의 복리를 실현하기 위해 공익적 메시지를 통해 대중을 계도 설득하여 공공의 선을 실현시키는 역할을 수행하는 광고'18)를 말한다. 따라서 다문화 공익광고가 공익광고 일반의 역할을 충실히 수행할 것이란 점은 자명하다. 대부분의 다문화 공익광고들은 '하모니'와 '더 큰 대한민국'이라는 공익적 메시지를 통해 한국의 국가정체성을 유지·강화시키려 하는 '전략적다문화주의'19)에 직·간접으로 활용된다고 할 수 있다. 이 것을 통해 우리는 다문화주의가 표면적으로는 "이해와 관용, 융화와 화합을 말하고 있는 듯이 보이지만, 내부적 또는 실제적으로는—그 선한 의도와 무관하게—근대국가단위에서의 (상대적인) 문화적 단일성 내지는 동일성을 재확인 내지는 강화시켜주는 역할을 수행"20)할 수도 있다는 사실을 깨닫게 되었다.

지금까지의 논의를 통해 우리는 그 성과 여부와 상관없이 적어도 한국사회가 인종적 타자의 유입으로 인한 문화적 갈등 극복을 위한 다양한 노력들을 경주하고 있다는 점을 확인할 수 있었다.

3. 한국사회의 다문화 정책

3.1. 한국사회의 다문화 정책 현황

앞 장의 논의를 통해 우리는 한국사회가 김영삼 정부의 세계화 선언(1994) 이래, 급격한 인구통계학적 변화를 가져왔고, 이로 인한 다양한 갈등과 그 극복을 위한 다양한 노력들을 진행하고 있음을 살펴보았다. 여기서는 구체적으로 현재 한국사회에서 시행하고 있는 대표적

---

18) 황경아·김태용, 「다문화 공익광고의 메시지 수용이 수용자의 신념과 태도에 미치는 효과: 실험을 통한 양적 분석과 발성사고법(Think Aloud)을 통한 질적 분석」, 『미디어, 젠더&문화』 22호, 한국여성커뮤니케이션학회, 2012, 259쪽.

19) 전략적다문화주의란 개념은 국가가 국가통합의 이미지를 고취시키기 위해 다문화적 요소를 상품의 형태로 소비하는 것을 말한다. 자세한 것은 위의 글을 참조할 것.

20) 천선영, 「'다문화사회' 담론의 한계와 역설」, 『한·독사회과학논총』 제14권 제2호, 한독사회과학회, 2004, 365쪽.

인 통합정책(다문화 정책)에 관해 살펴보도록 하자.

3.1.1. 국적법

가장 먼저 논의할 대상은 국적법이다. 아무리 탈경계가 유행이고, 지역공동체가 대세라고 하더라도 국민국가의 경계 자체를 무시할 수는 없다. 이런 점에서 '탈경계'란 근대 국민국가의 폐쇄적 영토개념의 변화를 반영한 일종의 수사적 표현이라 할 수 있다. 통합이나 공존은 필연적으로 통합(공존)의 대상을 필요로 하는데, 그 같은 대상을 규정하기 위해서는 기준이 요구된다. 국적법은 국민국가 안에서 '국민과 국민이 아닌 자'로 가르는 가장 직접적이고 일차적인 기준이라 할 수 있다.

국적법은 대한민국 헌법 제2조 제1항인 '대한민국의 국민이 되는 요건은 법률로 정한다.'의 위임근거에 의해 정부 수립 후인 1948년 12월에 제정되었다. 이 법에 근거해 대한민국에 거주하는 사람들은 대한민국 국적자와 대한민국 국적을 얻지 않은 자—외국인—로 분류된다. 누가, 어떤 자격을 가져야만 대한민국 국민이 될 수 있는가를 규정하고 있는 국적법은 1997년 '부계혈통주의'에서 '부모양계혈통주의'로의 전환되었다. 이것은 1995년부터 본격적으로 호주제 폐지 운동을 전개해온 여성계 일반의 요구조건을 반영한 것이다.

2004년에는 한국 국민과 혼인한 외국인의 한국 국적 취득절차에서 제기되고 있는 문제점들을 해결을 위해 일부 개정하였으며, 2010년에는 복수국적을 허용하는 내용을 포함하는 일부 조항 등을 개정하였다. 이것은 다문화사회에 부합하기 위한 노력을 반영한 것이다. 하지만 국적법은 이 법이 지니고 있는 지나친 속인주의로 인해 다문화사회에서 발생하는 다양성들을 포괄하는 데는 한계가 있다는 지적을 받고 있다. 가령, 국적법에 따르면 한국사회에 들어온 이주노동자 또는 유학생들 사이에서 태어난 자녀들은 출생과 동시에 불법체류자로 간주될 소지가 있는 것이다. 이에 따라 최근에는 속지주의를 인정하도록 개선해야 한다는 목소리가 제기되고 있기도 하다.21)

국적법

제1조(목적) 이 법은 대한민국의 국민이 되는 요건을 정함을 목적으로 한다.

제2조(출생에 의한 국적 취득) ① 다음 각 호의 어느 하나에 해당하는 자는 출생과 동시에 대한민국 국적(國籍)을 취득한다.
    1. 출생 당시에 부(父)또는 모(母)가 대한민국의 국민인 자
    2. 출생하기 전에 부가 사망한 경우에는 그 사망 당시에 부가 대한민국의 국민이었던 자
    3. 부모가 모두 분명하지 아니한 경우나 국적이 없는 경우에는 대한민국에서 출생한 자
  ② 대한민국에서 발견된 기아(棄兒)는 대한민국에서 출생한 것으로 추정한다.

제3조(인지에 의한 국적 취득) ① 대한민국의 국민이 아닌 자(이하 "외국인"이라 한다)로서 대한민국의 국민인 부 또는 모에 의하여 인지(認知)된 자가 다음 각 호의 요건을 모두 갖추면 법무부장관에게 신고함으로써 대한민국 국적을 취득할 수 있다.
    1. 대한민국의 「민법」상 미성년일 것
    2. 출생 당시에 부 또는 모가 대한민국의 국민이었을 것
  ② 제1항에 따라 신고한 자는 그 신고를 한 때에 대한민국 국적을 취득한다.
  ③ 제1항에 따른 신고 절차와 그밖에 필요한 사항은 대통령령으로 정한다.

제4조(귀화에 의한 국적 취득) ① 대한민국 국적을 취득한 사실이 없는 외국인은 법무부장관의 귀화허가(歸化許可)를 받아 대한민국 국적을 취득할 수 있다.
  ② 법무부장관은 귀화허가 신청을 받으면 제5조부터 제7조까지의 귀화 요건

---

21) 이종윤,「한국의 다문화정책 관련법에 관한 일 고찰」,『다문화콘텐츠연구』통권 9호, 중앙대학교 문화콘텐츠기술연구원, 2010, 163~185쪽 참조.

을 갖추었는지를 심사한 후 그 요건을 갖춘 자에게만 귀화를 허가한다.

③ 제1항에 따라 귀화허가를 받은 자는 법무부장관이 그 허가를 한 때에 대한 민국 국적을 취득한다.

④ 제1항과 제2항에 따른 신청절차와 심사 등에 관하여 필요한 사항은 대통령령으로 정한다.

(…이하 생략…)

3.1.2. 외국인근로자의 고용 등에 관한 법률

일명 '고용허가제' 불리는 외국인근로자의 고용 등에 관한 법률은 2003년 7월, 이 법안이 국회 본회의를 통과함에 따라 2004년 8월부터 본격 시행된 제도이다. 이 제도는 외국인노동자들의 합법적 취업을 보장하고, 이들이 국내 노동자처럼 노동관계법에 따라 임금과 복지 등에서 동등하게 대우받도록 하고 있다. 여기서 우리가 눈여겨봐야 할 것은 이 제도가 '기업연수'를 통하여 저개발국 외국인들로 하여금 선진기술을 이전하기 위해 시행되었던 이른바 '산업연수생 제도'의 대안으로 제시되었다는 점이다. 앞서 잠깐 논의했듯이 산업연수생 제도는 산업현장에서 실제 노동에 종사하고 있는 외국인들을 노동자가 아닌 연수생으로 규정하고 있다. 그 결과 노동관계법에 따른 노동자로서의 인권침해는 물론이고, 현실과의 현격한 괴리로 인해 다수의 불법체류자를 양산하는 부작용을 초래하였다. 이 과정에서 한국사회는 중소기업의 인력난을 완화시키는 동시에 외국인노동자의 인권을 보호하는 일석이조의 방안을 강구하게 되었는데, '고용허가제'가 그것이었다.

고용허가제는 다양한 내용을 담고 있지만, 범박하게 말하면 크게 두 가지로 분류할 수 있다. 하나가 외국인 고용에 관한 것이라면 다른 하나는 고용된 외국인들의 권리에 관한 것이다. 먼저 외국인노동자의 고용에 관해 살펴보자.

이 법은 외국인노동자를 고용할 수 있는 조건으로 제조업, 건설업, 서비스업 등 상시근로자 300명 미만 중소기업이나 최소한 1개월 이상 내국인을 구하려는 노력을 했음에도 불구하고 인력을 채용하지 못한 사업주로 한정하고 있다. 다시 말해 충분히 내국인을 채용하려고 노력했음에도 불구하고 구할 수 없을 때에 한해 외국인근로자 고용이 허용되는 것이다(실제 현실이 꼭 그런 것은 아니다). 외국인노동자를 채용할 수 있는 조건이 된 사업체는 노동부 외국인고용전산망에 등재되어 있는 외국인구직자 명부 중에서 원하는 외국인을 직접 선정한 후, 근로조건 등에서 국내 노동자와 동일한 지위를 명시한 표준근로계약서를 작성하거나 산업인력공단에 위임해 외국인과 근로계약을 채결함으로써 외국인을 고용하게 된다.

이렇게 해당 기업에 채용된 외국인노동자들은 3년 동안만 국내에서 체류할 수 있었는데, 이것은 외국인노동자의 정주화定住化를 막기 위한 조치였다. 외국인노동자들은 매년 사업주와 근로계약을 갱신하도록 하였고, 3년간 일한 뒤에는 무조건 출국한 후, 1년이 지나야만 다시 입국할 수 있다. 또한 고용허가제에 의한 외국인노동자의 취업은 단기 취업이었기 때문에 원칙적으로 가족을 동반할 수 없도록 했다. 이밖에도 외국인노동자들은 근무기간 동안 사업장 이동의 횟수 또한 제한받게 되는데, 이러한 제한적 조치로 인해 외국인노동자들은 자신의 의지와 상관없이 불법체류자가 되기도 하여 여전히 잠재적 인권침해 요소를 지니고 있다는 비판을 받기도 한다.

제1장 총칙

제1조(목적) 이 법은 외국인근로자를 체계적으로 도입·관리함으로써 원활한 인력수급 및 국민경제의 균형 있는 발전을 도모함을 목적으로 한다.

제2조(외국인근로자의 정의) 이 법에서 "외국인근로자"란 대한민국의 국적을 가

지지 아니한 사람으로서 국내에 소재하고 있는 사업 또는 사업장에서 임금을 목적으로 근로를 제공하고 있거나 제공하려는 사람을 말한다. 다만, 「출입국관리법」 제18조제1항에 따라 취업활동을 할 수 있는 체류자격을 받은 외국인 중 취업분야 또는 체류기간 등을 고려하여 대통령령으로 정하는 사람은 제외한다.

제3조(적용 범위 등) ① 이 법은 외국인근로자 및 외국인근로자를 고용하고 있거나 고용하려는 사업 또는 사업장에 적용한다. 다만, 「선원법」의 적용을 받는 선박에 승무(乘務)하는 선원 중 대한민국 국적을 가지지 아니한 선원 및 그 선원을 고용하고 있거나 고용하려는 선박의 소유자에 대하여는 적용하지 아니한다.

② 외국인근로자의 입국·체류 및 출국 등에 관하여 이 법에서 규정하지 아니한 사항은 「출입국관리법」에서 정하는 바에 따른다.

(…중략…)

제4조(외국인력정책위원회) ① 외국인근로자의 고용관리 및 보호에 관한 주요 사항을 심의·의결하기 위하여 국무총리 소속으로 외국인력정책위원회(이하 "정책위원회"라 한다)를 둔다.

② 정책위원회는 다음 각 호의 사항을 심의·의결한다.

1. 외국인근로자 관련 기본계획의 수립에 관한 사항
2. 외국인근로자 도입 업종 및 규모 등에 관한 사항
3. 외국인근로자를 송출할 수 있는 국가(이하 "송출국가"라 한다)의 지정 및 지정취소에 관한 사항
4. 그밖에 대통령령으로 정하는 사항

(…중략…)

제2장 외국인근로자 고용절차

제6조(내국인 구인 노력) ① 외국인근로자를 고용하려는 자는 「직업안정법」 제2조의2제1호에 따른 직업안정기관(이하 "직업안정기관"이라 한다)에 우선 내

국인 구인 신청을 하여야 한다.

② 직업안정기관의 장은 제1항에 따른 내국인 구인 신청을 받은 경우에는 사용자가 적절한 구인 조건을 제시할 수 있도록 상담·지원하여야 하며, 구인 조건을 갖춘 내국인이 우선적으로 채용될 수 있도록 직업소개를 적극적으로 하여야 한다.

제7조(외국인구직자 명부의 작성) ① 고용노동부장관은 제4조제2항제3호에 따라 지정된 송출국가의 노동행정을 관장하는 정부기관의 장과 협의하여 대통령령으로 정하는 바에 따라 외국인구직자 명부를 작성하여야 한다. 다만, 송출국가에 노동행정을 관장하는 독립된 정부기관이 없을 경우 가장 가까운 기능을 가진 부서를 정하여 정책위원회의 심의를 받아 그 부서의 장과 협의한다. 〈개정 2010.6.4〉

② 고용노동부장관은 제1항에 따른 외국인구직자 명부를 작성할 때에는 외국인구직자 선발기준 등으로 활용할 수 있도록 한국어 구사능력을 평가하는 시험(이하 "한국어능력시험"이라 한다)을 실시하여야 하며, 한국어능력시험의 실시기관 선정 및 선정취소, 평가의 방법, 그밖에 필요한 사항은 대통령령으로 정한다. 〈개정 2010.6.4〉

③ 고용노동부장관은 제1항에 따른 외국인구직자 선발기준 등으로 활용하기 위하여 필요한 경우 기능 수준 등 인력 수요에 부합되는 자격요건을 평가할 수 있다. 〈개정 2010.6.4〉

④ 제3항에 따른 자격요건 평가기관은 「한국산업인력공단법」에 따른 한국산업인력공단으로 하며, 자격요건 평가의 방법 등 필요한 사항은 대통령령으로 정한다.

제8조(외국인근로자 고용허가) ① 제6조제1항에 따라 내국인 구인 신청을 한 사용자는 같은 조 제2항에 따른 직업소개를 받고도 인력을 채용하지 못한 경우에는 고용노동부령으로 정하는 바에 따라 직업안정기관의 장에게 외국인근로자 고용허가를 신청하여야 한다. 〈개정 2010.6.4〉

② 제1항에 따른 고용허가 신청의 유효기간은 3개월로 하되, 일시적인 경영악화 등으로 신규 근로자를 채용할 수 없는 경우 등에는 대통령령으로 정하는 바에 따라 1회에 한정하여 고용허가 신청의 효력을 연장할 수 있다. 정한 공공단체 또는 비영리법인을 통해 모집할 수 있으며, 외국인근로자는 송출국의 국가기관 또는 그 국가가 인정하는 기관을 통해야 한다. 사용자는 1년 이내의 기간을 정하여 노동허가를 받은 외국인근로자와 고용계약을 체결하게 되는데, 계약을 체결할 때 임금·근로시간·휴일·휴가 등 근로조건에 관한 사항과 동거를 위한 가족동반 금지에 관한 사항 등이 포함된다.

(…이하 생략…)

3.1.3. 재한외국인 처우 기본법

재한외국인 처우 기본법은 급증하고 있는 외국인의 국내이주에 대한 종합대책을 마련하기 위해 제정된 법이다. 다시 말해 국내 거주 외국인의 급증으로 인해 발생할 수도 있는 외국인노동자의 인권유린, 여성 이주노동자에 대한 각종 범죄행위, 결혼이주여성에 대한 가정폭력 및 학대 등의 인권침해를 예방하기 위해 만들어진 법이다. 한국정부가 국내에 거주하는 외국인들을 보호하기 위해 법을 제정했다는 것은 외국인에 대한 한국인들의 인식에 상당한 변화가 있다는 것을 증명하는 동시에 문화 다양성의 보장이나 다문화 환경 조성 등에도 기여하고 있음을 보여주는 것이라 할 수 있다.

재한외국인 처우 기본법은 한국사회가 지향하는 이른바 '사회통합정책'의 방향을 확인할 수 있는 중요한 단서이다. 하지만 그 내용을 살펴보면 본래의 제정 목적과는 달리 지나치게 동화주의를 바탕으로 하고 있으며, 정부의 역할보다는 한국사회에서 거주하는 외국인들의 책임과 의무를 강조하고 있다는 점에서 문제점을 지적받기도 하였다.[22]

제1조(목적) 이 법은 재한외국인에 대한 처우 등에 관한 기본적인 사항을 정함으로써 재한외국인이 대한민국 사회에 적응하여 개인의 능력을 충분히 발휘할수 있도록 하고, 대한민국 국민과 재한외국인이 서로를 이해하고 존중하는 사회 환경을 만들어 대한민국의 발전과 사회통합에 이바지함을 목적으로 한다.

제2조(정의) 이 법에서 사용하는 용어의 정의는 다음과 같다.

1. "재한외국인"이란 대한민국의 국적을 가지지 아니한 자로서 대한민국에 거주할 목적을 가지고 합법적으로 체류하고 있는 자를 말한다.
2. "재한외국인에 대한 처우"란 국가 및 지방자치단체가 재한외국인을 그 법적 지위에 따라 적정하게 대우하는 것을 말한다.
3. "결혼이민자"란 대한민국 국민과 혼인한 적이 있거나 혼인관계에 있는 재한외국인을 말한다.

제3조(국가 및 지방자치단체의 책무) 국가 및 지방자치단체는 제1조의 목적을 달성하기 위하여 재한외국인에 대한 처우 등에 관한 정책의 수립·시행에 노력하여야 한다.

(…이하 생략…)

3.1.4. 다문화가족지원법

다문화가족지원법은 제1조에서 밝히고 있듯 '다문화가족 구성원의 삶의 질 향상과 사회통합'을 그 목적으로 하고 있다. 그 때문인지 이 법에는 이른바 '다문화가족'을 위한 다양한 지원방안이 제시되어 있다. 그럼에도 불구하고 이 법을 찬찬히 살펴보면 수혜대상을 '다문화가족'으로 한정함으로써 지원대상이 극히 제한적이라는 사실을 확인할 수 있다. 다시 말해 '다문화가족'에 대한 정의—최소한 결혼 상대자

---

22) 위의 글 참조.

의 한쪽이 어떤 식으로든 대한민국 국민과 관련성을 갖고 있어야 한다—로 인해, 실제로 한국사회 안에서 생활하고 있는 다양한 형태의 다문화 주체들이 이 법의 수혜대상에서 제외되고 있다.[23]

제1조(목적) 이 법은 다문화가족 구성원이 안정적인 가족생활을 영위할 수 있도록 함으로써 이들의 삶의 질 향상과 사회통합에 이바지함을 목적으로 한다.

제2조(정의) 이 법에서 사용하는 용어의 뜻은 다음과 같다.
　1. "다문화가족"이란 다음 각 목의 어느 하나에 해당하는 가족을 말한다.
　　가. 「재한외국인 처우 기본법」 제2조 제3호의 결혼이민자와 「국적법」 제2조부터 제4조까지의 규정에 따라 대한민국 국적을 취득한 자로 이루어진 가족
　　나. 「국적법」 제3조 및 제4조에 따라 대한민국 국적을 취득한 자와 같은 법 제2조부터 제4조까지의 규정에 따라 대한민국 국적을 취득한 자로 이루어진 가족
　2. "결혼이민자등"이란 다문화가족의 구성원으로서 다음 각 목의 어느 하나에 해당하는 자를 말한다.
　　가. 「재한외국인 처우 기본법」 제2조 제3호의 결혼이민자
　　나. 「국적법」 제4조에 따라 귀화허가를 받은 자

제3조(국가와 지방자치단체의 책무) ① 국가와 지방자치단체는 다문화가족 구성원이 안정적인 가족생활을 영위할 수 있도록 필요한 제도와 여건을 조성하고 이를 위한 시책을 수립·시행하여야 한다.
　② 특별시·광역시·도·특별자치도 및 시·군·구(자치구를 말한다. 이하 같다)에는 다문화가족 지원을 담당할 기구와 공무원을 두어야 한다.
　③ 국가와 지방자치단체는 이 법에 따른 시책 중 외국인정책 관련 사항에 대

---

23) 위의 글 참조.

하여는 「재한외국인 처우 기본법」 제5조부터 제9조까지의 규정에 따른다.

(…이하 생략…)

3.2. 한국 다문화 정책의 문제점과 해결 방안

한국사회가 신자유주의 경제체제로 인한 인구와 자본의 이동이라는 세계사적 현상과 맞닥뜨리면서 인구통계학적으로 엄청난 변화를 겪고 있는 것은 부정할 수 없는 사실이다. 이러한 인구통계학적 변화로 인해 한국사회는 경제적인 측면에서는 말할 것도 없고, 사회와 문화, 정치 등 전 분야에서 이 새로운 변화를 어떻게 할 것인가에 대한 고민을 하기 시작했다.

앞에서 살펴본 정부의 일련의 정책들은 이 같은 고민의 결정체라고 할 수 있는데, 여기서는 한국의 다문화 정책의 문제점과 그 해결 방안에 대해 살펴보도록 하자.

통상정책의 정합성을 파악하기 위해서는 정책의 '영역'과 '대상'에 대한 정확한 파악이 선행되어야 한다. 이 점에 비추어 보면 다문화 정책은 비교적 명확하게 영역과 대상을 적시하고 있는데, 그 이유는 일련의 다문화 관련법의 제1조 1항에 '이주노동자', '결혼이주여성', '새터민' 등과 같은 정책의 대상들에 대한 자격조건이 명확하게 제시되어 있기 때문이다.

윤인진은 정부의 다문화 정책을 검토한 논문에서 정부에서는 다양한 다문화 정책을 시행하고 있지만 한마디로 정리하면 동정심에 근거한 '시혜 차원의 대책'에 그칠 뿐이라고 평가한다. 그에 따르면 한국의 다문화 정책은 다문화 주체들의 고유한 문화와 정체성을 인정하고 존중하기보다는 한국 주류사회 문화에 일방적으로 동화하려는 자세를 취하고 있다고 비판한다. 그는 한국의 다문화 정책 중 외국인노동자 정책의 경우에는 합법과 불법으로 구분한 후, 불법체류 외국인의 경우에는 그들이 비록 한국사회에 거주하면서 경제적으로 도움을 주었다고 하더라도 "한국사회의 구성원으로 인정하지 않고 단속-강제퇴거하는 출입국관리행정"24)에서 벗어나지 못하고 있다고 주장한다.

이러한 특징 때문일까? 다문화 정책을 연구한 학자들은 한국의 다문화 정책을 '일회성 행사'나 '수직적 관점에서의 접근', '순혈주의적 입장이 전제된 다문화주의'로 비판하고 있다. 이 같은 비판이 많다는 것은 지금까지 진행되어온 정부의 다문화 정책의 영역과 대상에 일정 정도 수정이 불가피하다는 것을 의미한다. 다시 말해 기존 다문화 정책은 핵심정책 대상—결혼이주여성, 이주노동자, 새터민 등—들의 정책에 대한 순응 정도로 정책 효과의 성패를 판단하곤 했는데, 이러한 정책에 대한 비판의 목소리가 높다는 것은 특정 대상뿐만이 아니라 이들을 에워싼 광범위한 인구집단의 순응 조건 또한 중요하게 고려되어야 한다는 점을 보여주고 있다.25)

다문화 정책은 매우 미묘하고도 복잡하며, 어렵기까지 한 정책이다. 다문화 정책이 얼마나 어려운 것인가는 이미 오래 전부터 스스로를 다문화사회로 규정하면서 다문화 정책을 펴왔던 사회들에서 발생하고 있는 반다문화주의 대두, 외국인 혐오의식 증가, 소수자집단에 대한 사회적 거리감 증가 등을 통해서도 알 수 있다. 따라서 다문화 정책의 정교하고도 견고한 설계를 위해서는 최근 발생하고 있는 다문화 국가에서의 반다문화주의 경향에 대해 주목할 필요가 있다.

한국사회에 필요한 다문화주의를 범박하게 정리하자면 '한국적 맥락'에 맞는 다문화주의라고 할 수 있을 것이다. 윤인진은 한국사회의 다문화 이론의 특징으로 민족국가를 꼽고 있다. 그는 한국사회는 다문화주의 또는 정책적 다문화주의가 발생했던 서구 이민국가들과는 다른 이른바 '민족국가' 의식이 강하다고 지적한다. 다시 말해 한국사

---

24) 윤인진, 「한국적 다문화주의의 전개와 특성」, 『한국사회학』 42(2), 한국사회학회, 2008, 75쪽.

25) 홍기원, 「한국 다문화정책의 문제점과 개선 방향」, 『한국공공관리학보』 23(3), 한국공공관리학회, 2009, 169~189쪽.

회는 인종적, 문화적으로 동질성이 크고, 특히 혈통적 민족주의가 매우 강한 경향을 보이는데, 이러한 맥락을 무시하고 지나치게 급진적이거나 온정주의적인 주장을 내세웠을 경우에는 국민 대다수의 반발을 초래할 수 있다는 것이다.26) 그러면서 이 같은 문제들을 해결하기 위한 방안으로 '단계적인 다문화주의'의 추진을 제시한다. 그는 다문화주의를 3단계로 구분한 후, 각 단계에 맞는 정책적 접근의 필요성을 제기하는데, 그것을 도표로 정리하면 다음과 같다.

〈표 2-5〉 단계적 다문화주의 실천 방안

구분	정책
1단계 다문화초창기	•외국인에 대한 인권보호와 소수자 보호에 전력 •합법적 외국인에 대한 사회경제적 활동 보장 •불법체류 외국인에 대한 단속과 본국환송 불가피 •불법체류자 지속적 감소 •불법체류자 자녀 등에 대한 교육과 의료 혜택 등 인도적 지원 확대
2단계 다문화정착기	•숙련 기능인력의 장기체류와 정주 허용 •조건을 갖춘 불법체류자들을 합법화 할 수 있는 합리적 제도 마련 •정주 외국인에 대한 지방자치단체 수준의 참정권 보장 •정주 외국인에 대한 주민권(denizenship) 부여
3단계 다문화성숙기	•이민과 귀화 제도 개선 •이민자들의 사회통합을 위한 법적·제도적 체계 마련 •소수차별금지법과 같은 적극적인 차별 방지제도 마련 •시민권에 근거한 새로운 국가정체성 구축

*윤인진, 2008 참조.

이밖에도 다문화에 대한 인지적 이해와 감성적 이해27)를 통해 사회 구성원 간 사회적 거리감을 좁히는 방안과 바람직한 거버넌스 체계 구축을 통한 다문화 업무의 유사 중복 문제 해소와 정책 수혜의 사각지대 방지 방안 등도 다문화 정책과 관련된 문제 해결의 한 방안이라 할 수 있다.28)

---

26) 윤인진, 앞의 글, 2008, 99쪽.

27) 김상학, 「소수자 집단에 대한 태도와 사회적 거리감」, 『사회연구』 1, 2004 참조.

28) 이준규, 「한국 다문화정책의 개선방안」, 『한국지방정부학회 학술대회 논문집』, 한국지방정부학회, 2011 참조.

❖ 토론해 봅시다 ❖

• 한국사회의 급격한 인구통계학적 변화가 한국사회에 끼친 영향은 무엇인가? 나의 삶과 관련하여 이야기해 보자.

• 국내 체류 새터민은 약 3만 명에 달한다고 한다. '새터민'하면 떠오르는 이미지는 무엇이며, 왜 그러한 이미지를 떠올리게 되었는지 토론해 보자.

• 언론매체의 외국인 관련 보도는 한국인들에게 자신이 외국인차별에 직·간접적으로 연루되어 있다는 부채의식을 심어준다. 나는 정말 외국인 차별과 연루되어 있는지, 만약 책임을 져야 한다면 어느 정도 져야 하는지에 관해 이야기해 보자.

• 다문화 공익광고를 찾아보고, 다문화 공익광고들이 사회에 미치는 영향에 관해 이야기해 보자.

• 다문과 관련 정책과 법에 관해 찾아보고, 이들 법과 제도(정책)의 한계가 무엇인지 이야기해 보자.

❖ 더 읽어야 할 자료 ❖

1. 외국인노동자 문제

• 설동훈, 『외국인 노동자와 한국사회』, 서울대학교출판부, 1999.

외국인노동자에 대한 국내 최고의 연구서

1987년부터 98년까지 외국인노동자의 한국유입과 관련된 여러 가지 쟁점을 고찰한 연구서이다. 외국인노동자 현황, 외국인노동자의 유입과 적응 및 귀환, 한국사회의 적응과 정부정책 등을 20개의 장으로 나눠 정리함으로써, 국경 없는 노동시장에 대응하는 한국사회의 실천방안을 모색하고 있다.

약 576쪽에 달하는 방대한 분량에서도 알 수 있듯이 실증적인 연구방법도 잘 짜여 있을 뿐만 아니라 저자가 오랫동안 조사한 데이터도 풍부하다. 특히 외국인노동자가 유입되는 배경과 유입 과정, 그리고 직장 생활과 여가, 송출에 대해서도 체계적으로 접근하고 있어, 노동력의 이동이나 외국인노동자에 대해 관심 있는 이의 필독서라 할 수 있다.

2. 결혼이주여성 문제

• 이수자, 「이주여성 디아스포라」, 『한국사회학』 38(2), 한국사회학회, 2004.

이 논문은 국내의 외국인 이주여성의 디아스포라 현상을 탈식민주의 페미니즘과 문화이론적 측면에서 분석한 것이다. 저자는 여성의 국내 이주를 국제성별 분업 논리가 관철되고 있는 이주의 방식과 형태로 규정하면서 이주여성들이 결혼배우자나 노동자로서 이주하면서 경험하는 '문화혼성성'과 '타자화'를 여성의 섹슈얼리티가 상호작용하는 방식으로 분석하고 있다.

저자는 한국사회가 다문화사회에 대한 사회의식 결여와 문화적 차이를 인정하는 데 있어 경직성을 보임으로써 이주여성의 타자화가 더욱 견고하게 관철되고 있다고 주장한다. 이 같은 문제점을 극복 위한 방안으로 저자는 현실적인 제도적 장치 마련에 병행하여 이들이 자신의 삶에 주체적 결정권을 가질 수 있도록 포용적인 사회의식이 형성되어야 함을 주장하고 있다.

• 최종렬·최인영, 「국제결혼 이주여성에 대한 문화사학적 접근」, 『문화와사회』 4, 한국문화사회학회, 2008.

이 논문은 이주여성에 대한 연구들이 이주여성을 영웅, 피해자, 성 상품으로 표상함으로써 이주여성의 삶을 개선하겠다는 본래 의도와 달리 오히려 이주여성의 삶을 옥죄는 데 기여하고 있다는 비판으로 시작한다.

이러한 역설의 발생에는 이주여성은 경제적 목적을 달성하기 위해 결혼이라는 '수단'을 사용한 도구적 존재이거나, 국가정책과 그 대행자인 중개업자라는 '제도'에 의해 결정되는 수동적 존재, 그리고 지구적 자본주의의 성별 노동분업이라는 '물질적 강제'에 의해 성 상품으로 팔려온 존재로 그리려고 하는 연구자들의 잘못된 편향도 한몫을 한다고 주장한다.

저자들은 이 같은 문제점을 해결하기 위해서는 국제결혼 이주여성의 행위의 다차원성을 진지하게 고려해야 할 뿐만 아니라, 인간으로서의 존엄을 이주여성 개개인에게 되돌려주고자 하는 윤리적 기획의 필요성을 제시하고 있다.

• 이성순, 『이주여성 이야기』, 형설라이프, 2008.

이 책은 여성결혼이민자들의 삶에 대한 이야기를 담은 책이다. 수년간 한국어 교실을 운영하면서 이주여성에게 한국어를 가르쳐 온 저자가 이주여성들을 가까이에서 보고 느낀 단상을 기록하였다. 저자는 이 책을 통해 한국에 처음 왔을 때 이주여성들이 품었던 두려움, 아픔, 고독이 서서히 치유되어 가는 것처럼 한국에 온 지 얼마 안 되는 많은 이주여성들에게 위로의 손길을 전하고자 했다.

제1부에는 농촌에서 만난 이주여성들의 사랑과 희망에 관한 이야기, 제2부에서는 도시에서 만난 이주여성들의 애환과 아름다운 삶을 소개하고 있다. 제3부에서는 이주여성들에 대한 저자의 단상을 수록하였다.

• 중앙대학교 문화콘텐츠기술연구원, 『한국사회의 소수자들: 결혼이
  민자』, 도서출판 경진, 2009.

한국연구재단 중점연구소인 중앙대학교 문화콘텐츠기술연구원에서 펴낸 다문
화 구술생애사 시리즈의 첫 번째 저작물이다. 이 책에 등장하는 결혼이주여성은
그 출신지역(우즈베키스탄, 라오스, 태국, 일본)이 다양한 만큼 성장과정과 결혼
생활이 다양하지만, 한국사회의 진정한 일원이 되고자 하는 열망과 의지는 결코
다르지 않다.

태국 출신의 결혼이주여성 우싸 운댕 씨의 말처럼 그들도 '한국사람'이기 때문
이다. 결혼이주여성들은 스스로를 '한국사람'이라고 생각하지만, 그들이 일상에서
만나는 많은 한국인들은 그들을 한국사람으로 인정하지 않는다. 결혼이주여성들
이 일상에서 경험하는 차별은 스스로가 생각하는 한국사람이라는 범주와 대다수
한국인들이 인정하는 '한국사람'이라는 범주가 다르기 때문에 발생하는 것이라
할 수 있다.

이 책의 저자들은 현재 한국사회는 다문화 담론은 무성한 편이지만, 그에 대한
실천은 상대적으로 열악하다고 지적한다. 머리로는 다문화를 받아들고 있지만,
몸으로는 거부하고 있는 실정이다. 대부분의 한국인들은 자신의 이해와 직접적으
로 관련되지 않을 때에는 다문화 주체에 대한 차별이 부당하다는 것을 인정하지
만, 하지만 자신의 이해와 직접적으로 관련될 때에는 다문화 주체에 대한 차별을
암묵적으로 혹은 적극적으로 용인하는 데 별 주저함이 없다고 비판한다.

이 책에서 들려주고 있는 결혼이주여성들의 삶의 목소리는 담론과 실천 사이
의 분리를 극복하는 계기가 될 것이다.

3. 소수자 문제

• 박경태, 『소수자와 한국사회』, 후마니타스, 2008.

이 저서는 인종주의, 민족주의, 혈연주의적 시각에서 차별의 대상으로 전락한
한국사회의 소수자 문제를 비판적으로 정리한 책이다. 저자는 소수자 문제를 다
루는 데 있어 관행적으로 행해져왔던 감성적 접근의 한계를 탈피하여, 소수자의

현실과 그 사회적 함의를 이론적으로 체계화하였다. 또한 현재 사회적 관심사인 이주노동자 외에도 배제와 차별로 우리 곁에서 사라진 화교, 혼혈인 문제를 심층적으로 다루고 있다.

그동안 한국사회는 짧은 기간에 압축적인 경제성장에 치우친 나머지 소수자에 대한 관심이 부족했다. 최근 들어 소수자에 대한 관심이 커지고 있지만, 소수자에 대한 학계의 연구는 이제 걸음마 단계라 할 수 있다. 소수자에 대한 연구가 축적된 선진국과 비교는 말할 것도 없고, 소수자들이 어떤 상황에 놓여 있고 어떤 정책이 필요한가에 관한 연구도 거의 없다. 심지어는 어떤 사람들이 소수자에 해당하는가에 대한 논의나 합의조차 없는 실정이다.

이 저서는 이러한 문제점을 극복하는 밑거름일 뿐만 아니라, 한국사회 소수자 연구의 이론적 지평을 넓히는 계기를 제공할 것이다.

3장 다문화주의란 무엇인가

1. 다문화주의란 무엇인가

1.1. 다문화적 세계관의 출현

"다문화주의가 승리했다. 우리는 이제 모두 다문화인이다. 이 새로운 현실에 적응하는 것이 최선이다"[1]라는 글레이저의 선언은 백 번을 양보한다고 해도, 이제 전 세계적으로 '다문화주의가 거스를 수 없는 시대적 흐름'임을 토로하고 있는 고백이라고 할 수 있다. 글레이저의 고백은 우리로 하여금 새삼스럽게 도대체 다문화주의라는 것이 무엇이기에 수많은 도전들을 물리치고 끝내 승리하게 되었지라고 되묻게 한다. 이 질문에 답하기 위해서 우리는 다시 다문화주의란 무엇인가? 라는 가장 기본적인 질문으로 되돌아가지 않을 수 없다.

지금까지 우리는 다문화주의란 무엇인가라는 물음에 답하기 위해 가장 단순하면서도 일반적 개념들로부터 이야기를 시작했고, 계속 그 주변만을 맴돌았다. 이제 그동안 유보해뒀던 답을 꺼낼 차례가 되었다. 첫 장에서 이야기했듯이 다문화주의란 무엇인가라는 물음에 답하는 것은 매우 무모한 일이다. 그것은 딱히 답이 없어서라기보다는 바라보는 관점

---

1) 네이선 글리이저, 최현미·서종남 옮김, 『우리는 이제 모두 다문화인이다』, 미래를소유한 사람들, 2009, 257쪽.

에 따라 너무나도 다양한 답변이 가능하기 때문이다.

따라서 필자는 섣부르게 '다문화주의란 이것이다'라고 결론을 짓지 않으려고 한다. 물론 여기에는 섣부른 결론을 냄으로써 필자를 향해 쏟아질지도 모르는 온갖 비판과 비난에서 벗어나려는 얄팍한 꼼수도 작용하고 있다. 하지만 필자가 이렇게 하는 보다 근본적인 이유는 현재 국내외 다문화주의 논의에서 가장 많이 인용되고 있는 개념들을 가져와 논의를 더욱 풍성하게 하고자 원했기 때문이다.

① 다문화주의는 광의의 이상주의적 지평에서 "상이한 국적, 체류 자격, 인종, 문화적 배경, 성, 연령, 계층적 귀속감 등에 관계없이, 모든 인간이 인간으로서의 보편적 권리를 향유하고, 각각의 특수한 삶의 방식을 존중하며 공존할 수 있는, 다원주의적 사회·문화·제도·정서적 인프라를 만들어내기 위한 집합적인 노력"을 뜻할 수도 있고, 협의의 제도적인 차원에서, "자유민주주의에 대한 광범위한 합의와 지지가 선결된 조건에서 다양한 문화적 주체들의 특수한 삶의 권리에 대한 제도적 보장"을 뜻할 수도 있다.[2]

② 다문화주의는 지적 입장이자 정치적 운동을 의미하며, 더욱 구체적으로는 소수자의 권리를 옹호하며 지배담론에 의해 작은 이야기 속에서 묻힌 차별과 억압을 부각시킨다. 그리고 평등한 기본 자유와 기회균등을 제공하는 자유주의의 "재분배 정의관"만으로는 해결하기 어려운, 은밀하게 작동하는 현대 사회의 억압 체제에 도전하기 위해, 다문화주의는 또한 현존하는 차이를 적극적으로 인정하는 "인정의 정치학(politics of recognition)"을 요구한다.[3]

③ 근대 민주주의는 통합의 논리이기도 하지만 동시에 배제의 논리로도 작동한다는 것이 근대 민주주의 구조적 역설이기도 합니다. 왜냐하면 민주주의 체제 내에서 인민과 비인민, 국민과 비국민이 현실적으로 나뉘어질 수밖에 없기 때문

---

2) 오경석 외, 『한국에서의 다문화주의』, 한울, 2007, 26쪽.
3) 이상환, 「다원주의 시대의 공동체주의 정치철학: 권리의 정치에서 인정의 정치로」, 경북대학교 박사논문, 2005, 89쪽.

이죠. 여기서 비인민 또는 비국민으로서 규정된 또는 비국민으로서 규정된 집단이 인정의 정치학의 논리에 입각해 자기 몫을 요구할 수밖에 없는 것입니다. 어떤 문화/인종/종교/이념 공동체가 자기 정체성을 확인 받고 존중받겠다는 정체성의 정치, 인정의 정치가 근대성의 도전과 겹치면서 다중(多重) 근대성의 행로로 만든 것이 근현대 세계사의 궤적이라고 봅니다.4)

④ 다문화주의는 1960년대 만들어진 새로운 용어로, 그 정의에는 ① 어떤 집단이나 공동체에서 여러 개의 문화가 공존하고 있는 상태를 나타냄과 동시에, ② 그러한 다문화 공존을 바람직한 것으로 여겨 적극적으로 그 공존을 꾀하려는 정책이나 사상적 입장을 나타낸다는 두 가지 의미가 포함되어 있다.5)

⑤ 나는 전통적인 인권 원칙을 소수자집단권리로 보완하는 것이 정당하며, 또한 사실상 불가피하다고 생각한다. 다문화적 국가에서 포괄적인 정의론은, 한편으로는 집단 구성원지위와 관계없이 개인에게 부여되는 보편적 권리, 그리고 다른 한편으로는 특정의 집단차별적 권리(group-differentiated rights)나 소수자 문화에 대한 '특별한 지위', 이 양자 모두를 포함하게 될 것이다.6)

여기에 가져온 것들은 현재 국내외 학계에서 가장 보편적으로 사용하고 있는 다문화주의에 대한 정리들이다. 각각의 논의들이 지향하는 바는 분명 차이가 있겠지만(여기서는 군이 그 차이를 이야기 할 필요는 없다고 생각한다) 상이한 문화의 공존을 꾀한다는 점에서 대동소이하다. 군이 구별을 하자면 다문화주의는 크게 '소수집단의 특별한 권리 주장을 옹호'하는 측과 문화적 차이나 다양성이 새로운 문화 창조의 원동력이 된다는 견해로 대별된다.7)

---

4) 찰스 테일러, 윤평중 옮김, 「찰스 테일러, 그의 철학을 말한다」, 『철학과현실』 55, 2002, 154쪽.
5) 니시카와 나가오, 박미정 옮김, 『新식민주의론』, 일조각, 2009, 163쪽.
6) 윌 킴리카, 장동진 책임번역, 『다문화주의 시민권』, 동명사, 2010, 11~12쪽.
7) 임현묵, 「문화다양성의 정치 연구: 자유주의적 다문화주의와 그 비판을 중심으로」, 서강대학교 박사논문, 2011, 24쪽.

이제 우리는 지금껏 계속 미루어 왔던 다문화주의의 핵심개념의 하나인 공존과 마주하게 되었다. 한마디로 다문화주의란 서로 다른 문화의 '공존'을 위한 사람들의 의식적인 활동 일체라 할 수 있다.

공존을 위한 사람들의 의식적인 활동 일체라고? 도대체 무슨 말이지? 아하, 그렇다면 먼저 공존이란 개념부터 알아야겠군. 처음부터 여기까지 쭉 읽어온 독자라면 열에 아홉은 이렇게 생각할 터이다. 왜냐하면 지금까지 필자가 계속 이런 식으로 이야기를 풀어 왔으니까. 이럴 때는 독자의 기대를 충족시켜주는 것도 집중력을 유지하는 하나의 방법이다. 짜잔!

공존에 대한 사전 정의이다. 여기서부터 시작하도록 하자. 사전의 정의에 의하면 '공존'이란 두 가지 이상의 사물(현상)이 서로 도와서 함께 존재하는 것이다. 필자가 사전까지 끌어들여 공존이란 개념을 애써 강조한 것은 그만한 이유가 있기 때문이다. 다시 한 번 정리해 보자. 공존은 범박하게 말하면 '상이한 사물이 서로 도와서 함께 존재하는 것'이라고 할 수 있다. 여기서 중요한 것은 '함께 존재한다'는 생각

이다. 필자는 공존이란 인식, 다시 말해 서로 상이한 사물이 함께 존재해야 한다고 생각하는 것이야 말로 실로 혁명적인 변화라고 생각한다. 굳이 서로 다른 사물들이 함께 존재하려고 애쓰지 않고, 서로에게 익숙한 것들끼리 단일하게 살아도 될 터인데, 왜 사람들은 함께 삶(共存)을 생각하게 되었는가?

여기에는 분명 합당한 이유가 있었을 터이다. 그 이유가 무엇일까? ……. 나는 그 이유가 어디에 있든 간에 사람들이 서로 다른 존재들 간의 공존을 생각하고, 또 그것이 올바르다고 믿기 시작했다는 것 자체만으로도 쿠페르니쿠스적 변화라고 생각한다. 왜냐하면 '단일하게 살자'나 '나만 살자'에서 '함께 살자'로의 인식의 전환에는 어떤 식으로든 기존의 세계 인식(진리, 자유, 평등, 정의)에 대한 부정 또는 회의(의심)를 담고 있기 때문이다.

필자는 이러한 인식—'나만 살자'에서 '함께 살자'로의 인식의 전환—을 '다문화적 세계관'으로의 전환이라고 명명하려 한다. 이 과정을 범박하게 풀어보자. 언제부터인지, 무슨 이유때문인지는 모르지만 다음과 같은 생각을 하는 사람들(인류)이 출현하기 시작했다. 그 생각들이란 대충 이런 것일 터이다.

잠깐! 이쯤 왔으면 그 생각이 무엇인지 상상해보는 것도 즐겁겠다. 잠깐 눈을 감아 보자. 즐거운 마음으로 인문학적 상상력을 한번 펼쳐 보자.

여러분들의 인문학적 상상력의 날갯짓은 어디까지였나? 아마도 여러분의 상상력은 필자의 것보다도 훨씬 크고 먼, 그리고 복잡한 것이었을 것이다. 아무튼 이 모든 상상력들을 하나로 모아 보자. 어쩌면 이것은 '장님 코끼리 다리 만지는' 격일지도 모른다. 하지만 그럼에도 불구하고 필자는 '장님 코끼리 다리 만지기'의 우를 범할까 한다.

대충 정리하면 이렇다. 지금까지 내가 당연하다고 생각했던 것들—가령 민주주의, 자유, 평등, 인권 등—로 대표되었던 제도와 인식 틀이 사실은 다수자들의 배타적 이익을 반영하는 편향적인 틀이었으며, 이 편향으로 인해 다수자가 아닌 이들—다수자에서 배제된 이들—이 피해를 당하고 있다. 즉 평평한 운동장에서 축구를 하면서 내 자신이 잘 하는 줄 알았는데, 알고 보니 그 운동장이 애초부터 한쪽으로 기울 어진 운동장이었다는 것을 알게 된 격이라고나 할까? 만약 여러분이 뒤늦게 이 같은 사실을 발견했다면 어떻게 했을까? 아니, 어떤 느낌이 들었을까? ……. 운 칠 기 삼!! 어떤 이들은 자신에게 부여된 행운에 대해 기뻐할지도 모른다. 하지만 개중에 몇몇은 심한 배신감에 몸을 떨었을지도 모른다. 생각해 봐라. 평소 자신의 성공과 사회적 지위를 자신의 능력과 노력 덕분이라고 믿고 있었는데, 그것이 사실이 아닌 것으로 밝혀졌을 때의 허탈감과 찜찜함들…. 하지만 찜찜함도 잠깐! 다수에 포함된 대부분의 사람들(여기에는 필자도 물론 포함되어 있다)은 자 신에게 부여된 행운—소수자에서는 불행일수도 있지만—을 당연한 것으로 생각하거나, 자신이 소수자가 아니라는 사실에 안도의 한숨을 내쉴지도 모른다. 그러나 세상의 일이란 것이 모두 이처럼 평범하거 나 상식적인 것만 존재하는 것은 아니다. 예외적인 존재들이 있기 마 련인데, 가령 자존감이 강하거나 타인에 대한 배려심이 많은 이들 중 에는 그동안 자신이 누렸던 승리를 불명예로 생각하거나, 자신이 놓

• 민주주의라는 제도가 모든 사람들에게 정말로 민주적인거야?
• 내가 진리라고 믿는 것들을 다른 사람도 그렇게 생각할까?
• 기회라는 것은 부자와 가난한 사람모두에게 똑같을까?
• 내가 누리는 일상이 누군가의 희생 위에 서 있는 것은 아닐까?
• 만약 내가 생각하고 있던 것들이 잘못이라면 어떻게 하지?

여 있는 상황들을 '정의롭지 못하다不正義'고 생각하기도 할 것이다.

이 지점에서 우리는 한 가지 의문을 가지게 된다. 이들은 왜 이런 생각을 하게 되었을까? 타고난 품성 때문일까? 물론 개중에는 품성이 착해서 그런 이들도 있을 것이다. 하지만 예외적 변화에는 품성보다 더 근본적인 이유가 있는 법이다. 변화란 항상 그에 합당한 원인이 수반된다.

필자는 그 이유를 지금껏 보편적 진리라고 인식하고 있었던 것들에 대한 새로운 인식의 출현이라고 생각한다. 다시 말해 사람들은 다양한 계기를 통해 민주주의와 인권, 평등과 자유 등에 대해 기존과는 다른 방식으로 이해하기 시작했다. 그 변화는 조용하면서 합리적으로 진행되기도 했지만, 때로는 격렬한 방식으로 기존의 사상과 제도를 부정하기도 하면서 만들어졌다. 가령, 공리주의로 대표되는 제도적 민주주의에 대해 비판하는 롤즈의 정의론 등이 여기에 속한다고 할 수 있다. 아차, 너무 많이 나갔다. 롤즈의 정의론과 이른바 '무지의 베일'에 대해서는 전공자에 문의하거나 관련 서적을 참고하시기 바란다. 필자가 여기서 강조하고 싶은 것은 이러한 인식의 변화를 이끈 원동력 속에는 좀 더 민주적이고 평등하며, 자유롭고, 인간다운 삶이 보장되는 사회를 만들고자 했던 많은 이들의 욕망과 지난한 노력, 그리고 투쟁의 땀방울이 스며있다는 사실을 기억할 필요한 있다는 것이다.

좀 더 평등하고 자유로운 민주주의에 대한 의지와 인간답게 살고자 하는 욕망과 노력들이 모여 다수자에 기반을 둔 이른바 '보편적 진리'의 편협성을 일깨웠고, 사람들로 하여금 그 같은 편협성을 극복하기 위한 구체적이고 의식적인 실천행위들을 행하게 하였다. 필자는 이러한 일련의 과정을 다문화적 세계관의 출현이라고 칭하고자 한다.

한편, 다문화적 세계관이 확산되면서 사람들은 다문화적 세계관을 정의 영역으로 인식하기도 하였는데, 이들은 다수자 중심의 사회체계의 부정의를 보정(보완)하는 방안을 강구하였다. 정치, 경제, 문화 등 전 영역에서 이루어진 이러한 보정작업은 크게 재분배redistribution와 관련된 정치 경제적인 측면은 말할 것도 없고, "문화적 편견과 차별을 생

산하는 재현, 해석, 소통 등 상징적 체계의 사회적 패턴 자체를 변화
transformative strategy"[8)]시키는 인정recognition의 영역에서도 진행하게 되었다.

1.2. 다문화주의 수용과정

'단일하게 살자'에서 '함께 살자'로의 인식의 전환은 빠른 속도로 전
세계를 강타했다. 앞서 언급했던 글레이저의 고백처럼 다문화주의는
거스를 수 없는 시대적 흐름이 되었고 세계 곳곳에서 승리하였다. 그
결과 사람들은 마침내 성과 연령, 계급(계층)차이들은 말할 것도 없고,
국민국가에서 권리의 기준점으로 작용했던 인종(민족)과 문화 그리고
국적과 체류자격 등에 관계없이 모든 인간은 인간으로서의 보편적 권
리를 향유하고, 각자의 삶의 방식을 존중하고 존중받으며 사는 그러
한 사회를 꿈꾸기 시작했다.

그런데 이러한 생각은 기득권을 누리고 있는 다수자들의 입장에서
본다면 이념적으로는 아주 그럴싸해 보이지만 실천영역에서는 심각
한 문제들을 노정할 수밖에 없다. '혼자 잘 살자'에서 '함께 잘 살자'
가 되기 위해서는 필연적으로 양보가 있어야 한다. 즉 다수자들이 기
존에 자신들이 배타적으로 누려왔던 권리의 일정 부분을 그것을 누
리지 못하는 사람들에게 나눠줘야 한다. 왜냐하면 사회적 재원이 한
정돼 있는 상황에서 한쪽(다수자)이 그 재원을 독식하는 세계 속에서
평화로운 공존을 이야기할 수는 없기 때문이다. 따라서 공존을 위해
서는 양보 또는 관용이 요구되는데, 그것은 생각보다 쉽지 않다. 자
신이 갖고 있던 권리의 일부분을 포기한다는 것은 생각만큼 그리 쉬
운 일이 아니기 때문이다.

만약 여러분 중 누군가가 성적 장학금을 받는다고 하자. 아마도 그
학생은 성적 장학금을 받기 위해 열심히 공부했을 터이다. 물론 그의
가정 형편은 넉넉한 편이다. 그는 부모님으로부터 정기적으로 필요한

---

8) 김영옥, 「새로운 '시민들'의 등장과 다문화주의 논의」, 『아시아여성연구』 제46권 2호,
   숙명여자대학교 아시아여성연구소, 2007, 142쪽.

만큼 용돈을 받았고, 가끔 할아버지와 친척들에게 보너스처럼 두둑하게 용돈을 받기도 했다. 그는 넉넉한 용돈 때문에 공부하는 데 필요한 참고도서들을 거리낌 없이 사 볼 수 있었고, 다른 학생들이 학생식당에서 2,500원짜리 밥을 먹을 때도 4,500원짜리 특식을 먹거나, 아니면 그보다 더 비싼 음식과 후식으로 브랜드 커피를 마셨다.

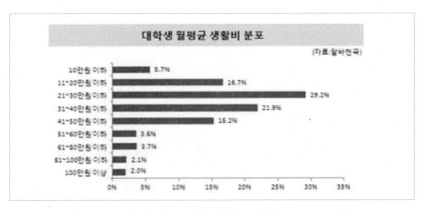

〈그림 3-1〉 대학생들의 월평균 생활비(출처: ≪한국일보≫, 2012. 3. 23)

같은 과 동기 중에 몇몇은 용돈과 등록금을 위해 아르바이트를 하기도 했지만, 그는 그럴 필요가 없었기에 친구들이 아르바이트를 하는 시간에 도서관에 가거나 틈틈이 운동을 했다. 그리고 시험 기간 때면 잠을 쫓아가며 공부를 했다. 그렇게 해서 성적 장학금을 받았다. 축하받고 칭찬받아 마땅하죠? ……, 이 침묵은 뭔가요? 선뜻 뭐라 대답하기가 어렵다고? 아마, 어떤 학생들은 이 학생의 대학생활이 부럽기도 할 것이다. 나도 이 학생처럼 대학생활을 할 수만 있다면 얼마나 좋을까? 혹시 이렇게 생각하는 친구 있나요? 있으면 손들어 보세요. 하나, 둘, 셋, 열, 스물……. 예, 알겠습니다. 이제 손 내리세요.

아무튼 이제 본론으로 들어가자. 우리는 지금 양보 또는 관용에 관해 이야기를 하려고 한다. 장학금을 받는 위 친구에게 누군가가 나서서 '네가 성적 장학금을 받는 것은 정의롭지 못하니 돈을 돌려 달라'라고 한다고 하자. 이 같은 상황이 발생하면 이 친구는 어떤 생각이 들까? 예상치 못한 상황에 십중팔구는 당황할 것이다. 돈을 달라고 한 친구가 미안한 표정으로 자신이 어려우니 조금 도와달라고 한다면 어쩌면 착한 친구들은 친구의 부탁을 들어줄지도 모른다. 가끔 우리들은 신문 기사에서 그런 미담을 접하기도 하니까. 그런데 돈을 달라고 요구한 친구가 성적 장학금을 받는 친구가 자신을 돕는 것을 너무나도 당연한 것처럼 이야기한다면 어떨까? 가령 이렇게 말이다.

친　구: 어이, 친구 이번에 성적 장학금 받았다며? 야, 너 그 성적 장학금 나 줘.
장학금: 왜?
친　구: 네가 성적 장학금 받은 것이 정의롭지 않기 때문이지.
장학금: 정의롭지 않다니? 이건 내가 노력해서 정당하게 받은 거야.
친　구: 정당하게 받았다고! 이 친구가 참 세상 물정 모르네. 네가 부잣집 자식이 아니었어도 받을 수 있었을까?
장학금: …….
친　구: 야, 말이 바른 말이지, 네가 나처럼 하루에 두 끼, 그것도 1,500원짜리 김밥으로 때우면서 일주일에 아르바이트를 4개씩이나 한다면 성적 장학금을 받을 수 있을 것 같아?
장학금: 글쎄? 성적 장학금을 받을 수 없을지 모르지. 하지만 받을 수 없다고 해서 내가 성적 장학금을 너에게 줘야 할 이유는 없잖아.
친　구: 물론 없지. 하지만 너처럼 처음부터 많은 것을 가져서 부족할 게 없는 네가 성적 장학금마저 독식한다면 이건 너무 불공평하지 않니?
장학금: …….
친　구: 난 말이야, 손발이 퉁퉁 붓도록 아르바이트해서 낸 등록금이 너 같은 놈 장학금으로 쓰인다고 생각하면 속에서 열불이 나. 이건 잘못돼도 한참이나 잘못됐어. …….
장학금: 아, 하…….

설마, 친구 사이에 이런 대화가 오갈까라고 반문할지도 모른다. 아마도 현실에서 이런 대화를 찾는 것은 불가능할 것이다. 그런데도 필자가 굳이 위의 상황을 상정했던 것은 양보 또는 관용이란 것이 자칫 잘못하면 어처구니가 없는 상황으로 변질될 수 있다는 점을 이야기하고 싶어서였다. 성적 장학금을 받는 친구와 그 친구의 장학금 수령이 부당하다고 생각하는 친구 사이의 대화에서는 발화된 말보다는 발화되지 않는 말줄임표의 언어들이 더 많을지도 모른다. 그리고 끝내 발화되지 못한 말들 속에서 두 친구는 발화된 말에서 받은 상처보다도 더 큰 서로에 대한 원망과 분노 등을 감추고 있을지도 모른다.

결국, 두 친구는 성적 장학금이라는 한정된 재원에 대한 배분을 놓고 서로의 이해관계가 충돌하는 것을 경험하게 된다. 권리와 양보의 문제가 갈등이란 구체적인 행위로 표출된 것이다. 물론 위의 성적 장학금의 예는 매우 극단적이고 엄밀한 의미에서 문화적 다양성의 영역에서 벗어나 있다. 하지만 위의 갈등 상황은 그렇게 간단한 문제가 아니다. 이 부분은 어떻게든 해결해야 하는데, 그것이 이른바 '재분배의 정치'이다. 그런데 만약 성적 장학금이 위에서 든 예처럼 경제적 (용돈) 차이가 아니라 인종, 문화, 언어 등에 의해 발생했다고 한다면 문제는 훨씬 복잡해진다. 다문화주의는 이처럼 문화적 차이(문화적 소수자)의해 발생하는 갈등 해결에 주목한다. 다시 말해 다문화주의는 국가(공동체)에 따라 그 구체적인 형태는 다르지만 기본적으로 '함께 살자'라는 측면에서 다수자와 소수자 사이의 갈등을 해소하고 사회적 통합을 이루고자 한다. 하지만, 앞서 살펴봤듯이 그 과정은 매우 지난하다. 따라서 다문화주의가 하나의 사회적 규범 또는 정책으로 정착되기까지는 일반적으로 예상하는 것 이상 어려움을 겪는다. 그 때문일까? 다문화주의는 도입(생성)되어 사회적 규범으로 성장하기까지 일정한 패턴을 갖는다. 그 중에서도 미국과 캐나다처럼 처음부터 이민자들로 구성된 나라가 아닌 프랑스나 독일 또는 일본과 한국과 같은 나라들의 다문화주의 수용과정이 흥미롭다.9) 이들 국가들의 다문화주의 수용과정을 도식화하면 다음과 같다.

---

9) 이산호, 「프랑스의 문화다양성과 사회통합정책」, 『다문화콘텐츠연구』 창간호, 2008, 19~21쪽.

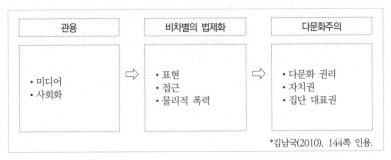

<그림 3-2> 다문화 이행의 3단계 모델

위의 그림과 같은 단계를 거쳐 다문화주의는 정책이나 이념이 되는데, 이 과정에서 다문화주의는 그것을 반대하는 다양한 담론들과의 길항관계를 형성한다. 다문화주의의 수용과정을 좀 더 자세히 살펴보도록 하자.

첫 번째 단계인 관용의 단계는 다인종과 다문화로 인한 사회적 갈등을 해소하기 위한 최소한의 덕목으로 다수자들에게 소수자에 대한 관용을 요구하는 단계라고 할 수 있다. 가령, 인종적, 문화적 편견 등으로 다수자에 의해 고통받고 있는 이주노동자와 결혼이주여성 등을 비롯한 사회적 소수자들이 존재하고 있다면, 다수자들은 소수자들 또한 인간으로서의 자유와 존엄성을 갖는 존재들로 이해해야 하고 그들의 자율성을 인정하는 정도의 사회를 말한다. 한국사회를 예로 들어 설명하면 이주노동자에 대한 구타와 임금착취(체불), 결혼이주여성에 대한 가정폭력 등이 사회적인 문제가 되었을 때, 시민사회와 국가가 '인권보호'라는 큰 틀을 중심으로 이주노동자와 결혼이주여성들의 인권과 권리의 문제에 적극적으로 개입했던 시기를 '관용의 단계'라고 말할 수 있을 것이다.

두 번째는 '비차별적 법제화 단계'이다. 이 시기는 사회적 소수자에 대한 관용의 단계를 벗어나 보다 적극적으로 소수자의 권리를 강화한 단계이다. 다수자들의 도덕적 윤리의식에 의지했던 관용단계보다 구체적이고 강제적이다. 최근 몇몇 연구는 인간이 자신과 다른 타자에 대해 거부감과 불편함을 느끼는 것은 단순히 문화적 편견의 차원을 넘는 인간 본성에 근거한 "인간학적 상수"[10]일수도 있다는 주장을 피력하고 있다. 다수자에 의한 소수자의 거부와 차별이 인간 본성에 근거한 것이라면, 사회적 소수자들에 대한 다수자들의 관용이 언제까지나 조화롭고 평화로운 관계를 유지할 것이라고 확신할 수는 없는 법이다. 특히나 이주의 정주화, 대량화, 일상화로 요약되는 다문화사회에서는 특정 공간을 중심으로 주류사회의 경제적 배제가 장기화되었을 때 사회적 소수자나 타자들에 대한 강한 반발 내지 심지어는 인종주의적인 폭력 형태가 표출되기도 한다.[11]

〈그림 3-3〉 빈센트 친 사건을 다룬 EBS의
프로그램의 한 장면(출처: EBS, 지식채널)

〈그림 3-4〉 범인의 모습

'비차별적 법제화 단계'는 얼마 오래지 않아 발생할지도 모르는 이러한 차별들을 법적으로 처벌하거나 제도적으로 방지함으로써 사회통합을 꾀하는 단계라 할 수 있다. 한국사회의 예를 든다면 2007년 법무부에서 제정한 '재한외국인 처우기본법'과 2008년 여성가족부의 책임하에 만들어진 이른바 '다문화가족지원법' 등이 여기에 근접한 제도라 할 수 있다.

---

10) 최성환, 「다문화주의와 타자의 문제」, 『다문화콘텐츠연구』 통권 6호, 2009, 136쪽.

11) 1980년대 초반 일본 자동차의 미국 진출로 몰락한 미국 자동차 산업의 중심지였던 디트로이트市에서 발생한 백인 노동자에 의한 중국계 미국인 살인사건인 '빈센트 친 살인사건' 등이 대표적인 예라 할 수 있다.
최영진, 「아시아계 미국 이민자와 도시, 그리고 다문화주의」, 『문학과영상』 12(4), 문학과영상학회, 2011 참조.

세 번째는 '다문화주의 단계'이다. 이 단계에 접어들면 소수문화를 주류문화에 흡수시키는 것을 통해 사회통합을 이루려는 정책에서 벗어나 소수자들의 문화적 정체성을 생존의 권리로 인정하고, 그들의 정체성과 권리를 공적영역에서 적극적으로 보호 지원하는 단계이다. 한마디로 어떻게 하면 소수의 문화를 주류문화에 흡수시키지 않고 공존할 수 있게 만들 것인가를 이론적 측면에서 제시하는 단계라고 할 수 있다.12)

이 단계에서는 다문화주의의 핵심개념이라고 할 수 있는 자치권self government right, 집단대표권group representation right, 다민족권polyethnic right 등의 실현 여부가 핵심 쟁점으로 떠오른다. 통상 다문화를 주장하는 사람들은 다문화의 진척 척도로 그 사회가 소수자들의 권리 보호를 위한 자율권과 집단대표권, 그리고 다민족권을 얼마만큼 보장하고 있느냐로 판단한다. 문화적 다양성을 강력하게 주장하는 이들은 소수자들이 자신들의 권리를 적극적으로 보호받기 위해서는 소수민족이 연방제와 같은 느슨한 정치적 연대의 방식으로 자율적인 지역관할권을 보장받을 수 있는 자율권을 주장한다. 더불어 소수자(민족)들이 자신들이 거주하고 있는 국가의 주요한 정책결정에 자신의 대표를 참여시킬 수 있는 집단대표권, 그리고 소수민족이 자신의 특수한 종교적·문화적 관행들에 대한 재정지원과 법률적 보호를 요구할 수 있는 권리인 다민족권'13)을 다문화주의의 핵심으로 생각하고 있다.

그런데 소수자들의 입장에서는 당연한 권리일 수도 있는 집단대표권과 다민족권과 같은 개념들은 자칫하면 사회적 소수자가 다문화주의란 이름으로 "자신이 속한 공동체가 제시하는 가치들을 부정하고 그 공동체의 문화로부터 자신의 정체성이 형성되는 것을 거부"14)하는

---

12) Kim Nam-Kook(2009), "Multicultural Challenges in Korea: the Current Stage and a Prospect", *International Migration*.

13) 소병철, 「관용의 조건으로서의 인권적 정의: 자유주의적 다문화주의의 한 옹호론」, 『민주주의와 인권』 10(3), 전남대학교 5·18연구소, 2010, 143쪽.

14) 진은영, 「다문화주의와 급진적 인권」, 『철학』 제95집, 한국철학회, 2008, 269쪽.

것을 합리화하는 데 이용되는 문제점을 낳기도 한다. 근래 들어 몇몇 유럽 국가에서 일고 있는 반다문화주의 담론은 '집단대표권'과 '다민족권'과 같은 다문화주의 개념들에 대한 과잉 적용(오용)에 대한 주류집단 일부의 반발이라고도 할 수 있다.

생각해 보라. 다문화주의란 이름으로 소수자(소수민족)들이 국민국가(공동체)에 거주하는 것을 허용하고 더 나아가 함께 살려(공존) 노력하는 데도 불구하고―비록 그것이 소수자의 입장에서 보면 미흡하다고 할지라도―소수자들이 다수자들의 노력을 모른 척 하면서―아예 부정하기도 함―자신들만의 삶의 방식과 가치관을 고집한다고 하면 어떻게 될까? 이 같은 상황이 되풀이 되는 속에서도 주류사회는 계속해서 '집단대표권'과 '다민족권' 등을 다문화주의란 이름으로 수용할 수 있을까?

김남국은 다문화주의로 인해 발생하는 이 같은 상황을 다문화주의 담론의 한계라고 규정짓고 크게 3가지로 정리하는데, ① 소수집단에 대한 권리부여 과정에 있어서의 자의성의 문제, ② 문화집단 안에서 개인이 차지하는 지위의 문제, ③ 다문화주의와 국가정체성의 문제가 그것이다.[15]

도대체 무슨 말을 하는지 잘 모르겠다고? 너무 어렵다고? 맞는 말이다. 매우 복잡하고 어려운 개념이다. 어렵기에 대충 넘어가면 좋겠다. 하지만 다문화주의가 무엇인가를 찾고자 한다면 좀 지루하고 갑갑하지만 논의를 진전시켜 나가야 한다.

1.3. 다문화주의의 핵심개념[16]

지금까지 필자는 '다문화주의란 무엇인가?'라는 거창한 질문만 던져

---

15) 김남국, 「심의 다문화주의: 문화적 권리와 문화적 생존」, 『한국정치학회보』 39(1), 한국정치학회, 2005, 102쪽.

16) 이 부분은 강진구의 논문(강진구, 「다문화주의 관점에서 본 아시아연대론」, 『다문화콘텐츠연구』, 중앙대학교 문화콘텐츠기술연구원, 2013)의 일부를 저서의 성격에 맞춰 수정한 것이다.

놓고는 계속해서 그 답을 회피했다. 솔직히 말하면 '다문화주의 세계관의 출현'이란 절에서 '국내외 학계에서 가장 보편적으로 사용하고 있는 다문화주의에 대한 정리'들을 제시하고도, 본격적인 논의를 생략한 채 넘어갔던 것도 회피 과정의 일부분이었다. 하지만 더 이상은 불가능하다. 최소한의 범위 내에서라도 답을 해야 할 시점이 되었다. 본격적인 답변에 앞서 다시 한번 강조하고 싶은 것은 다문화주의는 그것을 바라보는 관점이나 논의하는 사람에 따라 매우 상이하거나 심지어는 상반되게 정의되고 있을 만큼 복잡하고 중층적인 개념이라는 점이다.

국내외 대표적인 학자들의 견해로 되돌아가도록 하자. 오경석은 다문화주의를 크게 광의와 협의의 개념으로 나누어 설명하면서 "모든 인간이 인간으로서의 보편적 권리를 향유하고, 각각의 특수한 삶의 방식을 존중하며 공존"을 모색하는 일체의 노력이 광의 개념이라면, "자유민주주의에 대한 광범위한 합의와 지지가 선결된 조건에서 다양한 문화적 주체들의 특수한 삶의 권리에 대한 제도적 보장"이 협의의 개념이라고 정리한다.[17] 니시카와 나가오 역시 비슷한 논의를 이어가는데, 그는 다문화주의를 어떤 단일한 사회나 집단 속에서 복수의 문화가 공존하는 상태를 표현하는 동시에, 그러한 다문화 공존의 상태를 바람직하다고 보고 적극적으로 공존을 추진하려는 정책이나 사상적 입장을 가리킨다고 주장한다.[18] 이에 반해 킴리카Kymlicka는 보다 적극적으로 해석하여, 소수집단의 특별한 권리를 주장하는 "특정의 집단 차별적 권리group-differentiated rights나 소수자 문화에 대한 '특별한 지위'"[19]를 인정하는 것까지를 포함하는 다문화주의를 주장한다.

이상의 논의를 통해 우리는 다문화주의가 "특정의 가치관이나 삶의 유형을 보편기준으로 삼지 않고 타자 또는 타집단의 가치관이나 삶의 유형에 대한 정체성을 '인정하는'"[20] 인식이나 태도와 관련되어 있다

---

17) 오경석 외, 앞의 책, 26쪽.
18) 니시카와 나가오, 앞의 책, 334쪽.
19) 윌 킴리카, 앞의 책, 12쪽.
20) 송재룡, 「다문화주의와 인정의 정치학, 그리고 그 너머」, 『사회이론』 봄호, 2009, 80쪽.

는 것을 알 수 있었다. 그렇다면 이러한 다문화주의적 세계관은 어디에서 비롯된 것일까? 그것은 근대적인 민주주의에 내포되어 있는 "보편주의가 지닌 폭력성에 대한 고발"21)에서 비롯되었다. 보편주의가 지닌 폭력성? 무슨 말이지? 왜 이렇게 어렵지? 다음의 그림을 보면서 이야기 하도록 하자. 이 그림에 담긴 의미를 이해하고 나면 어느 정도의 이해가 가능하리라 생각된다.

〈그림 3-5〉 드라마 속 수녀의 모습　　〈그림 3-6〉 히잡 착용 찬성 집회에
(출처: SBS 드라마 〈올인〉 중에서)　　　　참석한 이슬람 여성
　　　　　　　　　　　　　　　　　　　　　(출처: ≪뉴시스≫, 2012. 9. 5)

위 그림에는 이른바 '종교적 상징'을 착용한 두 명의 여성(?)이 등장한다. 〈그림 3-5〉은 수녀이고, 〈그림 3-6〉는 히잡을 착용한 이슬람 여성이다. 두 명의 여성(?)을 동일한 선상에서 논의할 수 있느냐는 반론이 제기될 수 있다. 충분히 수긍된다. 성직자와 일반여성이란 점에서 차이가 있다. 아무튼 이러한 차이를 차치하고 논의를 계속하도록 하자. 근대적인 민주주의 체제는 이들 두 명의 여성이 공적 영역에서 '종교적 상징'을 표현하려고 할 때, 전통적인 문화적 행위와 이른바 정교분리—라이시테laïcité—의 원칙을 위반한 것으로 구분한다. 그리고는 하나에 대해서는 허용하지만, 다른 하나는 금지한다. 허용하는 것은

---

21) 정미라, 「문화다원주의와 인정윤리학」, 『범한철학』 제36집, 2005, 212쪽.

무엇이고, 금지하는 것은 어떤 것일까? 허용과 금지의 기준은 무엇일까? 종교적 우열? 으뜸(마루-宗)의 가르침이라는 종교에 우열이 존재할 수 있을까? 금지를 당하는 입장에서 보면 비슷한(?) 종교적 상징에 대해 자신들만 허용되지 않는 것을 폭력적이라고 생각하지 않을까? ……. 그렇다면 근대적 민주주의 체제에서는 왜 이 같은 일들이 발생하는 것일까? 테일러의 민주주의에 대한 견해는 궁금증의 일단을 풀어준다.

찰스 테일러는 근대 민주주의는 통합의 논리이기도 하지만 동시에 배제의 논리로도 작동하는 역설을 지니고 있다고 주장한다. 그는 민주주의 체제 내에서는 인민과 비인민, 국민과 비국민이 현실적으로 나뉘어질 수밖에 없는데, 여기서 비인민 또는 비국민으로 규정된 집단들은 국가로부터 배제되었다고 바라본다. 다시 말해 이들 '비인민/비국민'들은 '인민/국민'인 "백인 이성애자인 중산층 남성을 표준"[22]에서 벗어나거나 차이가 있기에 주변화되거나 배제되었다는 것이다. 테일러는 근대주의에 의한 주변화와 배제를 근대가 지닌 폭력성으로 규정하고 그 폭력성에서 벗어나는 방법으로 헤겔의 '상호인정' 개념을 차용하였다. 그는 "상호인정"을 자신의 철학적 출발점으로 삼고는 "모든 문화에 내재하는 고유한 가치의 인정"[23]이라는 자신만의 철학적 근거를 마련하게 된다.

그렇다면 테일러가 근대주의의 폭력성을 극복할 수 있는 대안으로 제시한 '상호인정'이란 구체적으로 무엇을 의미하는가? 범박하게 말한다면 나의 정체성identity의 구성요소인 타자를 인정하겠다는 것을 말한다. 테일러는 차이의 발생을 개인들의 정체성의 차이에서 기인한 것으로 파악하는데, 이때 정체성 형성에 결정적인 역할을 하는 것이 타자의 존재이다. 테일러는 개인의 정체성은 고독한 자족이나 고립적인 사유를 통해 형성되는 것이 아니라 "오직 타자와의 관계에 의해 가

---

22) 송재룡, 앞의 글, 88쪽.
23) 정미라, 앞의 글, 225쪽.

능"하다고 주장한다. 이 같은 인식에 근거해 테일러는 개인의 정체성은 "개인적이고 독자적이지만 동시에 타인의 인정에 의존"하기에 때문에 보편성을 지니고 있다고 파악한다.24)

다시 위의 그림으로 되돌아가도록 하자. 〈그림 3-6〉의 이슬람 여성은 아마도 순수한 마음에서 시도했던 자신의 종교적 상징 행위가 민주주의 체제에 의해 불인정되는 과정을 지켜보면서 적잖은 상처를 입었을 것이다. 그 상처로 인해 이슬람 여성은 모멸감과 소수자로서의 무력감, 심지어는 자기 자신을 부정하기까지 함으로써 그동안 자신이 지녀왔던 "존재 양식을 변형"25)시키는 상황으로 내몰리게 될 것이다. 테일러는 이 같은 문제를 해결하기 위한 방안으로 인정의 정치학the politics of recognition이란 개념을 제시한다. 인정의 정치학이란 한마디로 '타자나 집단의 정체성은 물론이고 그들이 지니고 있는 삶의 방식과 사고들이 가지는 나름의 가치와 차이를 인정하고 수용'하는 것을 의미한다. 그는 인정의 정치학이란 개념을 통해 "문화적 신분의 위계구조cultural status hierarchy에 내재된 불평등, 곧 문화적 지배(억압), 불인정, 경멸 등과 같은 문화적 부정의cultural injustice의 해결"26)을 꾀하였다.

그렇다면 테일러가 인정의 정치학을 통해 이루고자 한 것은 무엇이었을까? 그것은 첫째 모든 인간은 언어, 성차, 종교, 인종에 관계없이 동등하게 존경을 받을 가치가 있는 존엄한 존재라는 인식, 둘째 모든 문화는 내재적인 가치를 갖고 있고, 그런 의미에서 평등하게 가치를 인정받아야 한다는 민족(문화)의 다양성에의 존중, 셋째 자기 문화의 장래가 보증된다는 이른바 문화 존속에의 믿음이다.27) 필자는 이 세 가지를 다문화주의의 핵심개념이라고 생각한다. 그런데 이들 세 가지의 가치들은 때로는 서로 모순되거나 충돌한다. 테일러가 제시한 퀘

---

24) 위의 글, 217쪽.

25) 송재룡, 앞의 글, 88쪽.

26) 위의 글, 90쪽.

27) Amy Gutmann(ed), *Multiculturalism ; Examining the Politics of Recognition*, Princeton University Press, 1994(佐佐木毅 외 역, 『Multiculturalism』, 岩波書店(東京), 1996. 참조.

벡의 예를 들어 좀 더 부연설명 하도록 하자.

퀘벡에서는 프랑스 문화의 존속이란 집단적 목표하에 자녀를 영어로 교육하는 학교에 보내는 것을 금지하는 한편, 종업원 50인 이상의 기업은 반드시 프랑스어로 운영해야 한다거나 프랑스어 이외의 어떠한 언어의 상업용 간판도 위법이라 규정함으로써 주민들을 자유로운 활동을 규제하였다.28) 그런데 이러한 조치들은 퀘벡의 '독특한 사회 distinct society'성을 인정한다고 하더라도 보편적인 인권헌장에는 위배되는 것이다. 물론 퀘벡 사람들이 이렇게 한 것은 장래의 세대가 프랑스어계로서의 정체성을 지속하게 만들고자 하는 적극적인 의지의 표현으로써 이것은 단순히 이미 다수를 차지하고 있는 자신들에게 편의를 제공하는 것 이상의 의미를 담고 있다.29)

지금까지 우리는 퀘벡의 예를 통해 개인적 존재로서의 보편적인 정체성과 문화적 소수집단 구성원으로 지니는 특별한 가치 사이의 충돌을 살펴보았다. 테일러는 이 같은 충돌의 해결방법으로 선택적 경쟁을 제시하고 있다. 테일러는 불평등과 불인정을 제거하기 위해 모든 삶의 방식은 인정되어야 한다고 생각했지만, 그렇다고 모든 삶이 방식들이 동일한 가치를 지닌 것으로 인식하지는 않았다. 이것은 "동성애나 매매춘은 그 나름대로 세상을 살아가는 방식으로서의 가치"30)를 지니고 있지만, 그것 역시 사회를 구성하는 다양한 방식과 경쟁하지 않으면 안 된다고 보았던 것이다. 즉 문화란 그 나름대로 내재적 가치를 지녔다고 하더라도 그 '문화가 이룩한 업적이랑 관습에 대한 상세하고 비판적인 평가'를 피할 수 없다는 것이다. 이를 위한 방법으로 "모든 문화의 내재적인 가치의 승인에 기초한 상호적인 존중의 틀 속에서 수행"되는 비교연구를 제안한다.31) 여기서 특히 강조하고 있는 '내재적 가치의 승인'이란 특정 문화에 대한 선택의 문제가 그 문화가

---

28) 위의 책, 73쪽.
29) 위의 책, 79쪽.
30) 송재룡, 위의 글, 99쪽.
31) Amy Gutmann(ed), 앞의 책, 143쪽.

갖고 있는 내재적 가치를 승인하는 속에서 이루어진 비판이어야지, 나와 다르기 때문에 잘못되었다는 편견에 근거해서는 안 된다는 점을 의미한다. 이러한 과정을 거친 문화만이 인정주체와 인정대상 사이에 작동하는 권력의 문제로부터 자유로울 수 있기 때문이다.

2. 다문화주의 담론에 대한 비판

2.1. 다문화주의에 대한 비판

다문화주의가 인간성이나 윤리의 영역이 아니라 정치의 영역이란 점에서 다문화주의는 발생부터 다양한 반대의 목소리들과 경쟁하고 투쟁하면서 성장·발전해 왔다. 다문화주의는 인정 못지않게 다양한 비판에 직면했는데, 김남국의 논의로부터 시작하도록 하자.

김남국은 다문화주의의 문제점으로 첫 번째 '소수문화집단에 대한 권리부여 과정에서의 자의성 문제'를 지적한다. 그에 따르면 다문화주의자들은 개인의 '정체성'을 매우 중요하게 생각하는데, 그들은 개인의 정체성이란 것이 순수하게 자아에 의해 생성되는 것이 아니라 민족이나 문화 등과 같은 보다 큰 공동체의 영향을 받게 된다고 주장한다. 그런데 문제는 다문화주의자들은 이처럼 개인의 정체성 형성에 중요한 역할을 하는 공동체에 대해 자의적인 서열을 부여함으로써 오히려 개인의 정체성을 훼손하는 결과를 낳고 있음을 종교 공동체와 국가 공동체 사이에 끼인 '여호와의 증인' 신도의 사례를 통해 보여주고 있다.

아직도 어렵다고? 구체적인 사례를 통해 살펴보도록 하자. 양지운이란 성우가 있다. KBS 성우극회 회장이란 직책에서 알 수 있듯이 대중적으로 많은 사랑을 받는 인기 성우이다. 그는 '대체복무'나 '양심적병역거부'등의 문제가 사회적으로 논란이 될 때마다 언론의 집중적인 조명을 받는데, 그것은 그가 이른바 '양심적병역거부자 가족협의회(양

〈그림 3-7〉 '양심적 병역거부 위헌제청 소송'에서 합헌판결에 아쉬움을 토로하는 양지운
(출처: ≪연합뉴스≫, 2004. 8. 26)

가협)'의 공동대표인 동시에 자식들이 '양심적 병역거부 문제로 감옥'
에 간 경험을 했기 때문일 것이다.

　양지운 씨의 아들들은 종교적 신념에 의해 병역을 거부했고, 그 결
과 그들은 현행 병역법에 의해 실형을 선고 받았다. 양지운 씨의 아들
과 같은 많은 병역거부자들은 자신들의 행위가 종교 또는 양심에 따
른 행위이기에 죄가 없다고 주장하거나 대체 복무를 요구하지만, '양
심의 자유가 국방의 의무보다 더 우월한 가치라 할 수 없다'는 법원의
판결로 인해 침묵을 강요당한다. 아니 묵살 당한다.

　그런데 이 판결에서 양심의 자유를 종교 공동체로, 국방의 의무를
국가 공동체란 어휘로 바꾸면 어떻게 될까? 그렇다면 이 판결은 '종교
적 공동체가 국가 공동체보다 더 우월한 가치라 할 수 없다'로 바뀌게
될 것이고, 그 결과 종교 공동체가 국가 공동체보다 우월하지 않기에
더 우월한 국가 공동체를 위해 희생하는 것은 정당하다는 논리로까지
발전하게 될 것이다. 양지운 씨의 아들과 같은 이들은 종교적 공동체
보다 더 큰 국가 공동체를 위해 의당 희생을 당하게 되는데(감옥살이까
지 하게 된다), 이 과정에서 심각한 정체성의 훼손과 자유로운 개인으로

서의 삶의 의미를 손상당하게 된다. 논리적인 측면에서만 본다면, 양지운 씨의 가족이 겪는 고통은 자신들의 공동체(종교)가 더 큰 공동체(국가)보다 서열(자의적인 서열)이 낮은 데서 비롯된 것이지 그 이외의 원인을 찾을 수 없다.

다음으로 '문화집단 안에서 개인이 차지하는 지위의 문제'이다. 김남국은 문화를 강조하는 집단—흡수(동화)를 주장하는 다수집단이나 다원주의를 주장하는 소수집단—들은 모두 자신들이 그 같은 주장을 할 수 있는 근거로 '집단'을 상정한다는 점에 주목한다. 다시 말해, 다수집단은 자신들이 다수집단이기에 권리가 있고, 소수집단은 자신들이 사회적 약자이기에 보호받아야 한다고 주장한다는 것이다. 그런데 문제는 '집단에게 문화적 권리를 부여한다고 해서 그 집단에 속한 개인의 권리가 보장되는 것은 아니라'는 점이다. 일부 지배적인 파벌들은 자신의 파벌적 이익을 옹호하는 데 집단의 문화적 권리를 사용하기도 하는데, 이 경우, 집단의 문화권이 오히려 개인의 권리를 방해할 수도 있다는 데 문제점이 있다고 할 수 있겠다.[32]

〈그림 3-8〉 '프랑스의 부르카 벗기기' 캠페인(출처: topnews in)

---

32) 위의 글, 같은 쪽.

세 번째는 다문화주의와 국가정체성과의 관계에 관한 문제이다. 신자유주의와 국제적인 이주로 인한 인구통계학적 변화는 필연적으로 민주주의의 핵심적 가치라고 할 수 있는 대표성과 연대성의 위기를 초래하게 되는데, 소수집단의 문화적 권리를 주장하는 다문화주의는 연대성의 위기를 가속화시킨다는 것이다. 김남국은 하나의 공동체(국가)에서는 문화의 다양성과 소수집단의 정체성이 보장받는 것은 당연하지만, 그것과 동시에 "서로 다른 개인과 집단들을 묶어서 하나의 공동체로 기능하게 하는 상호 신뢰"의 구축 또한 그 못지않게 중요하다고 판단한다. 하지만 다문화주의자들은 문화다양성과 소수집단의 문화적 권리에는 관심을 기울이면서도 정작 다양한 문화들을 어떻게 하면 하나로 묶을 것인가 하는 '사회적 연대'에 대해서는 침묵하고 있다고 비판한다. 물론 이러한 답을 다문화주의자들에게 요구하는 것은 무리일 것이다. 왜냐하면 다문화주의자들은 애초부터 국가를 단일한 문화적 공동체로 생각하지 않기 때문이다.

그렇다고 마냥 '연대의 위기'를 방치할 수는 없다. 다문화주의가 다양한 문화의 공존을 위한 담론이라고 한다면, 나치의 유대인 학살에 관한 마르틴 니묄러의 시 〈그들이 왔다〉33)에서 보듯이 연대의 위기를 방치하고는 다양한 문화 간의 연대와 공존을 모색할 수 없기 때문이다. 다문화주의가 지닌 이 같은 문제를 해결하기 위한 방법으로 김남국은 이해 당사자들이 충분한 토론을 통해 자신들의 의견을 개진할 수 있는 '심의deliberation'를 제시한다. 그는 다문화사회에서의 상충되는 문화집단의 이해 충돌을 해소하기 위해서는 '타협에 이르는 최소한의 절차적 규정'들이 필요한데, 그것을 마련하기 위해서는 "상호 존중mutual

---

33) 통상 니묄러의 시로 알려진 〈그들이 왔다〉의 한글 번역은 여러 가지가 있지만, 대략 다음과 같다.

"그들이 처음 왔을 때// 나치는 우선 공산당을 숙청했다./나는 공산당원이 아니었으므로 침묵했다.// 그 다음엔 유태인을 숙청했다./나는 유태인이 아니었으므로 침묵했다.// 그 다음엔 노동조합원을 숙청했다./나는 노동조합원이 아니므로 침묵했다.//그 다음엔 가톨릭교도를 숙청했다./나는 개신교도였으므로 침묵했다./그 다음엔 나에게 왔다./그 순간에 이르자, 나서줄 사람이 아무도 남지 않았다.//"

respect과 합리적인 대화rational dialogue, 그리고 관련 당사자 특히, 소수에 속하는 개인이나 집단에게 정치적인 권리political right를 보장"34)해야 한다고 주장한다.

한편, 베리는 다문화주의 문제점을 7가지로 정리하고 있는데, 그 내용은 다음과 같다. 첫째, 다문화주의 담론은 발생과 유통과정은 물론이고 그 이론이 제시하고 있는 중요 개념들이 철저하게 서구 헤게모니를 드러내고 있다는 측면에서 문화제국주의 논리라는 견해이다. 둘째, 다문화주가 오히려 사회적 소수자에 대한 타자화를 강화한다는 주장이다. 즉 다문화주의가 인종집단 간의 위계를 강화시키고 타자를 다르고, 의존적이고, 자립심이 없는 존재로 정형화한다는 논리이다. 셋째, 다문화주의는 서구 민주주의 국가에만 적용될 뿐 저개발국가에서는 실현되기 어려운 이론이라는 주장이다. 넷째, 다문화주의가 문화상대주의를 부정하고 있지만 궁극적으로는 문화상대주의의 다른 이름으로, 문화의 소통보다는 문화 사이의 경계를 강화하여 종국에는 타자에 대한 깊이 있는 성찰을 방해한다는 것이다. 다섯째, 다문화주의는 문화의 본질주의를 부정하고 있지만, 명예살인이나 여성의 할례 등을 문화라는 측면에서 용인함으로써 문화본질주의 성향을 지닌다고 비판한다. 여섯째, 다문화주의는 문화적인 인정에만 치중할 뿐, 정작 중요한 물적 자원 및 정치권력의 분배문제를 적극적으로 다루지 않는다는 주장이다. 일곱째, 다문화주의는 본질적으로 사회적 분열을 야기하여 사회통합에 방해가 된다는 것이다.35)

이상의 비판들은 다문화 이론을 고구하는 과정에서 반드시 논의되어야 할 핵심적 물음들이다. 이 같은 물음을 앞에 두고 다문화주의에 대해 보다 심도 있는 고민을 하고자 하는 이들은 앞서 제시된 주장 하나하나에 대해 진의를 따지고 싶어 할 것이다.—이 같은 의문은 공부하는 사람으로서 반드시 필요한 자세이기도 하다.—하지만 안타깝게

---

34) 김남국, 앞의 글, 103쪽.

35) 한준성, 「다문화주의논쟁: 브라이언 배리와 윌 킴리카의 비교를 중심으로」, 『한국정치연구』 19(1), 서울대학교 한국정치연구소, 2010, 295~296쪽.

도 우리들은 이 문제에만 매달릴 수 없다. 왜냐하면 아직 논의해야 할 지점들이 너무 많이 남아 있기 때문이다. 다문화주의는 그 성립부터 위에서 제기했던 일곱 가지 비판들과 다양한 영역에서 경쟁, 투쟁해 오면서 성장해 왔다. 따라서 다문화주의 이론 속에는 이미 위의 비판들이 수렴되어 있다는 점을 명심하도록 하자. 여기서는 한국사회의 다문화주의를 새로운 관점에서 살펴보는 주장들을 소개하는 것으로써 논의를 일단락 짓도록 하자.

2.1.1. 다문화주의라는 정치적 올바름의 한계

다문화주의에 대한 비판 중 가장 흔하면서도 공감이 되는 것은 아무래도 하나의 이념이 정치적으로 올바르다고 해서 그것의 실천양태가 꼭 올바른 것은 아니라는 주장이다. 김성윤의 「다문화주의는 정답인가」(≪중대신문≫, 2010. 5. 23)는 이러한 문제의식을 보여준 대표적인 예라 할 수 있다. 그가 보기에 한국사회에서 다문화주의는 이미 지배적인 규범이다. 이 말은 다문화주의가 단순히 통치 수단이 아니라, 계급과 사상을 막론하고 모든 시민들이 채택하고 있는 보편적인 윤리가 되었다는 의미이다. 다문화주의가 이처럼 한국사회에서 이상적인 규범으로 성장한 데에는 그만한 이유가 있을 터이다. 거기에는 정치적 올바름이 있다. 정치적 올바름Political Correctness이란 '사람이 쓰는 언어는 그 사람의 사고의 흔적이고 세계관의 표현'이라는 사피어-워프 가설에 근거한 개념이다. 즉 '검둥이Negro'이나 '흑인Black', '병신', '외국인노동자', '공순이', '청소부' 등은 사회적인 약자나 문화적 소수자에게 모멸감을 주는 부정적인 언어들인데, 이 같은 말 대신에 '아프리카계 미국인African American'이나 '장애우', '이주노동자', '여성노동자', '환경미화원'과 같은 중립적이거나 긍정적인 뉘앙스를 지닌 말을 쓰는 것이 올바르다고 생각하는 것을 정치적 올바름PC이라 한다.

이름을 바꾸어 부른다고 해서 사회적 소수자에 대한 차별이 사라질까? 우리들이 '공순이'를 '여성노동자'로 '청소부'를 '환경미화원'으로

부른다고 하여 그들에 대한 사회적 인식이 달라질 수 있을까? 필자는 어렵다고 생각한다. 왜냐하면 새로 만들어진 단어에는 예전에 사용하던 이미지가 금방 달라붙기 때문이다. 즉 '공순이'를 '여성노동자'라고 부른다고 해서 그들에 대한 이미지가 크게 달라지는 것은 아니라는 것이다. 따라서 일부 진보적인 지식인들은 경제적, 정치적, 문화적인 차별의 철폐 없이 정치적 올바름$_{PC}$만 추구하는 것은 속임수라고 비판한다.[36]

그런데 다문화주의를 정치적 올바름$_{PC}$으로 인식하기 시작하면서부터 다문화주의는 역설적이게도 공론장에서 사라지게 되었다. 다시 말해 다문화주의는 정치적 올바름이란 방패에 둘러싸인 채, 다문화주의에 대한 부정적 이미지(비판)들을 마치 '여성노동자'를 '공순이'로 다시 부르려는 비윤리적인 행위인 것처럼 규정함으로써 윤리적, 도덕적 개념으로 전락해 버렸다. 그 결과 한국사회의 다문화주의는 다수자들이 인종과 문화적으로 그들과 다른 타자와 공생하고 그들의 타자성$_{alterity}$에 대한 말걸기를 통해 다수자로 하여금 그들이 져야 할 책임의 몫을 깨닫게 하는 소중한 기회를 놓치고 있다.

김성윤의 글은 다문화주의 대한 핵심과 한국사회에서 통용되고 있는 다문화주의의 문제점까지를 짧은 글에서 날카롭게 지적하고 있다. 계속 가보자. 정치적 올바름에 대한 인정에서든 아니면 소수자의 권리를 양도받은 다수자로서의 책임감에서든 한국 사람들은 어떻게 하면 사회적 타자들과 어울리면서 살 수 있을지를 고민하기 시작했다. 하지만 여기에는 정작 한국사회에서 다문화주의가 올바로 정착되기 위해서는 반드시 물어야 하는 질문—한국사회의 타자들이 왜, 그리고 어떻게 해서 한국에 오게 되었는가?—이 생략되어 있다는 것이다.

이주노동자와 결혼이주여성들이 한국인들 몰래 뒷문으로 들어온 존재들이 아니다. 이들은 신자유주의로 대표되는 세계경제 체제와 그것이 야기한 한국 경제의 구조적 취약성에 비롯된 자본축적의 위기와 이

---

36) 고종석, 『고종석의 문장』, 알마, 2014, 175~179쪽 참조.

른바 고령화와 저출산으로 야기된 재생산의 위기를 극복하기 위한 중요한 수단으로 국내에 유입되었다. 그런데도 한국에서 통용되고 있는 다문화주의는 이 같은 경제의 문제를 무시한 채, 문제의 핵심을 문화적인 것에 있는 것처럼 떠넘기고 있다. 이렇게 말이다.

> 그들과 친구가 되어야 한다. 즉, 종족적 소수자를 대할 때에는 배려의 자세, 나아가 배움의 자세를 가져야 한다. 이주노동자와 결혼이주자도 사람이다. 즉, 폭력을 멈추고 도덕적 자세를 가져야 한다.[37]

공자님 말씀처럼 너무나도 지당하고 화려한 수사修辭에 고개를 끄덕이는 사이 사람들은 이 같은 담론들이 한국사회의 축적 논리와 그로 인한 계급 관계의 문제를 축소하고 있다는 중요한 사실을 놓치고 만다는 것이 비판의 핵심이다.

다음으로 생각해 볼 문제가 이른바 여성주의적 관점에서의 비판이다. 여성주의자들은 다문화주의에 대해 일정한 거리를 두었는데, 그 이유는 다문화주의가 "젠더화된 민족주의와 결합해 국민-인구-민족의 안과 밖을 구성하며, 사회적 차이를 문화적 차이로 치환·은폐하는 포섭/배제의 전략"[38]이기 때문이었다.

그 구체적인 예를 우리는 '국민국가가 결혼이주여성들을 국민으로 호명하는 방식'에서 찾을 수 있다. 여성주의자들은 결혼이주여성들이 '국민'으로서의 권리를 부여받는 것은 그녀들이 "출산, 양육, 가사노동 등 가족을 유지, 재생산하는 데 대한 의무의 충실한 수행 여부"[39]에 달려 있다고 주장한다. 이것은 민족주의가 '다문화주의'라는 관념 속에서 어떠한 포즈로 드러나는지를 여실히 보여주는 것이라 할 수 있다. 다시 말해 이주여성들은 한국인 남성과의 결혼을 통해 결혼이주여성이 되어야만(가족이 되어야만) '우리'로 편입되면서 다문화주의와 접합될

---

37) 김성윤, 「다문화주의는 정답인가」, ≪중대신문≫, 2010. 5. 23.
38) 정민우, 「배제의 전략과 젠더화된 민족주의」, ≪중대신문≫, 2010. 5. 30.
39) 위의 글, 같은 쪽.

수 있게 된다. 만약 그 같은 역할을 하지 못하게 될 경우—가령 섹슈얼리티와 친밀성을 판매하는 영역으로 진입할 경우—에는 이들은 철저히 타자로서 다문화주의와는 무관한 존재들로 전락하고 만다.

여성주의자들은 현재 한국사회에서 통용되고 있는 다문화 담론의 문제점을 이렇게 지적하면서 "다문화주의야말로 보편적 단일성에 대한 소구를 민족이라는 사회적 산물을 통해 창출하고자 하는 젠더화된 민족주의의 또 다른 얼굴"[40]이라고 비판하기까지 한다.

여성주의 진영의 이 같은 평가(비판)가 다문화주의자들의 입장에서 봤을 때는 과장되어 있거나 조금은 억울할 수도 있다. 하지만 이 같은 비판에 억울해하지 않기 위해서라도 다문화주의자들은 이에 대한 적절한 답을 내놓아야 한다. 그 답은 무엇일까? ……. 물론 이 길은 지난한 것이다. 하지만 이 같은 물음에 대한 답을 통해서만 다문화주의는 차이와의 공존이라는 본래의 함의에 다가설 수 있을 것이다.

3. 한국사회의 반다문화주의 담론[41]

3.1. 한국사회의 반다문화 담론

지금까지의 논의를 통해 우리는 다음과 같은 사실을 확인할 수 있었다. 한국사회는 개인들의 호불호와 관계없이 다문화적 현상이 이미 현실로 존재하고 있고, 이러한 현상에 대한 다양한 반응과 대응책이 강구되고 있다는 것을.

그런데 그 반응과 대응책이 다문화주의에 우호적인 것만은 아니다. 신자유주의 체제가 강요한 경제적 위기에 내몰리게 된 하층계급을 중심으로 외국인에 대한 인종차별의식이 급격히 부상하고 있는 것도 사

---

40) 위의 글, 같은 쪽.

41) 이 부분은 강진구의 논문(강진구, 「한국사회의 반다문화 담론 고찰」, 『인문과학연구』, 강원대학교 인문과학연구소, 2012)을 저서의 성격에 맞춰 수정한 것이다.

실이다. 이쯤 되면 한국사회는 응당 한국사회가 지향해야 할 다문화주의적 가치에 대해 한번쯤 물어야 했다. 하지만 한국사회의 어떤 영역—시민사회와 국가는 물론이고 학계에서조차—에서도 한국사회가 지향해야 할 다문화주의적 가치에 대한 치열한 물음과 그에 대한 반성적 대응을 강구하는 힘든 길을 가려 하지 않았다. 여전히 개념도 모호한 관용의 담론만으로 다문화적 상황을 대신하려 했던 것이다.

그 결과 한국사회에서는 결혼이주여성들의 "삶의 질 향상과 사회통합에 이바지함을 목적"[42]으로 한 다문화가족지원법 시행을 비롯한 각종 노력에도 불구하고 오히려 인터넷을 중심으로 인종차별 발언이 횡행하는 등 반反다문화주의가 세력화되는 상황으로까지 치닫게 되었다. 이들은 국제결혼을 하면 혼혈 인구가 늘어 나라가 붕괴되며, 동남아시아인들을 테러와 연결시켜 위협적인 존재로 부각시키고, 심지어는 외국인 범죄를 과장하여 제노포비아Xenophobia를 조장하기까지 하고 있다.

제노포비아Xenophobia! 인종주의! 테러! 민족말살정책!

무시무시하고 소름끼친다고? 물론 무섭고 경우에 따라서는 생각만해도 소름이 끼치는 말들이다. 그러나 지금까지 그래왔듯이 여기서도 일단 편견을 버리고 이들의 주장에 귀를 기울이도록 하자. 한국사회에서 제기되고 있는 반다문화주의 담론들은 그것이 어떤 형태를 띠고 있다손 치더라도 결국은 한국사회의 다문화 현상이 배태한 것임에는 틀림없기 때문이다.

필자는 반다문화주의 담론들을 단순히 인종혐오주의자들의 허무맹랑한 비판으로 치부하기보다는 기존의 다문화 논의에 대해 일종의 경고 신호등으로 받아들이고자 한다. 왜냐하면 반성과 성찰을 통해 한국사회는 점차 자신의 몸에 맞는 다문화의 옷을 입게 될 것이라 믿기 때문이다.

---

42) 「다문화가족지원법」 제1조 목적에서 인용.

여기서는 현재 인터넷 공간(오프라인 포함)에서 강력한 반다문화주의 담론을 제시하고 있는 대표적인 단체인 '다문화정책반대', '다문화바로보기실천연대', '단일민족코리아', '외국인노동자대책시민연대'를 대상으로 한국사회에서 일고 있는 다문화주의에 대한 실천적인 비판들에 대해 살펴보도록 하자.

3.2. 인터넷 공간의 반다문화 담론

3.2.1. 다문화정책반대(http://cafe.daum.net/dacultureNO)

2008년 6월 24일 카페지기 '부산 아름'의 이름으로 개설된 다문화정책반대는 현재 회원수 7,300여 명에 하루 평균 방문자 350명에 달하는 국내 최대의 반다문화주의 온라인 조직이라 할 수 있다. 이들은 카페 소개란을 통해 다문화를 '후진국의 값싼 인력을 대량으로 끌어들이기 위한 가진 자들의 논리'라고 규정하면서 다문화 정책을 한마디로 '후진국의 값싼 인력과 서민들을 저임금 경쟁으로 내몰려는 자본가들의 음모'라고 규정한다. 좀 더 자세히 살펴보기로 하자.

이 카페는 자신들의 목표를 명확히 제시하는 회칙이나 강령을 통해 자신들이 추구하는 반다문화 담론을 단일화시키기보다는 다양한 반다문화 담론의 자유로운 소통 공간을 추구한다. 이러한 특성으로 인해 '다문화정책반대'의 반다문화 담론은 한두 가지로 유형화하기는 어렵다. 이 카페에는 현재 국내에서 통용되는 대부분의 반다문화 담론이 혼재되어 있는데, 그것은 단순한 외국인 혐오에서부터 다문화주의 담론에 대한 이론적 비판[43]에 이르기까지 다양하다. 하지만 카페지기와 운영자들에 의해 지속적으로 업데이트 되는 자료 등을 통해 이들

---

43) 여기서 말하는 다문화주의에 대한 이론적 비판이란 기존의 감정적 반대가 아닌 나름의 논리체계를 통해 다문화주의의 문제점들을 지적하는 글들을 말한다. 주로 지식인들의 기명칼럼의 형태로 제시되고 있다. 여기에 대해서는 추후 다른 글을 통해서 논의 하도록 하겠다.

의 반다문화 담론을 개괄할 수 있다. 그 내용은 크게 ① 자본(경제)의 문제, ② 민족의 문제, ③ 종교의 문제, ④ 음모론 등으로 유형화할 수 있다.

반다문화 담론으로 가장 빈번하고 강력하게 제시하는 의제가 다문화를 '자본의 문제'로 보는 견해이다. 이러한 주장들은 주로 외국인노동자를 도입하는 자본의 논리에 대한 비판과 직업을 빼앗아간 외국인노동자에 대한 공격, 그리고 자신들의 세금을 소비하는 다문화 정책에 대한 비판 등으로 나타난다. 다수의 조회수를 기록한 「삼성이 1,200만 명 후진국 이민자들을 받자고 하는 이유」와 「다문화는 오직 서민용」, 그리고 「내가 본 일부 다문화가정의 문제」 등이 여기에 속한다.

> 다문화는 오직 서민에게만 권장되는 서민용입니다. 서민들을 더욱 통치하기 쉽게 하기 위해, 가장 강력한 임금억제책으로 이용하기 위해 기득권과 서민들의 격차를 더욱더 한없이 벌리고 우민화를 진행시키며 지배계층에 절대로 반항할 수 없는 하층민을 양산하기 위해 다문화를 추진하고 있습니다.
> − 「다문화는 오직 서민용」 중에서[44]

경제적 관점에서 다문화주의를 바라보는 주장은 다문화주의가 "파편화된 인간을 대량으로 양산해 분할통치하기 쉬운 사회를 만들어"[45] 이익을 극대화하기 위한 재벌과 자본의 착취논리에 불과한데도 재벌과 자본은 그 모든 책임을 피해자라고 할 수 있는 노동자와 서민들에게 전가시키고 있다고 비판한다.

다음으로 다문화주의를 '민족말살' 등 민족문제로 보는 견해이다. 이 주장은 논리적 설득력보다는 "다문화는 망국의 지름길이요 민족말살 책동"[46]처럼 다분히 감정적인 논조가 많다. 다문화를 경제적인 문제로 보는 주장보다 지지를 많이 받지는 못하지만, 꾸준하게 제기되

---

44) http://cafe.daum.net/dacultureNO/게시판(465)

45) http://cafe.daum.net/dacultureNO/6fPm/496

46) http://cafe.daum.net/dacultureNO/2xJ0/14129

는 주장이다. 대표적인 주장으로는 이원호의 「다문화, 인류공존의 길인가 민족말살의 덫인가」를 들 수 있다. 이 글에서 이원호는 다문화정책이 한민족을 말살시키는 정책이라고 주장하면서 한국사회에서 진행되는 다문화운동은 "다문화를 하자는 것이 아니라 다민족사회를 만들자는 것"으로 전제한 후, 한국사회에서 진행되고 있는 다문화 운동의 궁극적 목적은 "탈민족과 반민족, 그리고 민족해체"라고 비판한다. 그에 따르면 현재 다문화주의에서 제기하는 단일민족 비판의 논리는 "한민족의 정신과 정체성을 지키면서 다양한 민족들을 겨안"았던 한민족의 오랜 전통을 부정하고 평화와 조화라는 이름으로 "한민족과 한민족의 정신문화만을 부정하면서 타민족을 받아들이"는 것에 불과하다는 것이다.[47]

다문화주의를 종교의 문제로 바라보는 것은 근래 들어 급속히 지지를 얻고 있는 주장이다. 이들의 주장은 다문화주의가 문화적 상대성이란 이름으로 '명예살인' 등을 부추기고 있는 이슬람을 관용의 대상으로 바라보는 잘못을 범하고 있다고 비판한다. 다시 말해 이슬람은 본질적으로 이슬람의 율법만을 고수하기에 "잠재적 살인자"라고 할 수 있는데, 그런 잠재적 살인자들을 "다문화의 이름으로 포장하여 무차별 수입하고 있"[48]는 것은 잘못이라는 것이다. '민족주의국민전선'이란 닉네임의 「'명예살인'의 이름으로 살인을 저지르는 살인마」나 길만촌의 「대한민국을 노리는 이슬람을 경계하라!」, 그리고 이만석의 「똘레랑스 + 이슬람의 결과, 노르웨이 테러」 등이 여기에 속한다. 종교와 관련된 논의 중에서 주의 깊게 봐야 할 것은 방글라데시와 파키스탄 등 이슬람 국가 출신 노동자에 대한 부정적인 담론들이다. 닉네임 steed의 「방글라데시와 파키스탄 남자들과 결혼하는 한국 여성들에게 주는 관련 카페의 공지글」 등이 전형적인 예라 할 수 있다. 이들은 이슬람 출신 노동자들이 '한국 여성과 결사적으로 결혼'하려고 하는 것은 정주

---

47) http://cafe.daum.net/dacultureNO/6YJR/340
48) http://cafe.daum.net/dacultureNO/6qxV/434

등의 목적이 아니라 이슬람화의 전략이 숨어 있다고 주장한다.

마지막으로 음모론을 들 수 있다. 음모론은 크게 정치적인 부분과 종교적인 부분에서 제기되고 있다. 먼저 정치적인 부분의 음모론은 다문화주의를 민주화세력의 영구집권 음모 시나리오의 일환으로 보거나 북한의 남한 정복의 전략으로 바라보는 입장이다. 새벽달의 「다문화정책은 민주화세력의 영구집권 음모의 하나이다」와 강여상의 「다문화 배후 세력은 좌익세력과 북한」이란 글들이 여기에 속한다. 종교적인 음모론은 다문화주의를 주창하는 이들 중 목사가 많은 점에 착안하여 발생한 것으로써, 기독교 인구의 감소로 위기에 빠진 기독교가 그 위기를 극복하는 방식의 하나로 다문화주의를 이용하고 있다는 견해다.

3.2.2. 다문화바로보기실천연대(http://cafe.daum.net/antifworker)

2003년 10월 7일 '진짜보수'를 카페지기로 결성된 '다문화바로보기 실천연대(이하 다실련)'는 현재 회원수 2,070명인 반다문화주의를 주창하는 온라인 조직이다. 이들은 카페 소개란을 통해 자신들을 "잘못된 다문화 정책을 타파하고 바로잡기 위해 온·오프를 통한 왕성한 저항 활동을 실천하는 단체"49)라고 소개하고 있다. 앞에서 살펴본 '다문화 정책반대'가 온라인을 중심으로 인터넷 공간에서 만들어진 담론들의 공유를 통해 반다문화 담론을 전파하고 있다면, 이 카페는 실천적 영역에서 반다문화주의 운동을 주도하고 있다고 할 수 있다.

본 단체는 다문화라는 정체불명, 국적불명의 위장용어로 법질서와 사회적 기준과 원칙을 무너뜨리고 나아가 정체성까지 위협하는 모든 형태의 천민자본주의에 맞서 반대구호만이 아닌 실천적 활동으로 다문화 정책의 완전 저지를 목표로 법질서 안정과 사회적 기준과 원칙의 재확인, 우리의 국체와 정체성을 지키며 불법체류자 근절, 국내 고용시장의 안정화와 근로조건의 개선과 국제 매매혼을 비롯한 국적취득

---

49) http://cafe.daum.net/antifworker

과 정주화를 위한 위장결혼과 편법을 이용한 외국인 유입, 국적남발 등을 완전 근절시키고 상식과 기준이 무너진 인권개념의 정상화를 목표로 한다.[50]

－회칙, 제2조 설립 목적

인용문은 카페의 활동을 규정하고 있는 회칙 제2조 설립 목적 부분이다. 인용문에서 알 수 있듯이 이들은 다문화를 법질서와 사회적 기준을 무너뜨리는 '정체불명'의 그 무엇으로 규정하고 다문화 정책의 완전 저지를 목표로 하고 있다. 이들은 불법체류자 근절과 불법적인 국제결혼의 근절을 위한 구체적인 실천 방안까지를 마련해 놓고 있다. ① 언론, 정당, 지자체, 학계, 시민단체의 다문화 관련 정책을 항시 감시, ② 정치인과 정당 사무실 방문 또는 전화, ③ 각 게시판이나 포털을 통한 지속적 온라인 홍보활동, ④ 주변 지인들을 중심으로 지속적 오프 홍보활동, ⑤ 정부 부처에 지속적인 정책제안과 민원활동, ⑥ 사회 각계 저명인사 영입 및 오프 활동과 연계의 지속적 확장, ⑦ 외국인 범죄에 대한 적극적인 대처 등이다.

'다실련'은 공허한 이론적 논의보다는 직접적인 실천 활동의 중요성을 강조한다. 이를 위해 이들은 허만복(≪경남일보≫), 홍창구(≪제주일보≫), 임순만(≪제주일보≫) 등 기성언론을 통해 어느 정도 공인된 글들을 중심으로 활동한다. 이것은 이들의 목적이 다분히 개인의 감정 소모가 많은 게시판 활동보다는 실천 활동에 있기 때문인 것으로 판단된다.

'다실련'의 특징 중 하나는 행동강령에도 나와 있듯이 정부와 국회는 물론이고 언론과 학계 등을 상대로 한 광범위한 민원제기이다. 대표적인 예가 '무적한류'에 의해 작성된 「다문화 정책 관련 부서는 즉각 국민 앞에 사죄바랍니다」[51]와 같은 글이다. 이들은 교과부, 인권위, 총리실, 문광부, 법무부, 복지부, 행안부, 서울특별시, 경기도, 강원도, 서울특별시교육청, 경기도교육청, 강원도교육청 등의 다문화관련

---

50) http://cafe.daum.net/antifworker/65M3/
51) http://cafe.daum.net/antifworker/65M3/1102

부서나 이른바 '국민신문고'란을 통해 다문화 정책에 대한 공식적인 반대 의견을 피력하고 있다. 주로 성명서 형태로 된 이들의 민원서에는 국제결혼이 현지에서는 매매혼으로 논란을 빚고 있는데, 다문화로 미화한다고 해서 문제가 해결될 수 있는 것인지와 불법체류자에 대해 "이주노동자라는 면죄부를 주고, 그 수가 많기에 다문화사회라 호도하는 떼법"52)을 방치해야 하는지를 묻고 있다. 그러면서 한국사회에서 정작 중요한 것은 "외국인에 대한 임금체불, 강제노동"을 비판하는 다문화주의가 아니라 "국민 혈세 낭비"를 통해 내국인을 역차별하면서 갈등과 분열을 조장하는 다문화 정책 폐기라고 주장한다.

> 다문화를 지원하고 부추기는 정책을 폐기하라고 말씀하셨습니다. 다시 똑같은 답변을 드릴 수밖에 없겠습니다. 다문화가족 지원정책은 다문화를 조장하고 부추기는 정책이 아니라, 우리 사회가 다문화사회로 변했기 때문에 발생하는 수많은 사회문제를 최소화하고자 하는 불가피한 정책인 것입니다.53)
>
> ㅡ서울시의 답변 내용 중 일부

다문화 정책을 폐기하라는 '다실련'의 국민신문고 제안에 대한 서울시의 답변 중 일부분이다. 그런데 민원제기와 관련해 흥미로운 사실이었다. 그것은 공공기관과 지자체로부터 답변을 받는 즉시 그 답변 하나하나를 반박하는 형식으로 다시 민원을 제기하는 방식을 통해 다문화 관련 일을 담당하는 공무원들의 업무 피로감을 가중시킨다는 점이다. 한마디로 민원을 통해 민원처리 부서를 마비, 무력화시킨다고 할 수 있다.

'다실련'의 활동 중 눈에 띄는 것은 외국인 범죄에 대한 비판활동을 강조함으로써 외국인에 대한 혐오증을 의도적으로 유포한다는 점이다. 가령, 2003년 6천여 건이었던 외국인 범죄가 2010년에는 2만 2천

---

52) 무적한류, 위의 글.

53) http://cafe.daum.net/antifworker/65M3/1070

건으로 4배나 급증했다고 주장하면서 외국인 범죄의 증가 뒤에는 "불법의 합법화, 내국인 인권침해, 사회불안 가중을 심화시키는 억지 다문화"[54]가 놓여 있다는 비판이 전형적인 예라 할 수 있다.

3.2.3. 외국인노동자대책시민연대(http://www.njustice.org)

외국인노동자대책시민연대는 언론에 자주 등장하는 반다문화주의 단체이다. 2004년 2월 16일 창립을 선언한 이 단체는 창립선언문과 규약 등을 통해 외국인노동자에 대한 부정적인 입장을 가감 없이 표출하고 있다. 이런 특성 때문에 일부 언론으로부터 대표적인 인종주의 사이트로 평가받기도 한다. 창립선언문과 규약을 통해 이들의 주장을 살펴보도록 하자.

> 작금 우리 국가와 사회는 외국인노동자 문제 폐해로 인하여 법치국가의 근간이 흔들리며 서민경제가 파탄지경에 이르렀다.
> 외국인노동자로 인하여 60만 개 이상의 일자리를 박탈당하고 몸부림치는 저소득층은 어린 자녀를 안고 투신자살을 하고 실직자가 지하철에 뛰어드는 일이 그칠 줄 모르고 있다. 1년 내내 매일 한명 이상이 동사를 하고 실직자는 노숙자와 부랑자로 전락하며 이들이 급기야 절박한 생계형 범죄를 저지를 수밖에 없는 상황으로 인하여 사회질서가 동요하고 있다.
> 배가 고파서 여대생이 우유와 빵을 훔치고 젊은 대졸자들이 환경미화원 선발에 집중적으로 몰리는 실업사태는 우리 사회의 절체절명의 극한 상황을 대변한다.[55]
> ─창립선언문

'외대연대'는 현 시점의 한국사회를 '절체절명의 극한 상황'으로 규정하고 있다. 이들은 서민경제의 파탄을 위기로 규정하면서 이 책임

---

54) http://cafe.daum.net/antifworker/65M3/1187

55) http://www.njustice.org/

을 국가와 자본이 아닌 외국인노동자(이주노동자란 용어를 사용하지 않음)
에게 전가시키고 있다. 다시 말해 서민경제의 파탄으로 인한 투신자
살과 생계형 범죄, 그리고 빵과 우유를 훔치는 여대생 등은 모두 외국
인노동자들에게 일자리를 박탈당했기 때문에 생겨난 것이라고 주장
한다. 투신자살 등과 같은 극단적인 어휘선택과 여대생의 타락이라는
절합 기제들을 통해 '외대연대'는 이주노동자들을 추방해야 한다는 자
신들의 행위를 정당화하려 한다. 또한 자신들의 활동이 "저소득층들
의 기본적인 생활을 위해서가 아니라 최소한의 생계를 위"한 것이라
고 규정하면서 활동의 궁극적 목표로 "기술혁신 없이 저임금 수입 노
동력에 의존하는 구조조정 거부 기업과 불법체류자, 저소득층 농락
외국인 퇴출"임을 천명한다.

한편, '외대연대'는 인종주의라는 세간의 비판에 대해 자신들은 "무
조건적으로 외국인을 배척하는 것이 아니라 불법체류자와 범죄 외국
인만을 배척"하는 것이기에 오히려 '진정한 외국인노동자들의 인권
단체'라고 반발한다. 이들은 일부 외국인노동자 관련 단체가 "외국인
노동자를 경제적 종교적으로 이용"하기도 하지만 자신들은 "인권을
빙자한 이해집단"과는 성격이 다르다고 주장한다.

〈그림 3-9〉 외국인노동자대책시민연대 홈페이지 첫 화면

'외대연대'는 적극적인 언론활동을 통한 담론 생산과 '외국인노동자를 반대하는 1인 시위' 등을 통해 반다문화 담론을 전파하고 있다. '외대연대'의 입장을 보다 확실히 이해하기 위해서는 1인 시위 등에 주목해야 한다. 왜냐하면 이들은 국민 전체를 상대하는 언론에서는 외국인노동자에 대해 가치중립적인 입장을 취하지만, '1인 시위'와 집회 등을 위한 시위용품 샘플에서는 외국인노동자에 대한 자신들의 입장을 가감 없이 표출하고 있기 때문이다.

'외대연대'가 외국인 범죄를 다루는 방식은 반복제시와 집중이다. 예를 들면, '외국인 불법체류자 성폭행, 절도 범죄 기승' 등과 같은 이미 지나간 이주노동자들의 강력범죄를 한데 묶어서 반복적으로 게재한다거나 특정 국가 출신에 대한 확인되지 않는 루머를 집중적으로 퍼뜨리는 것 등이 여기에 속한다. '외대연대'는 유독 파키스탄과 방글라데시 등 서남아시아 출신 노동자들에 대해 비판적이다. 「외국인 남성들에 의한 미성년자의 성범죄 피해 심각」이나 「남양주에서 초등학교 6학년생을 성폭행한 방글라데시인 체포」, 그리고 「외국인 불법체류자 성폭행, 절도 범죄 기승」 등은 모두 방글라데시 국적의 이주노동자들의 범죄 행위(성폭행 범죄)를 직접적으로 거론하고 있는 글들이다. 게다가 방글라데시아인들에게는 "한국 영주권을 취득하는 방법에 대한 '매뉴얼'이 돌고 있"으며, 거기에는 "한국 여자를 무조건 임신시켜야 한다"는 내용까지 실려 있다고 주장하면서 방글라데시 대사관 항의방문과 같은 자신들의 활동들을 소개하면서 내부 결속을 다지기도 한다.

그런데 '외대연대'의 방글라데시아인들에 대한 이 같은 행위는 소수의 몇 사람의 잘못을 그 사람이 속해있는 집단 전체의 잘못으로 규정짓는 고정관념을 만든다는 점에서 문제가 있다. 다시 말해 많은 수의 선량한 방글라데시인 노동자가 있음에도 불구하고 이들은 방글라데시아인들을 잠재적 범죄자로 규정함으로써 한국인들에게 방글라데시아인들을 부정적인 존재로 인식시키고 있는 것이다.

이상의 논의를 통해 우리는 '외대연대'가 비록 창립선언문을 통해 무조건적인 외국인 반대가 아닌 올바른 외국인정책을 실행할 것이라고 '주장하고 있지만, 실제로는 외국인노동자는 범죄를 일으키고 사회적 혼란을 가져오는 사회악으로 규정하고 배척해야할 집단으로 간주하고 있음을 알 수 있다.

3.2.4. 단일민족 코리아(http://cafe.daum.net/hjj-korea)

단일민족 코리아는 회원수 105명에 방문자 수 14명의 작은 카페로 카페지기 '항해사'에 의해 2011년 5월 15일에 개설되었다. 카페 소개란에 "다문화 책동에 반대하는 카페로서 특히 단일민족과 통일을 적극적으로 부각시키는 곳"[56]이라고 설명하고 있다. '단일민족 코리아'가 여타의 반다문화주의 단체와 다른 점은 다문화에 반대하는 핵심적인 논거로 '단일민족'을 사용한다는 점이다.

카페지기 '항해사'가 '단일민족'을 반다문화 담론의 핵심개념으로 제시한 이유는 다문화 담론의 급격한 성장 때문이다. 그는 다문화반대 진영이 반다문화주의를 제기한 지가 벌써 8년이 지났지만, 한국사회에서는 다문화주의가 쇠퇴하기 보다는 오히려 전면적인 다문화사회가 되었다고 생각한다. 그러면서 반다문화 담론을 지속적으로 제기했음에도 상황이 이렇게 된 것은 반다문화 진영이 "처음부터 최상위 담론인 단일민족과 통일, 국가민족 담론을 전면에 내세우지 않고 다문화꾼들의 눈치 보기에만 급급"[57]했기 때문이라며 기존 반다문화 운동을 비판한다.

그에 따르면 기존 반다문화 진영은 '단일민족'이란 용어를 사용하면 인종주의로 매도될까봐 '단일민족' 등의 용어와 관련 담론을 스스로 포기했는데, 이러한 방식으로는 결코 다문화주의자들을 이길 수 없다는 것이다. 반다문화 진영은 "다문화꾼들의 눈치를 보면서 외국인노동자 문제와 불법체류자 문제만 대외적으로 내세웠"는데, 처음부터

---

56) http://cafe.daum.net/hjj-korea
57) http://cafe.daum.net/hjj-korea/llNB/6

〈그림 3-10〉 다문화를 반대하는 1인 시위 모습

단일민족과 통일 문제를 전면에 내세웠더라면 "정치세력화도 이미 했을"것이라는 게 항해사의 핵심주장이다. 그는 또한 주권국가에서 자국민보다 외국인이 차별받는 것은 주권국가의 당당한 권리이기 때문에 외국인 차별과 관련한 비판에 대해서는 한 치의 양보도 없이 투쟁해야 한다고 역설한다.

'단일민족 코리아' 진영은 자신들을 나치와 같은 인종주의자들로 규정하는 것에 강한 거부감을 드러낸다. 그 이유는 한국은 본래부터 단일민족으로 구성되었기 때문에 "일종 갈등의 소지가 전혀 없"는 사회였고, 자신들이 주장하는 다문화 이전으로 돌아가는 것은 "나치가 생기는 환경을 아예 만들지 않으려는"것이기에 올바른 행위라는 것이다.58) 이들은 스스로를 인종적 갈등을 미리 예방하려는 '반反나치'로, 다문화주의자들을 '친親나치'로 규정한다.

'단일민족 코리아'의 대부분의 담론들은 극단적인 형태를 띠고 있다. 따라서 많은 회원들에 의해 작성되기 보다는 카페지기 '항해사'의 주장이 주류를 이루고 있는데, 논쟁을 불러일으키는 주장으로는 「주권국가의 국민들은 외국인을 혐오할 권리가 있다」와 「브레이빅의 주장은 대부분 옳다. 실천의 방법이 잘못되었을 뿐이다」 등이 있다. 이들의 논리체계를 좀 더 자세히 살펴보기 위해 먼저 「주권국가의 국민들은 외국인을 혐오할 권리가 있다」59)를 보도록 하자. 이 글의 핵심

---

58) 이들이 말하는 다문화 이전 상황이란 일제 강점과 미군 진주로 인해 인종적 타자가 발생하기 이전의 상태를 말하다.

59) http://cafe.daum.net/hjj-korea/llUo/27

요지는 모든 주권국가는 외국인을 혐오할 권리를 법적으로 갖고 있는데, 다문화주의자들은 "그런 권리를 부정하고 어떤 경우에도 외국인들을 혐오하지 말아야 한다"고 주장하고 있다고 비판한다. 그러면서 이러한 주장이야말로 "주권국가의 존재 자체를 부정하는 매국노 행위"라고 주장한다. 「브레이빅의 주장은 대부분 옳다. 실천의 방법이 잘못되었을 뿐이다」60)라는 글 역시 많은 논란을 일으켰다. 이 글에서 논자는 브레이빅 사건을 두고 "그의 주장은 대부분 옳은 것이요 절대다수 노르웨이 국민들의 생존권과 인권을 위한 애국적인 주장"이라는 견해를 피력한다. 게다가 그는 브레이빅의 범죄 행위에 대한 책임을 "국민의 뜻도 제대로 묻지 않고 일방적으로 다문화 책동을 벌여온 노르웨이 총리"에게로 전가하고 있기까지 한다.

국가는 내국인의 생존권과 인권이 외국인에 의해 침해될 때 외국인을 법에 따라 처벌하거나 추방하는 식으로 적절히 규제할 수 있는 권리를 갖는데, 이러한 권리를 '인권'이니 '관용'이니 '포용'이니 하는 아름다운 말을 써서 애써 부정하는 것은 잘못이라는 게 핵심적인 주장이다. '단일민족 코리아'의 논리구조의 근저에는 외국인 차별은 주권국가의 당연한 권리라는 인식이 깔려 있다. 그런데 이러한 주장은 브레이빅 사건을 테러 또는 살인으로 바라보는 여타의 반다문화 단체들의 인식과는 큰 차이를 보이는 것으로 매우 이례적인 것이라 할 수 있다.

3.3. 반다문화 담론의 구성 방식

지금까지의 논의를 바탕으로 현재 국내에서 통용되고 있는 반다문화주의의 흐름을 정리하면, 첫째, 다문화 자체에 대한 생래적인 거부감, 둘째, 경제적인 측면에서의 소외감, 셋째, 혼혈을 비롯한 다인종에 대한 거부감, 넷째, 미구未久에 도래할 다인종·다문화사회에 대한 공포 등이 내부에 깔려 있음을 알 수 있다.

---

60) http://cafe.daum.net/hjj-korea/llUo/30

반다문화 담론은 지금껏 제도권 내의 전문가 집단에 의해 주도되어 왔던 비교적 안전安全한 형태의 다문화 담론들을 거부한 채, 이른바 네티즌으로 대변되는 비제도권의 전문가와 시민 중심의 담론이라 할 수 있는데, 이것은 지식의 대중화 혹은 탈권위주의라는 측면에서 일면 긍정적이기도 하다. 하지만 담론discourse이 갖고 있는 영향력을 고려했을 때, 즉 담론이 단순히 언어학적 관점에서 '한 단어의 구조나 의미론을 파악하는 것이 아니라, 최소한 문장 이상의 단위를 분석 대상으로 삼아 텍스트가 담고 있는 의미론적 요소는 물론이고 그 의미의 교환과 수용과정까지를 대상'61)으로 한다는 점에서 좀 더 정치精緻한 분석이 요구된다.

담론은 의미, 기호와 이데올로기, 의례, 상상과 상징을 질료로 사회 내에서 상징권력과 문화 그리고 일상의 영역을 가로지르며 매우 구체적인 효과를 만들어낸다.62)

인용문에서 확인했지만, 담론이란 것이 사회 내의 상징권력뿐만 아니라 일상의 영역에서까지 구체적인 효과를 만들어 낸다는 점은 중요한 의미를 지닌다. 이 말은 다시 이렇게 고칠 수 있다. 한국사회에서 이미 객관적 현실로 존재하고 있는 다문화 현상을 두고 다문화주의와 반다문화주의가 '담론의 형태'로 충돌하면서 각자의 영역에서 상징권력은 물론이고 일상에까지 영향을 미치고 있다.

그렇다면 반다문화 진영이 끼친 영향이란 무엇일까? 필자는 윤리적 영역으로서의 다문화주의에 대한 딴지걸기가 아닐까 한다. 다시 말해 반다문화주의 담론을 통해 우리들은 다문화주의가 "철학적 진리의 발견이나 종교적 신념"63) 등의 윤리의 문제가 아니라, 한국사회가 큰 무

---

61) 다이안 맥도넬, 임상훈 옮김, 『담론이란 무엇인가』, 한울, 1992.
박명진 편, 『비판커뮤니케이션과 문화이론』, 나남출판, 1994.
62) 이기형, 「담론분석과 담론의 정치학」, 『언론과사회』 14권 3호, 성곡언론문화재단, 2006, 140쪽.

리 없이 수용할 수 있는 문화적 다양성의 범위와 다문화적 포용의 강도, 그리고 그것과 연계된 각종 법적·제도적 장치들에 대한 "사회적 합의"[64]의 문제라는 것을 다시 한번 확인할 수 있게 해 주었다.

그러므로 한국사회에 적합한 다문화주의를 모색하기 위해서는 다문화 담론과 반다문화 담론 사이의 합리적 합의를 어떻게 이끌어 내느냐가 핵심적인 문제로 남게 된다. 필자가 굳이 반다문화주의 담론의 구성방식을 살펴보려고 하는 이유는 바로 여기에 있다.

3.3.1. 인신공격을 통한 타자 배제

반다문화 담론의 가장 기본적인 형태는 다문화를 주장하는 이들에 대한 인신공격이다. 이들은 다문화주의자들을 "허구적 유토피아에 집착하는 광신도"로 규정하면서 광신도들의 신념에 왜 우리가 희생을 당해야 하냐는 논리를 피력한다. '다문화정책반대' 카페에서 활동하고 있는 괴도신사의 「다문화주의자들은 가식에 점철된 위선자들입니다」와 같은 글이 대표적이다.

이 글에서 괴도신사는 다문화주의자들은 인종차별이 없는 유토피아를 꿈꾸지만, "인종차별은 어느 곳에나 존재"하는 것이 진리라고 주장한다. 그는 다문화주의자들은 현실이 이러함에도 불구하고 이상주의에 사로잡힌 나머지 지역감정 하나도 타파하지 못한 나라에서 그것보다 훨씬 복잡하고 어려운 다문화주의를 제창하고 있다고 비판한다. 괴도신사는 다문화주의를 제기하는 사람들을 헛된 믿음에 사로잡힌 광신도이거나 현실과 괴리된 이상주의자들로 규정한다.

전국에 득시글 번식해 준동, 발호하고 있는 온갖 잡스런 사이비 인권팔이들이 이런 분명한 사실을 왜곡하고 역선전하면서 그것들과 한통속의 사이비 언론팔이

---

63) 황수정, 「롤즈 『정의론』의 원초적 입장에 대한 연구」, 『동서사상』 제4집, 경북대학교 농서사상연구소, 2008, 116쪽.
64) 위의 글, 같은 쪽.

들과 더욱 굳건히 연대해 그저 외노숭배주의, 외국인숭배주의, 다문화, 다민족 숭배주의의 망국적, 발광적 세뇌, 미혹의 수작, 수법들로 미쳐 날뛰고들 있지만 현실은 그렇게 만만한 게 결코 아니지. (…중략…)

어찌 단순세포로 살아가는 아메바와 같은 원시생물은 아닌 것들로서 사이비 인권팔이, 사이비언론팔이, 사이비 다문화, 다민족팔이들이 어찌 상식을 갖고 있는 인간들이라면 어떻게 외노문제, 다문화, 다민족 문제에 있어서의 한쪽 면만을 과대 광고, 과대선전, 과대 미혹하면서 그런 한쪽 면만은 절대적이며 변치 않을 지고지순한 절대진리로서의 지상최대의 선(善)이고 이에 반대하는 반대쪽 면의 사실상의 부정적 측면으로서의 문제점을 지적하는 국민들, 네티즌들에 대해서는 감시, 감독을 해야만 될 자들이라고 가소롭게도 돼먹지 않은 거품을 문 채 미쳐 발광을 할 수나 있나.[65]

인용문에서 보듯이 이들은 다문화주의자들을 '사이비 인권팔이'나 '다민족팔이' 또는 '다인종팔이' 등으로 규정하면서 다문화주의를 망국적이고 발광적인 작태라고 비판한다. 그러면서 상식적인 인간이라면 응당 다문화를 반대해야 함에도 불구하고 다문화를 과대 선전한 것은 분명 그만한 이유가 있을 것이라는 논리를 편다. 그 이유로 그들은 온갖 '팔이'로 대변되는 생계형을 들고 있다.

그런데 이들의 담론구성 방식을 분석해 보면 다문화 또는 다문화주의자들을 부정적으로 규정한 어휘들이 갖고 있는 함축connotation[66]을 통해 다문화주의자들을 자신들과 구분하는 전형적인 이분법적인 구도를 사용하고 있다는 점을 알 수 있다. 함축이라고? 도대체 갑자기 함축이란 엉뚱한 말이 왜 튀어나온 거야? 휴—우! 잠시 호흡을 가다듬도록 하자.

반다문화주의 담론은 다문화주의 담론에 대해서 '준동', '발호', '사

---

65) http://www.njustice.org/멸사이인권 (2010. 3. 21)
66) 함축(connotation)이란 특정한 어휘가 텍스트에 결합하여 새로운 의미를 생산하는 것을 말한다. 예들 들면 한국사회에서 부정적인 어휘로 공인된 '간첩'과 같은 어휘들이 텍스트와 결합하여 생산하는 의미 등이 여기에 속한다.
김상욱, 「소설 담론의 이데올로기 분석 방법 연구」, 서울대학교 박사논문, 1995.

이비', '발광', '수작', '세뇌', '아메바', '~팔이' 등 부정적인 어휘들을 사용해 공격하는데, 이처럼 특정 어휘를 텍스트와 결합하여 새로운 의미를 창출하는 것을 함축이라 한다. 부정적 어휘들의 함축으로 인해 다문화주의는 무의식적으로 독자들에게 부정적으로 의미화된다. 여기에 덧붙여 다문화주의자들이 대다수 국민들에게 '인종주의자라는 원죄의식'을 심어주면서까지 다문화주의를 주장하는 것은 문화적 다양성이나 인권이 아니라, 자신들만을 위한 생계형 돈벌이에 불과하다고 주장한다. 즉 이들은 부정적 어휘들이 갖는 함축과 생계를 위한 돈벌이라는 담론 구성방식을 통해 다문화주의자들이 정부의 보조금을 탐닉하면서도 그것을 숨긴 부도덕한 자들이거나 외국인을 돈벌이에 이용하는 장사꾼으로, 터무니없는 이상에 사로잡힌 정신병자 등으로 전락하는 것을 목표로 하고 있다.

3.3.2. 희생양(scapegoat) 만들기와 선정주의

반다문화 담론의 중요한 근거로 작용하는 또 하나의 요인을 꼽으라면 희생양 만들기이다. 주로 경제적 측면에서 다문화를 반대하는 주장이 여기에 속한다. 다문화로 인해 이익을 보는 것은 재벌과 자본가이고, 그로 인한 피해는 서민들에게 전가되기 때문에 다문화주의는 폐기되어야 한다는 것이다.

좀 더 구체적으로 살펴보도록 하자. 이주노동자로 인해 일자리를 빼앗겼다거나 다문화와 관련하여 지출되는 공적자금(세금)에 대한 불만을 제기하는 것이 여기에 속한다.

① 그러니 이런 비통, 비참한 상황 가운데 그래 눈높이를 낮추어 취업을 하려고 해도 불체, 합체 포함 무려 100만 명에 가까운 외노들과 기타 외국인들까지 포함해 무려 200만 명에 가까운 외국인들은 이 좁은 땅덩어리의 한국, 게다가 언제 전쟁이 재발해 전면전쟁으로 비화될지 모르는 엄연한 분단상태, 징진상태의 한국이라는 나라의 전국에 체류하면서 한국의 실업자들의 일자리들을 실질적으

로 빼앗아 먹으며……67)

   ② 1. 한국인 노동자들의 일자리를 빼앗습니다.
      2. 월급 대부분을 송금하여 내수, 서민경제를 파괴합니다.
      3. 비정규직 양산을 심화시킵니다.68)

  한마디로 이주노동자가 일자리를 빼앗기고 있다는 주장이다. 인용문 ①은 '멸사이비인권'의 「20여 만 명의 대졸 백수 여자들과 400여 만 명의 실업자 정말 까깝하네」의 일부이다. 이 글에서 논자는 이주노동자로 한국인들은 이른바 '3D업종'에서도 밀려나고 있으며, 특히 그 피해는 상대적으로 약자인 여성과 사회적 소외계층이 받고 있다는 논리를 구축하고 있다. 이러한 논리는 외국인노동자 수입을 반대하는 ②의 '다문화 반대 스티커'에서 동일하게 반복된다. 외국인노동자들이 직접적으로는 일용직 등에서 한국인들의 일자리를 빼앗고, 간접적으로는 한국인들의 저임금·비정규직화에 기여하는 존재들로 재현되고 있다. 그러면서 이 같은 문제를 해결하기 위해서는 외국인노동자들을 추방해야 한다고 주장한다.

  그런데 이러한 논리는 전형적인 희생양 만들기에 속한다. 이들은 신자유주의 체제가 강요한 경제적 위기로 인한 사회적 불만을 무마하기 위한 희생양으로 외국인노동자를 사용하고 있는 것이다. 즉 경제적 위기에 직면한 하층계급의 불안감을 달래기 위해 방안으로 자신들의 직업을 앗아간 이주노동자를 공격하게 하고, 이들을 유입시킨 다문화주의를 반대하는 논리를 펴고 있는 것이다.

  그러나 이러한 담론 구성은 사실에 근거하기보다는 논자의 잘못된 편견에 의지하고 있다는 점에서 한계를 갖는다. 이들의 논리 구조를 살펴보면 대부분이 외국인의 유입이 정부의 그릇된 다문화 정책에서

---

67) http://www.njustice.org/자유게시판/공지사항(29)
68) http://cafe.daum.net/hjj-korea/llMn/8

비롯되었다는 잘못된 전제에서 출발하고 있다. 다시 말해, 이들은 다문화 정책을 비판하기 위해 한국의 다문화 정책이 이주노동자를 비롯한 급격한 외국인의 유입이 있은 후, 여기에 대응하기 위한 방안의 하나로 시민사회와 국가가 정책으로서 다문화주의를 채택한 측면도 있음을 애써 외면하고 있는 것이다. 그 결과 외국인이 유입(이주노동자, 결혼이주여성)되는 다양한 원인에 대해서는 말할 것도 없고 심지어 '3D업종'에 종사하는 것을 거부할 수밖에 없는 자국 노동자들의 심리상태 등, 정작 중요한 문제와 마주하려 하기보다는 모든 책임을 외국인 노동자에게 전가시키고 있다.

일자리 문제가 희생양이라면 공적 자금의 문제는 전형적인 선정주의이다. 닉네임 '파란'의 「싸가지 없는 국가!!! 다문화지원 정부정책」은 공적자금의 지출과 관련된 반다문화 진영의 대표적인 반응이라고 할 수 있다. "지금 한국사회는 국제결혼하여, 아기만 낳기만 하면, 무조건 보육료가 공짜입니다. 보육료가 무조건 공짜라 이말입니다"69)라고 주장하면서 정부의 다문화 관련 예산 지출을 '다문화퍼주기'로 비판한다. 이러한 '다문화퍼주기'란 담론 속에서는 "2010년도에 다문화 책동에 쏟아 부은 돈이 1조 3천억 원"70)과 같은 정체불명의 선동들이 개입해 있다. 이들은 "독거노인과 소년소녀 가장 가정, 기초생활수급자 등 어려운 이웃들에게 돌아가야 할 돈이 엉뚱한 외국인 유학학생들과 다문화가정에 올인"71)되고 있다고 주장함으로써 저소득층의 경제적 빈곤이 마치 정부가 다문화 정책을 추진하고 있기 때문인 것처럼 호도한다.

심지어는 결혼이민자 등을 사회적 약자로 규정하여 사회복지의 대상으로 삼는 것마저도 "죽음에 내몰린 10만한국인 노인 VS 예산 3조 7천억 원의 18만 다문화가정"72)과 같은 검증할 수는 없지만, 객관성

---

69) http://cafe.daum.net/dacultureNO/34BL/440

70) http://cafe.daum.net/hjj-korea/llNB/183

71) http://cafe.daum.net/hjj-korea/llUo/25

72) http://cafe.daum.net/hjj-korea/llNB/7

을 띠고 있다고 생각되는 숫자를 통해 상황 자체를 선정적으로 몰고 가고 있다.

3.3.3. 다문화주의에 대한 공포심 유발

다문화에 대한 공포심 또한 반다문화 담론을 구성하는 중요한 기제機制 중 하나이다. 이들 담론들은 다문화사회에서 발생할 수 있는 혼란들을 극단화시키는 방식으로 대중들의 공포심을 유발한다. 대표적인 논의들은 '다문화=내전'과 '다문화=인종학살'과 같은 것으로, 다문화는 필연적으로 인종갈등을 유발하고 사회적 혼란과 갈등을 일으키기 때문에 절대로 수용해서는 안 된다는 것이다. 여기에 이슬람에 대한 서구적 편견이 투영되어 다문화에 대한 두려움을 가중시킨다.

> '다문화'라는 낱말의 구성에 어떤 학살과 연결된 요소들이 없다 보니 사람들은 그 다문화가 얼마나 무서운 대량학살행위인지를 모르는 것 같다. (…중략…) 왜 '관용'이라는 그럴듯하고 아름다운 말로 포장된 다문화는 이번 노르웨이 테러보다 더 큰 학살행위가 될 수밖에 없는가? 그것은 다문화는 곧 다인종화이고 다인종화된 나라는 예외 없이 내전이나 분리 독립 시도가 일어난다는 걸 인류의 역사가 말해 주고 있기 때문이다. 인종 간, 문화 간의 내전과 분리 독립 시도. 그게 수만, 수백만의 사람들을 학살하는 마당이 된다는 건 누구나 다 알 것이다. 그런 인종 간의 학살이 얼마나 잔인한가는 인류의 역사가 말해 준다.[73]

'다문화=학살'로 요약할 수 있는 위 글의 의도는 사람들에게 공포를 불러일으키는 것이다. 이들은 사람들이 공포에 휩싸이면 논리적 사고보다는 감정적 반응을 보인다는 점에 착안하여 '다문화→ 다인종→ 대량학살'이라는 직접적인 순환구조의 담론체계를 구성한다. 매우 그럴싸하고 섬뜩한 주장이다. 이들의 말을 듣고 있자면 정말이지 다문

---

73) http://cafe.daum.net/hjj-korea/llUo/28

화주의는 무시무시한 괴물처럼 보이기까지 한다. 하지만 너무 겁을 주는 것을 보니 왠지 의심스러운 것도 사실이다. 이럴 때는 눈 딱 감고 논리를 따라가 보는 것이 답이다.

가장 먼저 눈을 거슬리게 하는 것은 내전 발생의 다양한 원인을 다문화 또는 다인종으로 한정하고 있다는 점이다. 이들은 다문화가 관용이란 아름다운 말로 포장되어 있지만, 실상은 관용과 상호이해 그리고 소통보다는 내전이나 학살과 같은 갈등이 일반적이라고 주장한다. 그러면서 인종갈등을 겪었거나 겪고 있는 옛 유고슬라비아의 인종갈등, 코소보 사태, 르완다의 내전 등을 자신들 주장의 정당성을 증명하기 위해 끌어들인다.74) 즉 무자비한 인종학살의 특수한 사례들을 '인류사'라는 보편적 개념으로 환치시킨다.

〈그림 3-11〉 보스니아 내전 희생자 합동 장례식 모습
(출처: http://www.woorigachi.com/xe/europe/980)

그런데 이러한 논리는 미국 등 객관적으로 존재하는 다인종국가의 경험은 말할 것도 없고 역사적 사실과도 모순된다. 이들의 주장에 의

74) http://cafe.daum.net/dacultureNO/6NsF/1421

하면 다양한 인종이 공존하는 미국과 캐나다 같은 나라들은 지구상에 존재할 수가 없다. 왜냐하면 이들 나라는 다양한 인종들로 구성되어 있기에 응당 분리 독립이나 내전에 휩싸여 붕괴되어야 하기 때문이다. 덧붙여서 다문화로 인한 갈등의 보편적인 사례처럼 제시하고 있는 유고연방과 르완다 등의 인종학살 등도 엄밀한 의미에서 '다문화'와는 무관하다. 이들 나라의 인종갈등은 다문화로 인해 초래된 것이 아니라 제국주의 시대의 세계지배 전략의 결과인 것이다. 그런데도 이들은 이러한 사실을 애써 외면한 채, 인종갈등 원인을 다문화로 몰고 있는데, 여기에는 갈등 상황을 극대화하여 공포심을 유포하려는 전략이 숨어 있다.

부정확한 정보를 과장하고 사실을 왜곡하는 것을 통해 공포심 유발하는 방식은 이슬람을 바라보는 시선에서도 동일하게 반복되고 있다.

> 자기들만의 문화를 만들어간다. 절대 사회와 통합하지 않는다. 세력이 커지면 샤리아법을 요구하며 테러를 가하면서 이슬람 분리 독립을 만들어나간다. 중국 신장위그르에서 무슬림들의 동투르크스탄이라는 또 하나의 이슬람국가를 요구한다. 태국, 인도, 유럽 등, 마찬가지로 연일 테러가 끊이질 않는다. 분리독립테러다. 현재 60여 개의 이슬람국가와 유엔에 53개 이슬람국가 등록했다. 이슬람은 결코 평화와 소수의 종교가 아니다. 대한민국을 삼키기 위해서 머리만 들이민 낙타이다. 대한민국이여 깨달으라!!![75)

국내에서 생성되고 있는 반反이슬람 담론은 크게 기독교로 대변되는 종교적 관점과 '이슬람=분열'이란 서구에서 만들어진 문화적 편견에 근거하고 있다. 인용문은 전형적인 이슬람 문화에 대한 편견에 근거하고 있다. 이슬람을 '테러', '분리 독립', '반反평화', '음모론' 등 부정적 어휘들과 결합시켜 감정적인 측면에서 이슬람의 호전성을 극대화시키고 있다. 이슬람을 방치하면 곧바로 사회 곳곳에서 명예살인과 일

---

75) http://cafe.daum.net/daultureNO/34BL/440

부다처제 등이 생겨날 것처럼 공포심을 극대화하는 전략을 통해 이슬람에 대한 공포를 '다문화'로 전가시키고 있는 것이다.

"무슬림이 한국에 오는 것은 개인의 코리안드림을 위해서가 아니라 한국에서 무슬림드림을 실현시키기 위해 오는 것"이라는 주장 등은 다문화주의를 '기독교적 가치의 훼손'이란 측면에서 바라보고 있다. 단순화의 오류를 무릅쓰고 이 논리를 풀면 다음과 같다.

"야, 무슬림에 의해 기독교가 개박살난다고 해도 너 다문화 찬성할 거야?"

3.4. 한국적 다문화주의를 위한 모색

지금까지 우리는 인터넷 공간(오프라인 포함)에서 강력한 반다문화주의 담론을 제기하고 있는 단체들의 반다문화주의 담론에 대해 살펴보았다. 이들 담론들을 정리하면 대략 다음과 같다.

첫째, 국내 반다문화 담론은 인상적인 수준의 이미지의 단계를 넘어 담론과 이론의 단계로 나아가고 있다.

둘째, 반다문화주의 진영에서는 다문화주의에 대한 심각한 개념상의 혼란을 존재하는데, 그 이유는 이들이 다문화주의를 '관용의 윤리'에서부터 '다민족권'까지 매우 넓은 스펙트럼으로 이해하고 있기 때문이다.

셋째, 반다문화주의 담론은 다문화에 대한 생래적인 거부감은 물론이고 경제적인 소외감과 민족주의, 그리고 다문화에 대한 공포 등을 자양분으로 하고 있다.

넷째, 반다문화주의 담론은 '우리/그들', '갈등/대립'이라는 이분법적 대립과 희생양 만들기를 채택하고 있다. 이 같은 논리 구성으로 인해 사회 내에 존재하는 다양한 주체들은 이성적이고 합리적인 논의 과정을 통해 공존과 융합을 하는 존재가 되기보다는 적자생존에 매몰된 동물적인 존재로 인식되고 있다.

한국사회에 이미 담론의 층위로 존재하고 있는 다문화주의에 대한 비판과 거부들은 다문화주의나 다문화 정책 실현에 있어서 '사회적

〈그림 3-12〉 정부의 다문화 정책을 비판하는 인터넷 카페의 포스터
(출처: '단일민족코리아')

합의'가 왜 필요한가를 역설적으로 보여준다. 필자는 사회적 합의를 위한 방법으로 그동안 다문화 담론 논의에서 제외되었거나 생략되었던 질문들로부터 시작할 것을 제안한다. 그런 측면에서 한국사회의 다문화 담론은 한국사회가 수용할 수 있는 "문화적 다양성의 범위 설정, 다문화적 포용의 강도 선택 및 그와 연계된 민주주의 형태"에 대한 결정과 "시민적 권리 등을 보호할 수 있는 각종 법적·제도적 뒷받침"[76] 등에 대한 심도 깊은 논의가 필요하다는 김비환의 주장은 경청할 만하다. 이러한 논의를 바탕으로 우리들은 한국에 살고 있는 소수자들의 불안감 해소는 물론이고 주류사회의 경계심과 반감까지 제거할 수 있는 효과적인 다문화주의(다문화 정책) 모델을 모색할 수 있을 것이다.

---

76) 김비환, 「다문화민주주의?: 몇 가지 예비적 고찰」, 『다문화사회연구』 제4권 1호, 숙명여자대학교 다문화통합연구소, 2011, 31쪽.

❖ 토론해 봅시다 ❖

• 인종주의에 대한 나의 입장은 무엇인가? 나의 경우 특정 인종에 대한 호불호가 있는 편인가? 있다면 그 이유는 무엇이고, 극복 방안은 어떠해야 하는지에 관해 이야기해 보자.

• 한국정부는 이주민 통합정책으로 정책적 다문화주의를 실행하고 있지만, 아직까지 동화주의와 다문화주의 사이에서 완전한 사회적 합의를 이루지 못하고 있다. 내가 생각하는 한국사회에 바람직한 이주민 통합정책은 무엇인지 이야기해 보자.

• 다문화주의와 문화상대주의의 차이점에 관해 토론해 보자.

• 한국사회가 이주민 통합정책으로 동화주의와 다문화주의 중 하나를 채택할 경우, 20년 후의 한국사회의 변화 양상에 관해 이야기해 보자.

• 다문화주의를 반대하는 이들 중 일부는 '다문화주의에 대한 공포감'을 조성하는 방식으로 반다문화주의 운동을 전개하고 있다. 반다문화 담론에서 유포하고 있는 공포감의 실체와 그러한 공포감이 나의 다문화에 대한 인식에 미친 영향은 무엇인지 이야기해 보자.

• 다문화주의는 사회적 소수자에 대한 '적극적 배려정책'이 정의 관념과 배치되지 않는다고 주장한다. 만약 나의 이익과 사회적 소수자를 위한 적극적 배려정책이 충돌 경우에도 '적극적 배려정책'을 일관되게 인정해야 하는지에 관해 토론해 보자.

❖ 더 읽어야 할 자료 ❖

1. 다문화주의 관련 도서

• 마르코 마르티니 엘로, 윤진 옮김, 『현대사회와 다문화주의』, 한울, 2008.

다문화주의의 길잡이

이 저서는 유럽 내 이민자 문제를 통해 다양한 문화와 종교를 가진 집단들 사이에서 오해와 갈등을 최소화하고, '다르게, 평등하게 살기' 위한 방법을 제시하고 있다. 오늘날 유럽 여러 국가에서는 이민자와 그 후손들이 고정적인 사회 구성원이 되었고, 이들은 보다 강력한 사회적 인정을 요구하고 있다. 동시에 극우파들이 세를 확장하는 것도 사실이다. 이 같은 상황은 세계가 더 이상 단일한 원칙의 조정을 받지 않고 있으며, 한 개인 혹은 집단이 속한 공동체는 끊임없이 확장되고 있음을 보여준다.

저자는 다문화주의 기본적인 개념과 그 위험성을 분석하는 것은 물론이고, 한 사회가 민족적 혹은 문화적 특수성을 인정받으려는 소수집단의 욕구를 공적으로 인정하게 되면 사회적 동질성과 통합이 저해되는지? 또 '문화적 게토'가 만들어지는지를 질문함으로써 다문화주의와 마주하고 있는 한국사회가 가야 할 방향성까지를 유추하게 한다.

• 윌 킴리카, 장동진·황민혁·송경호 옮김, 『다문화주의 시민권』, 동명사, 2010.

이 저서는 다문화주의의 이론적 작업에서 중요한 위치를 차지하고 있다. 킴리카는 다문화사회에서의 민주주의와 다양성의 문제, 특히 시민권과 사회정의의 모델에 관심을 두고 있는데, 이 책은 그러한 그의 관심을 응축적으로 제시하고 있다.

다문화 시민권이란 한마디로 기존의 자유주의적 이론들은 개인의 평등과 자유를 공정히 실현하기 위한 방법으로 공통적 시민권의 개념(common rights of citizenship)에 의존했지만, 이러한 시민권 개념은 집단 간의 차이를 적절히 수용하지 못함으로써 결과적으로 개인 간의 평등한 자유를 실현시키는 데 실패했다고 주장한다.

킴리카는 이 같은 문제들을 극복하기 위해 민족(nation)과 인종문화집단(ethnic groups)에 초점을 맞추어 집단차별적 권리(group-differentiated rights)를 부여해야 한다고 주장한다.

다문화주의 정치에 대한 설명을 시작하는 이 책은 개인적 권리와 집단적 권리, 그리고 자유주의적 전통의 문제, 자유와 문화, 소수자집단의 목소리 보장, 마지막으로 사회의 유대 등에 관한 방안을 제시하고 있다.

• 안드레아 셈프리니, 이산호·김휘택 옮김, 『다문화주의: 인문학을 통한 다문화주의의 비판적 해석』, 도서출판 경진, 2010.

이 저서는 프랑스의 유명한 "끄세주(Que sais-je)" 시리즈의 하나로 주로 미국의 다문화 현상을 이론적으로 해석하고 있다. 주지하다시피 미국은 짧은 역사에도 불구하고, 세계 최강의 국가로 발전하였는데, 미국의 성립과 발전 자체가 다문화적 성격을 띠고 있다고 할 수 있다.

이 저서는 미국이 어떻게 차별과 배제의 역사에서 평등과 화합의 역사로 가고 있는지, 또 그 과정에서 겪어야 하는 어려움은 무엇인지 섬세하게 분석하고 있다. 이러한 미국의 경험은 다문화 시대에 살고 있는 우리들에게 좋은 참고 자료가 될 것이다. 또한 새로운 시대에 알맞은 새로운 인문학 정신과 그 이론적 요구도 눈여겨 볼 필요가 있다.

2. 다문화주의 성찰 도서

• 엄한진, 『다문화사회론』, 소화, 2011.

이민, 다문화 현상에 대한 성찰적 입문서

이 저서는 다문화라는 이름으로 현재 한국사회가 겪고 있는 현상을 '주변에서 중심으로의 여정'에서 어쩔 수 없이 겪게 되는 것으로 파악하고, 이주민에 대한 연구 또한 세계사적 측면과의 비교 연구—보편적/비교적 차원에서 검토—되어야 한다고 주장한다.

이 저서는 다문화주의를 사회적 소수인 이주민이 겪는 문화적 갈등과 사회경제적 배제를 해소하기 위해 공공 영역에서 차이를 제도화하는 것으로 규정하고 있다. 동시에 그는 이러한 차이의 제도화가 사회통합을 저지하고 이민 현상이 인종적 차원의 성격이 되거나 종족 간 불평등을 지속할 수 있다는 점을 들어 다문화주의에 대한 비판 또한 거세다고 소개하고 있다.

유럽의 경험을 통해 저자는 한국사회의 이민담론의 특성을 분절성이라 규정하면서 이러한 문제가 발생한 원인을 이민 현상의 역사가 짧고 문화적 토대가 빈곤한 데 기인한다고 주장한다. 다문화 현상에 대한 성찰적 입장을 제시한다는 측면에서 의의가 있다.

4장 다문화 주체의 삶과 그 재현 방식

1. 다문화 주체들의 삶과 재현 방식

이 장에서는 한국문화(문학, 영화 등)는 다문화 주체들을 어떻게 표상하고 있는가를 분석하고자 한다. 우리가 한국문화 속에서 호명되거나 재현되고 있는 다문화 주체들의 모습에 주목하는 것은 분명한 이유가 있기 때문이다. 그것은 문화가 의식하든 아니든 일정한 이미지를 생산하기 때문이다. 그리고 그렇게 만들어진 이미지는 객관적인 '사실' 보다도 더 당연하고 자명한 것으로 독자에게 수용된다. 이러한 현상을 전형적으로 보여주는 것이 문학에서의 실재 효과이다. 문학작품은 "가공의 현실을 진짜 현실인양 믿게 만드는 '실재 효과'"1)를 지니고 있는데, 이러한 실재 효과는 비단 문학에만 존재하는 것이 아니라 문화 일반의 속성이라 할 수 있다.

　　문학을 통해 유포되는 식민지 타자에 대한 이런 정형화된 이미지는 사회적 상태의 일부를 이루면서 대중을 세뇌시킨다. 문학 속의 인종적 재현이 가시적이면서 동시에 불가시적인 것으로 체험되기 때문이다. 다시 말해 문학은 인종을 고정되고 불변적인 것으로 물화시킴으로써 인종차를 가시적으로 확인하면서 동시에

---

1) 신문수, 「근대성·인종주의·문학」, 『영어영문학』 52권 2호, 영어영문학회, 2006, 237쪽.

그것을 자연스럽고 당연한 것으로 간주함으로써 불가시적인 것으로 만든다.[2]

이미지 분석의 중요성은 재현을 통해 구성된 이미지가 편견이나 선입견으로만 그치지 않고 그 편견 자체를 당연한 것으로 만든다는 데있다. 이처럼 이미지는 개관적 상관물이 되어 허구나 편견을 사실로고정시키고 강화한다. 그런데 이미지의 이 같은 속성 때문에 문학 연구에서 이미지 연구는 언어(문자)보다 상대적으로 소홀하게 취급되었다. 즉 말(언어)이 문자 그대로의 의미나 본의本意를 전달하는 데 비해이미지는 "언어가 지니고 있던 본래의 의미가 다른 의미, 즉 일종의형상적 의미로 변질"되는 것이기에 결국은 "진실을 왜곡할 뿐"이라는것이다.[3]

하지만 이미지가 꼭 그렇게 나쁜 것만은 아니다. 마르틴 졸리가 밝혔듯이 이미지는 긍정성 또한 갖고 있다. 이미지는 사람들이 현실을인식하는 것을 촉진시킬 뿐만 아니라, 현실 자체와 근접한 형상을 제시하기도 한다.[4]

이상의 논의를 통해 우리들은 이미지는 양가성을 지니고 있다는 사실을 확인할 수 있었다. 이미지는 의식·무의식적으로 사회의 지배적인 인식체계를 반복 재생산해 사회 구성원들을 지배이데올로기에 순종하도록 하기도 하지만, 때로는 그러한 지배체제에 저항해 "기존의기호적 표현으로는 담아내기 어려운 새로운 의미"[5]를 생산하기도 한다. 따라서 이미지 그 자체를 놓고 호불호의 가치판단을 하는 것은 생산적이지 못하다. 중요한 것은 이미지를 생산하고 소비하는 주체가이미지를 어떤 목적으로 사용하느냐는 것이다.

지금부터 우리는 한국사회에 의해서 재현된 다문화 주체들에 대한각종 이미지들이 다문화 주체들을 보다 자유롭고 창조적으로 인식하

---

2) 위의 글, 238쪽.

3) 유평근·진형준, 『이미지』, 살림, 2003, 47~48쪽.

4) 마르틴 졸리, 이선형 옮김, 『이미지와 기호』, 동문선, 2004, 211~212쪽.

5) 유평근·진형준, 앞의 책, 223쪽.

기 위해서 사용하는지, 아니면 그들을 차별하는 현실에 대한 망각과 소외의 수단으로 이용되는지를 살펴보도록 하자. 준비! 출발!!!

2. 이주노동자에 대한 재현들

2.1. 이주노동자란 누구인가?

백과사전에서 이주노동자migrant labour, 移住勞動者에 대해 찾아보면 다음과 같이 설명하고 있다.

> 계절에 따라 한 지역에서 다른 지역으로 옮겨 다니며 일시적으로 고용되는 미숙련 임시노동자.

보통 농업부문에서 일하며, 추수와 같은 단순하고 반복적인 육체노동에 종사한다. 이주노동자는 농업생산량이 급격하게 늘어나거나 도시의 임금상승으로 농업노동자들이 급격히 줄어드는 경제적 조건에서 잘 생긴다. 또 이주노동자들의 가정이 처한 불리한 경제적·사회적 여건도 이주노동자 형성에 영향을 준다. 주로 남·북아메리카와 아시아·아프리카에서 볼 수 있으며, 유럽이나 오스트레일리아에서는 적은 편이다. 북반구에서는 이주노동자들이 계절에 따라 추수하는 곳을 찾아 남쪽에서 북쪽으로 옮겨 다니며, 남반구에서는 그 반대로 옮겨 다닌다. 대부분의 이주노동자들은 이런 큰 흐름 속에서 일정하게 정해진 경로를 따라 옮겨 다닌다. 예를 들어 미국에서는 겨울에 플로리다 주에서 밀감 수확을 한 다음, 텍사스 주와 푸에르토리코에서 온 다른 노동자들과 함께 북쪽 뉴잉글랜드 지방 메인 주까지 올라가 토마토·감자·사과를 비롯한 여러 가지 농작물을 수확한다. 텍사스 주에서 북부 쪽으로 올라가는 노동자들 중 일부는 봄에 북부·중부·산악 지방, 태평양 연안의 여러 주로 이동해서 과일·채소·사탕무·목화 등을 수확한다. 이주노동자의 숫자와 그 인구통계학적 특성에 관해서는 믿을 만한 통계가 거의 없다. 미국에서는 현재 이주노동자가 50만 명 이하로 추산되나, 1940년대에는

100만 명이 넘었고, 1920년대에는 그 2배가 넘었다. 대부분 30세 이하의 젊은이들로 남자들이 압도적으로 많다. 임금은 비교적 적으며, 비참한 환경에서 생활하는 경우가 많다. 가족과 자녀들이 있는 사람들은 학교나 다른 공공혜택의 문제로 큰 어려움을 겪는다.6)

이주노동자라고 하면 흔히들 '산업연수생제도'와 '고용허가제' 등으로 국내에 들어온 외국인노동자들을 떠올린다. 하지만 이주노동자에 대한 사전적 정의는 상식적인 인식과는 상당한 차이가 있음을 알 수 있다. 한국사회에 체류하고 있는 이주노동자들은 한국 노동자들이 기피하는 3D산업에 종사하면서 점차 숙련노동자로 변화하고 있으며, 장기간의 국내 체류로 인해 계절노동자로서의 이주노동자들과 그 성격을 달리하고 있다. 이 같은 상황은 한국사회에서 이주노동자가 겪는 문제들 또한 사전적 의미의 이주노동자들이 겪는 문제와는 다를 수밖에 없다는 것을 증명한다. 다시 말해 한국사회의 이주노동자들은 이주노동자 일반이 겪는 어려움에다가 한 곳에 오랜 기간 정주함으로써 겪게 되는 문화적 갈등까지를 떠안고 있다.

이주노동자가 등장한 작품들7)을 대상으로 이들 문학작품의 이주노동자 재현 방식을 살피는 것으로 논의를 시작하도록 하자.

2.2. 이주노동자에 대한 재현8)

한국문화에서 이주노동자들은 낯선 존재로 재현된다. 이들은 '늘 진

---

6) 브리태니커 백과사전(http://100.daum.net/encyclopedia/view.do?docid=b18a0383a)
7) 이 글에서 중심적으로 논의할 텍스트는 다음과 같다.
   김소진, 「달개비꽃」, 『현대문학』, 1995년 4월호.
   강영숙, 「갈색 눈물방울」, 『문학과사회』, 2004년 겨울호.
   손홍규, 「이무기 사냥꾼」, 『문학동네』, 2005년 여름호.
   김재영, 「코끼리」, 「아홉 개의 푸른 쏘냐」, 『코끼리』, 실천문학사, 2005.
   이혜경, 「물 한모금」, 『틈새』, 2006.
8) 이 부분은 강진구의 논문(강진구, 「한국소설에 나타난 이주노동자의 재현 양상」, 『어문론집』 41, 중앙어문학회, 2009b)을 저서의 성격에 맞게 수정한 것이다.

원을 알 수 없던 그 이상한 냄새'나 '노린내'와 같은 후각 이미지와 '반쯤 그슬리다 만 것 같은' 시각 이미지, 그리고 '도무지 알아들을 수 없는 말'의 청각 이미지들을 통해 위험하고 더러운 존재들로 구성된다. 그런데 이주노동자에 대한 이 같은 구성(재현)은 역으로 이들을 이러한 방식으로 이미지화해야만 하는 주체의 의식·무의식적 동인을 가감 없이 드러내는 것이라 할 수 있다. 즉 이주노동자에 대한 이 같은 재현은 그것이 비록 문화적 편견에 근거한 것이라고 하지만, 이들을 그렇게 구성해야만 하는 주체의 심리적 밑바탕을 정직하게 보여준다는 점에서 하나의 거울이라고도 할 수 있다. 이 거울을 통해 우리는 주체와 타자가 뒤섞이고 있는 오늘날 우리들의 자화상을 보다 세밀하게 살필 수 있을 것이다.

2.2.1. 상처 치유의 매개물

이주노동자들의 등장으로 인해 한국사회는 '탈경계 타자'들을 사유할 수 있게 되었고, 그 결과 천민자본주의에 물들어 있는 낯부끄러운 우리들의 자화상과 마주하게 되었다. 처음 한국소설에 등장한 이주노동자들은 극히 단편적인 역할만을 하고는 소리 없이 사라지는 존재들로 형상화되었다. 대표적인 작품이 장정일의 『보트하우스』[9]이다.

작중 화자 애라는 한국사회에 만연한 이주노동자에 대한 차별의식을 자기 구원의 가능성으로 활용한다. 즉 그녀는 우리 사회의 이주노동자에 대한 차별에 대해 "한국은 외국인노동자의 피만 빨아도 충분히 배가 부르는 사회"라고 비판을 하고 심지어는 이주노동자에 대한 한국 여성들의 편견이 그들을 동성애자로 만들기까지 했다고 주장한다. 애라는 지옥처럼 지루하게 반복되는 일상에서 벗어나고자 이주노동자들 끌어들일 뿐, 이주노동자의 삶에는 무관심하다. 그녀는 자신의 의지대로 이주노동자와 성관계를 맺음으로써, '자기 땅의 이방인'이

---

9) 장정일, 『보트하우스』, 프레스 21, 2000.

되어, 이 땅으로부터 벗어나고자 하는 자신의 욕망을 달성한다.

　신문을 훑어보고 난 뒤 집으로 돌아오는 골목길에서 애라는 같은 대문 안에서 사는 이웃 방 사람 가운데 가장 출근이 이른 회사원을 만났다. 애라가 인사를 하자, 그는 마지못해 고개를 끄덕여주었다. 평소 같으면 고개를 끄덕이며 "안녕하세요" 라고 말을 건네주는 사람이었다. 그녀는 대문 앞에서도 식당으로 출근을 하는 아줌마를 만났는데 그녀는 숫제 애라를 외면했다. 하루 만에 소문이 나버린 건가.
　"이렇게 해서 우리는 서로를 추방하고, 자기 땅의 이방인이 되는 거야."
　그녀는 이제는 자기 방이 되어 버린 파키스탄인들의 방에 들어가, 막 아침 담배를 피워 문 두 남자의 성기를 아무 말 않고 빨기 시작했다. '이 땅으로부터 좀 더 멀리 가고 싶어.' 두 사람의 그것은 심해를 탐사하는 잠수함처럼 그녀의 입 안을 휘젓고 돌아다녔다.10)

　이주노동자와 성관계를 맺음으로써 애라는 사회로부터 분리된다. 그런데 여기서 우리가 눈여겨봐야 할 것은 한국인들에게 피를 빨리며, 동성애자로 전락한 이주노동자들이 구체적인 인물로 형상화되지 않는다는 점이다. 이주노동자들은 자신의 목적을 달성하고자 하는 애라에게 이용당하는 하나의 기호일 뿐이다.
　김소진의 「달개비꽃」11)은 본격적으로 이주노동자를 다룬 '이주노동자 소설'12)이라 할 수 있다. 이 작품은 이주노동자에 대한 한국사회의 보편적인 인식을 보여주고 있다.

　「처음부터 군기를 확 잡아놔야지 일 시켜먹기가 편하고 잔대가리 굴릴 생각을

---

10) 위의 책, 140~141쪽.
11) 김소진, 앞의 글.
12) '이주노동자 소설'은 아직까지 합의되지 않은 개념이다. 어떤 소설을 이주노동자 소설로 규정해야 하는가는 앞으로 본격적으로 논의 될 이주노동자 관련 문학텍스트를 분석하기 위해서도 반드시 필요한 작업이라고 판단된다. 이 글에서는 첫째 '이주노동자' 문제를 전면적으로 다룬 작품, 둘째 '이주노동자'가 서사의 중심인물로 등장한 작품, 셋째 '이주노동자'가 화자로 등장한 작품을 '이주노동자 소설'로 규정하고자 한다.

안 먹는다구요. 그렇잖으면 저것들이 오냐오냐 하는 사이에 상투 끝까지 기어오르려 하는 걸 제가 딴 데서 많이 봤어요. 형님」

기태도 고개를 끄덕이진 않았지만 그렇다고 가로저으며 말릴 생각도 없었다.

「그럼 지금부터 신입식 겸 지옥훈련을 실시한다. 알았나!」

이주노동자 아지드에게 규식이 신입식을 시키는 장면이다. 특전사 하사 출신인 규식은 이주노동자에 대한 편견에 사로잡힌 인물이다. 그는 이주노동자들을 길들이는 방법으로 폭력이 최고라고 생각한다. 그렇기 때문이 아지드에게 신입식을 한다. 그는 신입식이란 명목으로 구타, PT 체조, 낮은 포복, 빰때리기, 욕설 참기 등 이른바 '모욕참기훈련' 등을 아무런 가책도 느끼지 않고 실시한다. 규식이 이처럼 아지드에게 일방적으로 폭력을 휘두를 수 있었던 것은 아지드가 '깜둥이'이기 때문이다. 규식은 황색이 검은색보다 우월하다는 그릇된 인식을 바탕으로 아지드를 차별한다. 아지드는 한국사회에 강고하게 뿌리내린 피부색에 대한 위계화로 인해 인격을 갖춘 인간이기 보다는 어른의 훈육을 받아야 하는 '아이' 또는 그보다 열등한 '강아지 새끼'와 같은 존재로 규식에게 인식된다.

"나는 황인종이고 저기는 깜둥이란 말이야. 이건 내 유일한 학벌인 국민학교에서도 다 배우는 사실"(161쪽)이라는 한국인 노동자의 발언은 피부색에 의한 그릇된 이미지가 현실에서 얼마나 강고한 힘으로 작용하고 있는가를 명확하게 보여준다. 피부색에 의한 인종적 편견은 이 작품 곳곳에서 나타난다. 작중 주인공 기태 어머니의 "왜 하필 그 반쯤 그슬리다 만 것 같은 그래, 그 네팔 년"(142쪽)이냐에도 "햐, 고거 가무잡잡한 게 얼굴도 반질반질허고 이거 은근히 땡기는데 응"(149쪽)라는 규식에게서도 나타난다.

그런데 이렇게 만들어진 이주노동자에 대한 이미지들은 주체의 상처를 치유하거나 과거의 환기물로 이용된다는 점에서 좀 더 세밀한 독법이 요구된다. 어머니로부터 큰어머니 집에 맡겨진 작중 주인공 기태는 '세레이션 박스'를 얻기 위해 미군 캠프의 흑인 병사에 강간을 당하는 굴욕을 견뎌야만 했다. 그런 그였기에 "허연 잇바디를 드러내어 검은 얼굴"의 아지드에게서 자신도 모르게 흑인 병사를 떠올린다. 기태는 온갖 수모와 차별을 묵묵히 견디어 내는 아지드와 강간당한 자신을 중첩시킨다. 기태에게 아지드는 '더러운 깜둥이 개새끼'인 동시에 자신의 또 다른 자아였던 셈이다.

> 기태는 아지드와 함께 처음 샤워를 하던 때의 느낌을 너무도 생생히 간직하고 있었다.
>
> 아프리카의 들판을 숨차게 쏘다녀서 그랬을까 군살더기는 눈을 씻고 찾아볼래야 찾아볼 수 없을 정도로 미끈하게 빠진 몸매는 거의 황홀할 지경이었다. 기태는 아지드의 뒷몸매를 넋을 잃고 바라보느라 비누질을 멈추는 바람에 눈속으로 아릿하게 흘러드는 비눗물조차 의식하지 못했다. 근육들이 서로 적당한 긴장을 유지하며 서로 끌고 당기며 팽팽해진 긴 다리 위로 괄약근을 단단히 조이고 있는 엉덩이 두 무덩이가 위로 바짝 추어져 있었다. 굶주린 맹수처럼 가느다란 허리 위로 역삼각형으로 발달한 늠름한 상체는 몸을 움직일 때마다 차돌 같은 근육더미를 이곳저곳에서 불쑥불쑥 내밀고 있었다. (…중략…)
>
> 기태는 어느새 끄덕끄덕 방아질을 치고 있는 자신의 양물을 건사할 수 없어 슬그머니 뒤돌아서 샤워기를 내린 다음 아주 세게 찬물을 끼얹으며 가라앉혔다.[13]

기태는 아지드의 검은 몸에서 과거 흑인 병사가 자신에게 그랬듯 주체할 수 없는 성욕을 느낀다. 기태가 아지드에게서 성적 욕망을 느꼈다는 것은 기태 또한 언제든지 흑인 병사와 같은 선상에 설 수 있음을 의미한다. 다시 말해 흑인 병사가 기태를 강간한 것이 성애에서 비롯된 것이기 보다 다분히 파괴적인 정복욕에 가깝다고 할 때, 기태의 아지드에 대한 느낌 역시 이와 비슷하다. 기태가 균형 잡힌 아지드의 몸에서 거칠 것 없는 야생의 '아프리카의 들판'을 상상했다는 점은 기태의 느낌이 "정복의 욕망에 가까운 것"[14]이라는 점을 보여준다.

---

13) 김소진, 앞의 글, 152쪽.

기태는 아지드의 검은 피부를 야생의 원시 아프리카 들판과 맹수로 이미지화함으로써 스스로를 정복자로 위치시킨다. 게다가 이 작품에서 이주노동자들은 오직 작중 주인물에 의해 일방적으로 묘사되는 존재로만 등장한다. 이주노동자들은 주체의 일방적인 시선에 의해 자

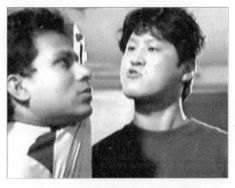

〈그림 4-1〉 이주노동자를 폭행하는 한국인 노동자의 모습
(윤인호 감독의 〈바리케이드〉, 1997 중에서)

신의 정체성을 온전히 드러내지 못한 채, 주인물의 상처나 기억을 환기하는 대상으로 존재하는 셈인데, 이는 현실에 대한 은폐이자, 이주노동자에 대한 또 하나의 스테레오타입을 만드는 것이라 할 수 있는 것이다.

2.2.2. 범죄자 또는 불온 세력

김재영의 「코끼리」15)는 이주노동자를 한국인의 시선이 아니라 그들 스스로 말하게 한다는 점에서 이채롭다. 소설의 화자는 네팔인 아버지와 조선족 어머니를 둔 어린 소년이다. 아버지가 비자가 없고 주민등록이 없으므로 이 소년 역시 호적이 없다. 소년과 이주노동자들은 "흐리멍덩한 하늘이랑 깨진 벽돌더미, 그리고 냄새 나는 바람"만이 존재하는 식사동의 축사를 개조한 낡은 집에서 생활한다. 방글라데시, 인도, 네팔 등에서 온 이주노동자로 이루어진 이웃들은 끼니를 때우기도 힘든 가난과 한국인들의 모멸 속에서 고통스러운 삶을 견뎌나간다.

그들이 사는 공간을 살짝 들춰보면 다음과 같다. 공장에서 손가락

---

14) 서영인, 「외국인 노동자: 우리 안의 타자들, 타자 안의 우리들」, 『문학들』, 2005, 26쪽.
15) 김재영, 「코끼리」, 『코끼리』, 실천문학사, 2005.

두 개가 잘려 나간 쿤, 심장병을 앓고 있는 아들을 치료하기 위해 포악을 떨다시피 돈을 모으는 비재아저씨, 비재아저씨의 돈을 훔쳐 달아나는 알리의 삶 등등 비참하기 짝이 없다. 게다가 러시아 무희는 네온불빛 아래에서 배꼽을 드러내 놓고 울고 있는 혼돈의 공간이다.

이 소설의 이야기 전달자는 네팔인 아버지와 조선족 어머니 사이에서 태어난 혼혈 아이이다. 이야기의 전달자가 그들(이주노동자)과 결핍된 우리(조선족) 사이의 경계에 위치한 존재라는 점에서 기존 소설의 화자들보다 이주노동자와 가깝다. 이주노동자와의 가까운 거리를 통해 이 작품은 기존 소설에서 보여줄 수 없었던 이주노동자들의 새로운 모습들을 보여주고 있다.

> 그 뒤로 나는 저녁마다 물에 탈색제 한 알을 풀어 세수했고 저녁이면 내가 얼마나 하얘졌나 보려고 거울 앞으로 달려갔다. 푸른 새벽 공기 속에서 하얗게 각질이 일어난 내 얼굴을 볼 때면 가슴이 설레었다. 내가 바라는 건 미국 사람처럼 되는 게 아니었다. 그냥 한국 사람만큼만 하얗게, 아니 노랗게 되기를 바랐다.16)

피부색이 다르다는 이유만으로 괴롭힘을 당하던 혼혈 소년은 탈색제를 통해 자신에게 들씌워진 차별의 굴레에서 벗어나려 한다. 단지 남의 눈에 "띄지 않고 살아갈 수 있는 보호색"이 필요했다는 소년의 행동에서 우리는 어쩔 수 없이 한국사회의 부끄러운 맨 얼굴과 대면하게 된다. 그렇기 때문에 "한국사람들은 단일민족이라 외국인한테 거부감을 갖는다고? 그래서 이주노동자들한테 불친절한 거라고? 웃기는 소리 마. 미국사람 앞에서는 안 그래. 친절하다 못해 비굴할 정도지."(17쪽)라는 힐난이 아프게 다가온다.

하지만 이러한 비판과 힐난이 단일민족주의 신화 속에서 '이방인 아닌 이방인'이었던 혼혈인, 그것도 판단 능력이 부족한 '아이'를 통해 형상화되고 있다는 점에서 여전히 문제로 남는다. 피부색에 따른 위

---

16) 위의 글, 17쪽.

계화의 현실을 직시하기보다는 '탈색'을 통해 문제를 회피하려는 어린 이다운 태도나 "고통스런 현실과 달력에 붙어 있는 네팔의 전원적인 풍경 사진이 표상하는 향수를 대립시키는 극화된 서술전략"[17) 등에서 한계는 더욱 분명해 진다.

① 벽에는 얼룩과 곰팡이와 낙서가 가득했고, 들뜬 황갈색 비닐 장판 위로는 뽀얀 먼지가 살얼음처럼 깔려 있었다. 비스듬하게 세워진 낡은 캐비닛 뒤쪽 벽에는 쥐가 들락거릴 정도로 작고 새까만 구멍이 뚫려 있는데, 구멍 주위로 자잘한 시멘트 가루와 흙덩이가 흩어져 있어 마치 상처 부위에 엉겨 붙은 피딱지처럼 보였다. (「코끼리」, 10쪽)

② 밤마다 아버지는 낡은 춤바를 입고 고향 마을로 찾아가는 꿈을 꾼다. 노란 유채꽃 언덕 너머 보이는 눈부신 설산과 낯익은 향토 집, 정다운 마을 사람들이 있는 곳으로. 꿈에서 아버지는 가녀린 퉁게꽃과 붉은 비저꽃이 흐드러진 고향집 마당으로 들어서서는 가족과 친지에 둘러싸여 달과 바트, 더르가리(야채 반찬), 물소고기에 토마도 양념을 발라 구운 첼라를 실컷 먹는다고 했다. (「코끼리」, 22~23쪽)

인용문에서 보듯 화자는 자본주의적 가치법칙에 의해 지배되는 '지금-이곳'과 깨끗하고 순수한 고향(고국)을 대립시키고 있다. 이 같은 대립의 정점에 서 있는 인물이 화자의 아버지이다. ①에서 보듯 현실은 비참하기 짝이 없다. 아버지는 현실의 고통을 ②의 고향에 대한 상상을 통해 해소한다. 그러나 고향은 너무나 멀리 있고 현실에서는 갈 수 없는 곳이었다. 현실에서 이룰 수 없는 소망을 아버지는 꿈을 통해 해결한다.

그런데 이런 설정은 이주노동자가 처한 현실을 응축적으로 보여줄 수 있지만 이주노동자 하면 떠오르는 사회의 보편적 이미지들을 그들

---

17) 복도훈, 「연대의 환상, 적대의 현실: 최근 한국소설의 연대적 상상력과 재현에 대한 비판적 주석」, 『문학동네』, 2006년 겨울호, 477쪽.

의 목소리로 확인하게 함으로써 오히려 불법이라는 부정적 이미지만을 고착시킨다. ①의 인용문을 살펴보면 이주노동자들이 생활하는 공간은 철저히 시각적 이미지로 구성되고 있다. 화자는 얼룩과 곰팡이, 낙서, 들뜬 비닐장판, 뽀얀 먼지, 새까만 구멍, 시멘트 가루, 피딱지 등의 시각적 이미지를 동원해 이주노동자가 생활하는 공간이 사람이 살 수 없는 공간, 불온한 범죄의 공간으로 이미지화한다. 그 공간에는 도둑질을 일삼는 파키스탄 청년 알리와 인정머리 없는 구두쇠인 나담몰라, 돈의 노예로 전락한 비재 아저씨가 생활하고 있다. 러시아 처녀 마리나는 젖가슴을 반 이상 드러낸 까만 브래지어와 반짝이 팬티를 입고 남자들을 유혹하기까지 한다. 소년은 자신의 눈에 비친 이주노동자를 묘사하기만 할 뿐, 알리가 왜 도둑질을 하고, 미리나가 왜 남자들을 유혹해야만 하는지에 대한 인식을 보여주지 못한다. 그 결과 소년의 눈에 비친 이주노동자들은 강력한 스테레오타입이 된다.

2.2.3. 제노포비아(Xenophobia)

손홍규의 「이무기 사냥꾼」[18]에 등장하는 이주노동자의 모습은 기존 이주노동자들과는 다르다. 이 소설에서는 지금껏 한국인들의 차별과 멸시의 대상이었던 이주노동자들이 자신의 목소리를 낼 뿐만 아니라 심지어는 한국인을 속이기까지 한다.

> 죽은 거. 부끄럽지 않아요. 언젠가, 모두, 죽어요. 나, 카펫 만드는 공장, 사슬로 묶였어요. 잠도 못 자고, 도망도 못 가고, 열여섯 시간, 네, 잠도 못 자고, …… 죽으니까 풀려났어요. 죽으니까 공장 안 가도 됐어요. 죽으면, 고통에서, 풀려나요. 그래서 살아남아요. 죽고 살고, 다 하나예요. (「이무기 사냥꾼」, 339쪽)

코리안드림을 꿈꾸며 한국에 밀입국한 이주노동자 알리는 한국인들

---

18) 손홍규, 「이무기 사냥꾼」, 『문학동네』, 2005년 여름호.

에게 인간 이하의 대접을 받는다. 한국인들은 알리가 자신보다 열등한 존재이기에 시키는 일에 고분고분해야 한다고 믿는다. 알리는 처음에는 이런 한국인들에게 반항을 하기도 하지만 점차 인용문에서 보듯 죽은 척하면서 하루하루를 견디어 내는 방법을 터득한다. 그는 삶이 힘들 때마다 찬 방에 누워 고향의 호랑이와 가족들을 떠올린다. 알리가 죽음과도 같은 삶을 살아갈 수 있었던 것은 돈을 벌 수 있었기 때문이다. 돈은 알리에게 죽지 않고 살아가야만 하는 유일한 길과도 같은 것이었다. 그러던 중 알리는 용태라는 인물을 만나게 된다. 밀입국자인 알리와 변변치 못한 학벌 때문에 사회 밑바닥을 전전하던 용태는 돈을 버는 것에서 서로 간의 이해가 맞아떨어진다. 용태는 걸핏하면 죽은 척 하는 알리를 이용해 밀린 임금을 받아 낸다거나 자동차에 뛰어들어 사고를 위장해 운전자로부터 돈을 뜯어낸다. 이렇게 해서 알리는 용태의 재부 수단이 되는데, 알리가 그렇게 될 수밖에 없었던 것은 용태가 밀입국자인 알리에 비해 우월적인 존재였기 때문이었다.

그런데 이러한 지위는 결말 부문에서 전복된다. 용태는 사고를 당한 알리를 병원에 입원시키고는 알리 몰래 전세 보증금을 빼서 도망칠 계획을 꾸민다. 하지만 이런 용태의 계획은 한발 앞서 전세 보증금을 빼서 날아난 알리로 인해 처참하게 망가진다. 알리의 이런 모습은 기존의 이주노동자를 다룬 문학작품에서는 볼 수 없는 행동이었다. 한국사회의 탐욕과 한국인들의 편견 앞에서 고통당하는 존재였던 이주노동자들이 이 작품에서는 통렬한 복수의 펀치를 날린다. 너무나도 낯설고 예기치 못한 펀치이기에 속수무책으로 당한 용태는 방을 빼라는 주인아줌마에게 알리가 그랬듯 스스로 죽은 척한다.

알리가 기존의 위계질서에 대한 전복을 꾀했다면 조선족 노동자 장웅의 복수는 좀 더 직접적이고 비극적이다. 인민해방군 장교 출신 장웅은 더 나은 생활을 위해 한국에 온다. 그러나 고국이라고 찾아온 한국은 장웅에게 인간 이하의 수모만을 안긴다. 한국인들은 같은 동포임에도 그가 가난한 나라에서 왔다는 이유만으로 짐승처럼 취급한다.

장은 북조선과 남조선이 전쟁을 하면 다시 인민군에 들어가서 북을 도와 남을 쓸어 버리고 싶다고 말했다. 남조선은 사람이 사는 곳이 아니라고 했다. 짐승도 이보단 낮지 않았어? 보라우, 우리는 배가 고파도 사람을 그렇게 짐승 취급은 안 해. (「이무기 사냥꾼」, 331쪽)

장은 한국에 대한 적대감을 노골적으로 드러낸다. 이런 장의 적대감은 죽음을 맞는 순간 "다 죽여 버리갔어! 싹 쓸어 버리갔어! 투지이 이호우우(돌격, 앞으로)"(331쪽)라며 절명하는 순간 정점에 달한다.

「이무기 사냥꾼」에서 작자는 차별에 순종하는 수동적인 타자가 아닌 주체를 속이고 때로는 주체의 파멸을 원하는 섬뜩한 이주노동자를 등장시킴으로써 주체들의 내면에 숨어 있는 이주노동자들에 대한 공포심을 직접적으로 자극한다. 즉 이주노동자에 대한 공포심을 통해 그들에 대한 차별이 얼마나 무서운 결과를 초래하는 지를 보여준다. 작가의 이 같은 전략은 이주노동자들을 막연히 불쌍한 존재로 규정하고 그들에게 연민과 반성을 유도하는 것보다 이주노동자 문제를 푸는 보다 효과적인 방법이 될 수도 있다.

그런데 한국사회가 '이주노동자들에게 느끼는 불안의식의 한 단면이기도 한 이러한 공포심'[19]은 자칫하면 신자유주의 정책의 세계적인 확산에 따른 "주변부 노동력 인구의 중심부 또는 반주변부로의 가속화된 이동현상"[20] 속에서 제노포비아로 전환될 위험 또한 갖고 있다. 자신이 원하는 보다 큰 것을 얻기 위해 눈앞의 굴욕을 참아내며 뒤로는 음흉한 미소를 짓는 알리의 모습은 공포심을 유발하기에 충분하다. 따라서 이 작품은 한국사회의 이주노동자 차별을 문제 삼기도 하지만 동시에 이주노동자에 대한 한국사회의 불안의식이 전혀 근거 없는 것이 아님을 보여주기도 한다.

지금까지 우리는 한국소설에 재현된 이주노동자들의 모습에 대해

---

19) 오창은, 「연민을 넘어선 윤리」, 『내일을 여는 작가』 45, 2006년 겨울호, 83쪽.

20) 임종헌, 「유럽의 인종주의와 제노포비아 현상에 대한 연구」, 『한·독사회과학논총』 16(1), 한독사회과학회, 2006, 56쪽.

〈그림 4-2〉 김재영의 『코끼리』　　〈그림 4-3〉 박범신의 『나마스테』

살펴보았다. 이주노동자들은 처음에는 주체의 상처를 치유하는 대상
이었지만 점차 자신들의 목소리를 드러냈고, 종국에는 자신들을 타자
화한 한국사회를 강하게 비판하기까지 한다. 이주노동자들이 자신의
목소리를 내기 시작하면서부터 이주노동자에 대한 이미지는, 첫째, 한
국인 노동자들의 일자리를 빼앗는 잠재적인 위협군, 둘째, 게으르고
무식한데다 탐욕적인 존재, 셋째, 문화적으로 혼란을 가중시키는 존재
로까지 변화한다.

　이주노동자를 형상화한 작품으로는 강영숙의 「갈색 눈물방울」과
이혜경의 「물 한모금」, 박범신의 『나마스테』 등도 주목할 대상이다.

3. 결혼이주여성에 대한 재현들

3.1. 결혼이주여성이란 누구인가?

다문화 또는 다문화주의를 연구하는 학자들은 다문화주의가 한국

사회에서 짧은 시간 내에 '보편적 삶의 한 양식'으로 자리잡았다는 사실에 대해 놀라움을 피력하곤 한다. 다문화가 이처럼 단기간에 보편적 현실이 된 데에는 정부의 의지가 중요한 역할을 하였다. 한국사회의 다문화 정착 과정을 살펴보면 다문화주의에 대한 사회적 관심을 역설한 시민사회의 주장을 정부가 적극적으로 국가정책에 반영하였다는 점을 알 수 있다.

윤인진은 이것을 "시민사회와 국가의 네트워크형"21)이라고 규정하면서 한국 다문화 정책의 중요한 특징으로 제시하고 있다. 이 지점에서 우리는 한 가지 의문을 갖게 되는데, 그것은 정부가 왜 기존의 다문화 국가들과 달리 시민사회에서 제기한 다문화주의에 대해 호의적이었냐 하는 점이다. 여러 가지 원인이 있겠지만, 필자는 결혼이주여성 때문이라고 생각한다.

인권의 사각지대에 방치된 채, 가부장적 억압에 짓눌려 있던 수많은 결혼이주여성들의 존재가 정부로 하여금 다문화 정책에 대해 고민하지 않을 수 없게 만들었던 것이다. 주지하다시피 결혼이주여성들은 합법적인 정주화의 가능성을 지닌 대단히 미묘하고 복잡한 존재들이다. 인종적으로는 타자이지만 한국인 또는 한국인의 가족이라는 중층적인 존재성으로 인해 한국인들은 더 이상 결혼이주여성들을 이주노동자들처럼 애써 무시할 수만은 없게 된다.

상황이 이렇게 전개되자, 시민사회와 한국정부는 국제결혼의 급증으로 인한 단기적인 폐해 극복은 물론이고, 장기적으로는 다인종·다문화로 인한 문화적 다양성을 관리하면서 공존을 통한 국가 통합을 이루고자 한다. '다문화가족지원법'은 그 대표적인 예라 할 수 있다. 하지만 다문화가족지원법 시행에도 불구하고 결혼이주여성들은 여전히 출신 국가의 경제적 지위와 피부색, 그리고 인종에 따른 편견으로 고통받고 있다.

여기서는 한국문화 중 결혼이주여성이 등장한 작품들을 대상으로

---

21) 윤인진, 「한국적 다문화주의의 전개와 특성: 국가와 시민사회의 관계를 중심으로」, 『한국사회학』 42(2), 2008, 76쪽.

결혼이주여성들이 어떻게 재현되고 있는지를 살피고자 한다. 결혼이주여성들의 재현양상에 대한 실증적 검토는 결혼이주여성들을 가부장적 가족관계의 일방적인 희생자로만 재현하고 있는 것에 대한 거리두기 이기도 하다. 기실, 결혼이주여성들은 "돌봄노동의 교환을 넘어서 섹슈얼리티, 경제적 부양, 가족의 재생산 등"[22] 전통적인 가부장제의 수동적인 피해자뿐만 아니라, 때로는 '적극적으로 자신의 삶을 개척하는 모험가'[23]이기도 하다. 그럼에도 불구하고 희생자로만 재현한다는 것은 결혼이주여성들을 타자화하려는 재현 주체의 일방적인 폭력이라 할 수 있다.

한국문화 속에서 결혼이주여성은 어떻게 재현되고 있을까? 재현의 구체적인 양상을 살펴보기 전에 먼저 결혼이주여성이란 개념부터 정리하도록 하자. 개념을 정리할 때 가장 손쉽게 사용하는 방법은 지금까지 해왔던 대로 '사전'을 찾아보는 것이다. 하지만 안타깝게도 결혼이주여성에 대한 사전적 정의는 현재까지 존재하지 않는다. 국내 최고 권위의 국립국어연구원의 『표준국어대사전』에도 아직까지 등재되어 있지 않다. 따라서 우리는 선행연구를 통해 결혼이주여성에 대한 개념에 다가가야 한다.

돌봄과 서비스영역으로 이주하는 여성이주의 일반 경향, 여성 개인과 그 가족의 경제적 이해관계 실현을 위해 선택하는 결혼이주, 송출될 수밖에 없는 출신국의 정치경제적인 상황, 출신국에서 가졌던 여성 개인과 그 가족의 사회경제 적인 지위 등, 이주의 여성화와 세계화에 따른 이주 논의에서 언급되는 층위들을 포괄하기 위해 '결혼이주여성'을 사용한다.[24]

김혜순은 한국 남성과 결혼한 외국인 여성을 지칭하는 개념으로 '결혼

---

22) 황정미, 「'이주의 여성화' 현상과 한국 내 결혼이주에 대한 이론적 고찰」, 『페미니즘연구』 제9권 2호, 한국여성연구소, 2009, 13쪽.
23) 위의 글, 19쪽.
24) 김혜순, 「결혼이주여성과 한국의 다문화사회 실험」, 『한국사회학』 제42집 2호, 2008, 42쪽.

이민자'와 '결혼이주여성'이 통용되고 있는데, '결혼이주여성'이 이들 여성들을 설명하는 용어로 더 적합하다고 주장한다. 필자 역시 김혜순의 견해에 동의하는데, 그 이유는 결혼이민자라는 개념에는 국제결혼 남성을 비롯해 국제결혼을 통해 이주한 모든 이들이 포함되기 때문이다.

지금부터는 한국문화에서 결혼이주여성들이 어떻게 재현되고 있는지를 살펴보도록 하자.

3.2. 결혼이주여성에 대한 재현[25]

결혼이주여성들에 대한 재현은 크게 〈추적 60분〉과 〈황금신부〉 형으로 이루어지고 있다. 전자가 결혼이주여성을 둘러싸고 진행되고 있는 문화적 갈등, 소통부재, 이혼, 가정폭력, 사기 결혼, 인신매매, 성폭력 등 불법을 대표한다면 후자는 이른바 한국사회가 요구하는 사회적 호명에 입각한 재현방식이다. 가령 '시부모님을 모시고 단란하게 사는 외국인 며느리들의 신청을 기다립니다'라는 언급으로 유명한 〈러브인 아시아〉는 오늘날 대다수의 한국 여성들이 거부하고 있는 현모양처로 그들을 호명하고 있다.

잘 모르겠다면, 눈으로 직접 확인하는 것도 좋은 방법이다. 〈그림 4-4〉는 대표적인 시사프로그램인 〈그것이 알고 싶다〉이다. 결혼이주여성에 대한 재현 방식 중에서도 매우 익숙한 것으로써 꼭 그런 것은 아니지만 대충은 국제결혼을 다분히 농촌—꼭 농촌만은 아니지만—의 성적 불균형을 해소하기 위한 목적으로, 결혼이주여성들을 합법적으로 "'구매 가능한' 대상으로 표상"[26]하고 있음을 알 수 있다. 그 결과 결혼이주여성들은 "남성 '토착민'과 여성 '이주민'의 결합이 금전적인 거래의 형식을 띠고 이루어"[27]지는 거래의 대가이거나 "내가 큰

---

25) 이 부분은 강진구의 논문(강진구, 「한국소설에 나타난 결혼이주여성의 재현 양상」, 『다문화콘텐츠연구』 11집, 중앙대학교 문화콘텐츠기술연구원, 2011)을 저서의 성격에 맞게 대폭 수정한 것이다.

26) 김현미, 『글로벌 시대의 문화번역』, 또하나의문화, 2005, 13쪽.

돈 내서 마누라를 샀는데 내 마음대로 할 수 있"는 대상, 심지어는 "단순한 성적 대상이나 부려먹기 쉬운 가사 노동자로 취급"28)하는 상황으로까지 내몰리기도 했다.

〈그림 4-4〉 SBS 방송 〈그것이 알고 싶다〉의 한 장면

그런데 이러한 재현 속에 등장한 결혼이주여성들은 한국인의 아내가 되어 "행복한 삶"을 영위하고자 했던 꿈을 짓밟힌 채, 남편의 폭력과 편견을 견디지 못해 이혼을 하거나 야반도주를 감행하였

〈그림 4-5〉 〈하노이 신부〉의 한 장면

고, 심지어는 투신자살이란 극단적인 선택을 하기도 하였다.29)

〈그림 4-5〉은 베트남 여성과의 국제결혼을 '낭만적 사랑'이란 서사를 통해 '현실을 우회'30)하는 방식으로 표현한 〈하노이 신부〉의 한 장면이다. 이 장면이 유독 필자의 관심을 끌었던 것은 여기에 국제결혼과 결혼이주여성을 바라보는 한국사회의 보편적 인식이 적나라하게 드러나 있어서이다. 잠시 영상 속으로 다시 들어가 보도록 하자.

"응? 하고, 아이고 이놈이 늙은 애미 앞에서 코메디를 하나? 야, 니가 말을 한

---

27) 이수자, 「이주여성 디아스포라: 국제성분업, 문화혼성성, 타자와 섹슈얼리티」, 『한국사회학』 제38집 2호, 한국사회학회, 2004, 200쪽.

28) 김현미, 앞의 책, 31쪽.

29) 결혼이주여성들이 겪는 갈등 양상에 대해서는 ≪문화일보≫(2008. 5. 2, 41면)의 「'다문화 가족 100만' 과제와 대안」이란 기사를 참조할 것.

30) 류찬열, 「TV 드라마에 재현된 국제결혼과 혼혈 연구」, 『다문화콘텐츠연구』 통권 6호, 중앙대학교 다문화콘텐츠기술연구원, 2009, 13쪽.

번 해봐라! 야가 지금 하는 소리가 뭔 소리다냐?"

"죄송합니다."

"죄송? 아니 그럼 은우 하는 소리가 헛소리는 아니다, 그말이야 시방?"

"형도 알겠지만, 나 얘한테 지은 죄가 많아. 그래서……."

"글쎄, 무슨 죽을 죄를 얼마나 지었는지는 모르지만, 빚은 빚이고 결혼은 결혼이여?"

"마음으로 지은 빚이라 마음으로 갚아야 돼요. 그리고 엄마도 티브 좋아하잖아. 그러니까……."

"누가 니 짝으로 좋대, 니 형 짝으로, 40이 넘어도 제 짝 못 찾은 네 형 짝으로 황감하댔지, 누가 니 짝으로 좋댔냐구? 이, 아이고, 아이고! 다이몬드를 옆에 놓고 유리조각을 집어도 정도가 있어야지. 미리같이 좋은 애를 두고 어디서 감히, 아이고, 난, 내 눈에 흙이 들어가기 전에 그런 꼴 못 봐, 아니 안 봐, 저딴 애랑 결혼할 거면 차라리 혼자 늙어 죽어."

베트남에서 온 티브에 대해 호의적인 반응을 보였던 어머니(강부자 분)는 티브의 결혼 상대자가 농촌의 노총각인 석우가 아니라 의사인 은우라는 것을 알자, "저딴 애랑 결혼할 거면 차라리 혼자 늙어 죽어"라고 외치며 기절을 한다. 극적 효과를 위한 설정이겠지만, 어머니(강부자 분)의 태도는 국제결혼에 대한 보편적인 한국인들의 정서를 대변한다고 할 수 있다. 다시 말해, 결혼이주여성을 아내로 맞는 국제결혼이란 한국의 결혼시장에서 배제된 뭔가 부족한 이들이나 하는 것쯤으로 인식하고 있는 것이다.

논의를 좀 더 진전시켜 보자. 한국사회에 존재하는 이주여성들은 그들의 출신 국적에 따라 다양한 방식으로 유형화되고 있다. 즉 생산직에는 동남아 출신의 이주여성들이, 성산업에는 필리핀과 러시아 출신이, 그리고 식당과 여관, 다방, 가정부, 파출부 등 단순 서비스 직종이나 가사노동에는 주로 중국 조선족 여성들이 종사하는 것으로 재현되고 있다. 이러한 사실은 "이주여성들 간에도 노동분업"31)이 나타나고 있는 것을 보여주는 것이라 할 수 있는데, 이 같은 국적에 따른 노동분업 현상은 이주여성을 다룬 문학작품에서 이주여성들이 국적에 따라 한국 남성과 '결혼/연애(성적 욕망의 대상)'의 대상으로 재현되는 모습으로 나타난다. 다시 말해, 문학작품에 등장하는 이주여성들은 그 국적에 의해 노동에 종사하는 여성, 성(性)산업에 종사하는 여성, 결혼이주여성 등으로 분류되고 있다.

결혼이주여성을 다룬 문학작품에 등장하는 여성들의 국적은 조선족이 압도적으로 많다. 이것은 국제결혼에서 다수의 비율을 차지하고 있는 조선족의 현실을 반영하는 것이기도 하지만, 타민족 간의 결혼에 대한 심리적 거리감을 표현한 것이기도 하다. 초창기 결혼이주여성을 다룬 소설들은 외국인 여성을 욕망하면서도 정작 배우자로서 그들을 선택하지 않는다. 다시 말해 네팔의 여성노동자 '다냐'는 한국인 남성노동자에 의해 "햐, 고거 가무잡잡한 게 얼굴도 반질반질허고 이거 은근히 땡기는"[32] 존재로는 형상화되지만 정작 배우자로 정착하지는 못한다. 그 이유는 어디에서 연유하는 것일까? 결혼이주여성의 대부분을 중국 조선족으로 재현함으로써 '중국 조선족여성=결혼대상자'라는 고정관념을 통해서까지 얻고자 하는 심리적 기제는 무엇일까? 구체적인 작품 분석을 통해 살펴보자.

3.2.1. 경계 안 여성의 경계 밖 여성 걱정하기

결혼이주여성을 다룬 소설들을 읽어보면 새삼 새로운 사실 하나를 발견하게 되는데, 그것은 대부분의 작품들이 여성작가에 의해 창작되었다는 점과 결혼이주여성의 결혼생활이 결국은 파국으로 끝나는 점이다. 필자가 여기서 살펴볼 천운영의 『잘가라, 서커스』, 한수영의 「그녀의 나무 펭귀리」, 이명랑의 『나의 이복형제들』, 공선옥의 「가리봉 연가」, 김인숙의 「나비와 바다」 등도 이 범주에서 벗어나지 않는다.

---

31) 김민정·유명기·이혜경·정선기, 「국제결혼 이주여성의 딜레마와 선택」, 『한국문화인류학』 39-1집, 한국문화인류학회, 2006, 160쪽.

32) 김소진, 앞의 글, 149쪽.

남편의 상습적인 폭력과 경제적 궁핍에 시달리다 못해 결국 남편을 살해하는 '만자'의 비극을 다룬 「그녀의 나무 핑궈리」는 물론이고, 가족들과의 소통을 통한 정주의 가능성을 찾지 못한 채 가출하여 끝내 약물중독자로 전락한 림해화를 다룬 『잘가라, 서커스』는 결혼이주여성들이 한국사회에서 겪고 있는 문화적 갈등을 상징적으로 보여준다.

그런데 필자가 정작 관심을 갖는 것은 결혼이주여성들이 당하는 고통도 고통이지만, 이들 작품들이 결혼이주여성으로 모두 조선족을 선택하고 있다는 점이다. 필자가 조선족을 강조한 이유는 이들 여성들이 이른바 '단일민족'이라는 순혈주의 관념과 뿌리 깊은 혼혈에 대한 거부감을 갖고 있던 한국 남성들이 어떻게든 혼혈의 문제를 극복하기 위한 해결 방안으로 선택했던 존재들이라는 점 때문이다. 그럼에도 불구하고 이들이 소설에서 약속이나 한 듯 정주하여 자신들이 꿈꿨던 행복한 가정을 꾸리지 못하고 파국을 맞이한다는 점은 그만큼 국제결혼으로 인한 갈등이 크다는 것을 반증한다고 하겠다.

약을 먹으면서 나는 상상해. 따뜻한 숲속. 소소리 솟은 이깔나무 가지에 물든 야들야들한 바늘잎. 해묵은 낙엽층을 뚫고 싹터오른 온갖 풀잎들. (…중략…) 상상하는 것, 그것이 나를 살아 있게 해. 하지만 이젠 상상하는 것도 힘겨워. 자꾸 졸음이 몰려와. 졸음을 견딜 수가 없어서 약을 또 먹었어.[33]

"나는 행복해질 것이다"(41쪽)라는 결심으로 한국에 온 림해화는 끝내 한국 땅에서 행복을 찾지 못하고 자신의 나고 자란 고향 연변을 그리워한다. 그러나 주민등록증도 없이 맨몸으로 가출한 림해화에게 고향 연변은 너무나 멀리 있는 곳이었다. 림해화의 눈앞에 펼쳐진 현실은 조선족 여성을 손쉽게 정복할 수 있는 성적 대상으로 여기거나 돈만 밝히는 '악착같고 그악스러운' 존재들로 바라보는 편견의 눈초리만 있을 뿐이다. 현실에서 이룰 수 없는 소망을 림해화는 꿈을 통해 해결

---

33) 천운영, 『잘가라, 서커스』, 문학동네, 2005, 237~238쪽.

한다. 그녀에게 꿈은 현실의 아픔을 참 아내는 방편이자 영혼만이라도 현실에 서 해방되겠다는 자유를 향한 날갯짓 이었던 것이다. 그러나 꿈을 통해서라 도 고향에 닿고 싶어 했던 림해화의 바 람은 꿈조차 마음대로 꿀 수 없는 현실 앞에서 무너지고 만다. 림해화는 약에 의지할 수밖에 없게 되었고 결국 비극 적인 결말을 맺게 된다.

작가는 림해화의 비극적인 삶을 통해 결혼이주여성의 고통을 대신 전달하고 있는데, 이 과정에서 결혼이주여성에 대한 타자화가 발생한다. 조선족 여성

〈그림 4-6〉 천운영의 『잘가라, 서커스』

의 목소리를 "다수집단의 언어로 규정하는 과정"[34])이기도 한 타자화 는 결혼이주여성을 형상화한 소설에서 다양한 방식을 통해 이루어진 다. 그중 대표적인 것이 림해화의 경우처럼 결혼이주여성의 비극성만 을 강조하는 것이다.

기실, 결혼이주여성을 재현한 작품들은 여성을 상품화하는 국제결 혼의 범죄성에 대한 비판과 결혼이주여성을 이중삼중의 중첩된 모순 으로 내몰고 있는 한국사회를 고발하기 위해 폭력과 편견에 시달리는 결혼이주여성의 모습을 집중적으로 부각시키고 있다.

그런데 이러한 재현 방식은 그 의도와 상관없이 〈황금신부〉의 주인 공인 '누엔 진주'나 언론매체에 보도된 각종 미담사례의 주인공이 될 가능성을 봉쇄해 버린다. 이것은 현실의 충실한 재현이라기보다는 재 현 주체들의 정치적 욕망에 가깝다. 〈황금신부〉가 현모양처라는 가족 주의 이데올로기로 결혼이주여성을 호명하고 있는 것은 사실이지만, 여기에는 가족 간의 갈등을 극복하고 행복하게 살아가고자 하는 결혼

---

34) 양정혜, 「소수 민족 이주여성 재현: 국제결혼 이주여성에 관한 뉴스보도 분석」, 『미디 어, 젠더&문화』 7호, 한국여성커뮤니케이션학회, 2007, 48쪽.

〈그림 4-7〉 드라마 〈황금신부〉

이주여성의 노력 또한 엄연히 실재하고 있다. 결혼이주를 통한 국제결혼이 행복한 가정을 구성할 수 있는 방법의 하나라는 가능성마저 부정한 채, 일방적으로 가부장제의 희생자로만 재현하는 것은 가부장제의 비판을 통해 자신들의 정치적 목소리를 드러내려고 하는 의도가 숨어있다는 비판을 불러일으킬 수도 있다.35)

결혼이주여성들은 타자들을 배제하고 차별하는 한국사회를 비판하기 위해 작가들에 의해 소환된 존재들인데, 이 과정에서 가부장제의 희생자로 형상화됨으로써 그들이 지니고 있는 '새로운 삶을 적극적으로 개척하는 모험가' 또는 '근대적 라이프스타일을 욕망하는 존재'36)들이라는 측면은 제거되고 만다.

그렇다면 왜 작가들은 결혼이주여성들을 이런 방식으로 소환하는 것일까? 필자는 국제결혼과 결혼이주여성을 바라보는 고정된 시선에서 비롯되었다고 생각한다. 현재 대부분의 작가들은 결혼이주여성들을 '돌봄노동'을 채우기 위해 전 지구적으로 "강제이동된 상품"37)쯤으로 인식한다. 이들은 결혼이주여성들을 '글로벌 케어체인global carechain'이론과 '생존의 여성화feminization of survival'이론 등으로 설명하면서 국제결혼에서의 여성의 자기결정권의 중요성을 상대적으로 소홀히 한다. 다시 말

---

35) 최종렬이 대표적인 논자이다. 자세한 것은 최종렬·최인영, 「국제결혼 이주여성에 대한 문화사회학적 접근: 방법론적·윤리적 논의를 중심으로」, 『문화와사회』 제5권, 한국문화사회학회, 2008을 참조할 것.
36) 황정미, 앞의 글, 19쪽.
37) 최종렬·최인영, 앞의 글, 159쪽.

해 결혼이주여성들의 실질적인 삶의 질 향상을 위한 노력보다는 그들을 불행으로 내몬 사회적 관계망에 대한 비판에 몰두하고 있는 셈인데, 이것은 마치 가족과 국가라는 튼튼한 보호막(온실) 안에서 자란 화초가 바람 부는 들판에 서 있는 들꽃의 안위를 걱정하는 모습처럼 보인다. 이러한 모습 속에 한국사회가 행하고 있는 결혼이주여성에 대한 남성적 폭력과 차별에서 자신들을 분리해 내고자 하는 경계 안 여성들의 욕망이 숨어 있다고 한다면 너무 가혹한 비판일까?

3.2.2. 국제적인 범죄와 공모한 남성, 그리고 그 희생양들

결혼이주여성 문제를 다룬 소설들에서 국제결혼은 매우 부정적으로 그려지고 있다. 한마디로 돈을 매개로 여성의 몸을 사는 범죄행위 정도로 취급되고 있으며, 결혼이주여성은 불평등한 국제 노동 분업의 이름 없는 부속품이거나 그 범죄의 희생양으로 이미지화되고 있다.

> 대나무 소파가 놓인 응접실. 한국 남자 한 명이 앉아 있다. 가난으로부터의 탈출을 꿈꾸는 베트남 여성 11명은 긴장했다. 무릎을 한쪽으로 모으고 앉아 있는 여성들 얼굴 위로 한국 남자의 어색한 시선이 지나갔다. "어휴, 미안해서 어떻게 누굴 골라요. 이제 그만 올려보내세요." (⋯중략⋯)
> 김씨는 11명의 실물 면접 이외에 화상 면접도 시도했다. 옆방으로 옮긴 그는 '2006년 4월'이라고 적혀 있는 1시간 30분 분량의 CD를 틀었다. 모니터에는 가슴에 번호표를 단 150명의 여성들이 차례로 등장했다. 얼굴에서 시작한 카메라의 앵글은 전신으로 옮겨가는 과정을 되풀이했다. 이 역시 20분 만에 그는 포기했다.[38]

인용문은 한국 남성과 베트남 여성 사이에 이루어지는 국제결혼의 실상을 취재한 기사의 일부분이다. 위 장면은 "어머니를 모시자"는 말에 사귀던 여자와 헤어진 인천 거주 김씨(35, 무직)가 국제결혼 중개업

---

38) ≪조선일보≫, 2006. 4. 21.

체를 통해 베트남 여성을 고르는 모습이다. 김씨는 이 결혼을 위해 800만 원을 투자한다. 즉 김씨는 800만 원을 투자해 가난으로부터 탈출하고자 하는 베트남 여성을 상품으로 구매한다. 인용문에서 알 수 있듯이 한국의 남성들은 이른바 신부쇼핑bride shopping 또는 우편주문신부mail order bride를 통해 국제적인 성분업과 공모관계를 형성하고, 이 과정에서 결혼이주여성들은 "철저하게 결혼비용을 지급한 쪽"[39]에 귀속된다.

결혼이주여성을 형상화한 대부분의 소설들은 이렇게 진행되고 있는 국제결혼을 '범죄'로 규정한다. 한국 남성의 맞선여행 전 과정을 상세하게 형상화한 『잘가라, 서커스』의 경우 화자(윤호)는 맞선여행을 통해 국제결혼을 하려는 남성들을 "공동임무를 맡은 군인이나, 같은 죄를 지은 죄수"(11쪽)로 형상화한다. 즉 어린 시절 사고로 말을 잃은 형을 돕기 위해 맞선여행에 참가한 윤호는 국제결혼을 하려는 이들과 자신을 의도적으로 분리시킬 뿐만 아니라, 그들에 대해 적의까지 드러낸다.

> 나는 사람들의 얼굴을 보지 않으려고 애를 썼다. 붉은 점 남자와 눈이 마주치면 남자의 얼굴을 사포로 문지르고 싶어졌고, 양돈장 남자의 얼굴을 보면 자꾸만 돼지 홀레 장면이 그려졌다. 눈앞에는 벌거벗은 여자 위에 올라탄 난쟁이와 홀레 붙은 돼지들과 거대한 문어떼가 어룽거렸다. (『잘가라, 서커스』, 12쪽)

윤호는 국제결혼에 나선 이들이 자신의 형처럼 한국 여성들로부터 선택받지 못한 상처를 갖고 있는 인물들로 생각하기보다는 오직 동물적인 욕망에만 사로잡힌 호색한들로 인식한다. 이 지점을 통해 윤호는 국제결혼 남성들 사이에 형성되었던 '상처를 공유한 동료의식'의 마지막 끈을 끊어 버린다.

형을 대신하여 결혼이주를 꿈꾸는 여성들을 대하는 윤호의 시선은 자신이 그토록 경원했던 이들의 행위와 동일하다는 점에서 비극적이다. 그는 자신의 행위가 다른 사람들의 행동과 다르지 않다는 점을 모

---

39) 이수자, 앞의 글, 216쪽.

른 채, 죄의식조차 없이 결혼이주여성을 선택한다. 이 과정을 통해 여성의 몸이 상품화되는 국제결혼의 메커니즘은 비판받는다.

국제결혼을 다룬 작품들에 나타난 공통적인 특징 하나는 한국 남성들이 소유하고 있는 것처럼 보이는 '환상적 자본'이 한국 남성들이 지니고 있는 결핍들을 감춤으로써 새로운 갈등의 촉매제가 된다는 점이다. 소설작품에 등장하는 대부분의 한국 남성들은 서로 다른 문화적 배경을 갖는 외국인 여성과 결혼생활을 영위하는 데 심각한 문제를 갖고 있는 인물들이다. 즉 이들은 사회적, 정신적, 신체적으로 결핍된 존재들로 형상화되고 있음에도 불구하고 그들이 소요한 돈에 의해 그 같은 결핍은 상쇄되고, 심지어는 좀 더 매력적인 섹슈얼리티를 소유한 여성들을 선택하는 동인으로 작용하기까지 한다.

그런데 한국 남성들이 국제결혼 과정에서 보여준 환상적 자본은 현실의 결혼생활에서는 지속될 수 없는 것이다. 환상적 자본은 결혼과 동시에 사라지게 되는데, 이로 인해 이주여성들은 자신의 결혼이 결핍 있는 한국 남성과 이루어진 불균등한 결합, 즉 사기 결혼이라 생각하기도 한다. 이것은 필연적으로 '부부간의 갈등'[40]으로 확산된다. 인간 말종인 '동배'(「그녀의 나무 핑궈리」)와 농사꾼이지만 땅 한 평 없는 어눌한 기석(「가리봉 연가」), 그리고 무위도식하면서 걸핏하면 폭력을 행사하는 머저리의 남편(『나의 이복형제들』), 너무 나이가 많은 식당 야채납품업자(「나비와 바다」), 어린 시절 사고로 말을 잃어버린 형(『잘가라, 서커스』) 등은 모두 결핍된 존재들이다. 이들은 이 결핍으로 인해 국내 결혼시장에서 소외되었고, 그 소외를 외국인 여성과의 국제결혼을 통해 해소하려 했다. 결핍으로 인해 국내 여성들로부터 배척당했다는 인식은 부부생활에서 종종 병리적인 형태로 드러나기도 한다.

---

40) 베트남이나 캄보디아 여성과의 결혼에서는 지참금이 부부갈등의 원인이 되기도 한다. 전통적으로 이들 나라에서는 남성이 신부집에서 하는 결혼식 비용의 일부로 신부측에게 일정한 지참금(?)을 지불한다. 따라서 한국인과 결혼하는 이들 여성들 또한 한국인 남편이 지참금을 지불할 것이라 생각하는데, 이것을 지불하지 않음으로써 부부갈등이 발생하기도 한다.

머저리는 남편의 주먹질에 익숙해 있었다. 남편의 주먹에 힘이 들어갈 때마다, 남편의 발이 배를 걷어찰 때마다 적절하게 몸을 웅크렸다. 머저리는 어떻게 맞아야 덜 아픈지를 알고 있는 사람이었다. 남편의 주먹다짐이 시작된 바로 그 순간, 머저리는 양팔을 두 귀에 바짝 가져다 붙였는데 고막이 터지거나 머리가 깨져보지 않은 사람이라면 미처 흉내낼 수도 없을 만큼 재빠른 동작이었다. 머리와 귀만큼은 맞지 않으려고 필사적으로 버둥거리고 있는 머저리의 모습은 계속되는 펀치에 반쯤 정신이 나간 상태에서도 권투 글러브로 머리를 감싸고 있는, 다운되기 직전의 권투선수와 흡사했다.[41]

한국 여성을 배우자로 삼지 못하는 자신의 처지와 능력부족에 대한 자괴감에 휩싸이곤 했던 남편은 걸핏하면 머저리를 향해 폭력을 행사한다. 결혼이주여성에 대한 폭력은 한국인 여성에 대한 성적 욕망의 해소가 좌절될 때마다 폭력을 행사하는 동배(「그녀의 나무 핑궈리」)나 아내와의 정상적인 소통 대신 성적 폭력과 전선으로 아내의 "손목과 발목"을 묶는 형(『잘가라, 서커스』) 등 결혼이주여성을 다룬 대부분의 작품에서 공통적으로 드러난다. 이것은 불균등한 결합으로 이루어진 국제결혼의·필연적인 결과물이라 할 수 있다. 환상적 자본이 사라진 속에서 한국인 남성들은 결혼이주여성에게 더 이상 환상을 제공할 수 없는 위기에 봉착하게 된다. 그런데 한국인 남성들은 이 같은 위기를 "가부장적 위계를 강화"[42]하는 것을 통해 해소하려고 한다. 폭력 말고는 특별히 가부장적 위계를 강화하는 방법을 알지 못한 한국인 남편들의 무자비한 폭력 앞에 결혼이주여성들은 자신들의 소중한 꿈을 채 피우지도 못한 채 파멸하고 만다.

국제결혼을 '불균등한 결합'이나 국제적인 범죄와 공모한 것으로 재현하는 속에서 결혼이주여성의 행복한 정주定住는 처음부터 불가능한 꿈일지도 모른다.

---

41) 이명랑, 『나의 이복형제들』, 실천문학사, 2004, 157쪽.
42) 황정미, 앞의 글, 25쪽.

3.2.3. 불임, 유랑하는 결혼이주여성

국제결혼은 비록 적지 않은 문제점을 갖고 있지만 결혼 시장에서 불리한 위치에 놓여있던 주변부 남성들이 가정을 이룬다는 점에서 일정한 의미를 갖는다. 즉 한국의 남성들은 경제적 빈곤으로부터 탈출을 꿈꾸는 아시아 여성과 결혼함으로써 일정부분 여성들의 욕망을 충족시켜 줄 뿐만 아니라 스스로를 온전한 사회 구성원의 일부로 편재시킬 수 있었던 것이다.

이 과정에서 임신과 출산은 매우 중요한 역할을 한다. 결혼이주여성에게 임신과 출산으로 대표되는 전통적인 가족구성 방법은 그들을 온전한 아내이자 가족의 구성원으로 만드는 통과제의와도 같은 역할을 하였다. 하지만 결혼이주여성을 재현한 소설들에 등장하는 이주여성들은 한결같이 아이를 낳는 것을 거부하거나, 불임 또는 유산하는 여성으로 형상화되고 있다. 왜 작가들은 결혼이주여성들을 불임, 또는 유산하는 여성으로 형상화하는 것일까?

> 제가 살던 용정에는 사과배라는 게 있습니다. 그 사과배라는 게 저희 중국의 조선족들과 똑같단 말입니다. 왜서 같은가 하면 조선에서 이주해 오면서 사과 묘목을 갖고 온 사람이 그걸 연변 참배나무에 접목시키지 않았겠습니까. 모두 세 그루였는데 그중 용케 한 그루가 살아남았답니다. 그래서 열린 거이 모양은 사과 비슷하고 맛은 배 비슷한 희한한 과일이 나왔단 말입니다. (『잘가라, 서커스』, 58쪽)

조선족을 상징하는 '사과배'는 넓은 의미에서 경계를 넘는 타자 전체를 상징한다고 할 수 있다. 다시 말해 사과배는 국경(경계)을 사이에 두고 경계 안쪽과 바깥쪽이 결합하여 만들어낸 새로운 정체성이다. 세 그루 중 두 그루가 죽었다는 점에서 이질적인 정체성의 결합이 쉽지는 않지만, 조선족은 사과배가 독특한 열매를 맺듯이 중국이란 땅에서 자신들만의 정체성을 형성할 수 있었다. 국제결혼의 안착도 이와 비슷하다. 하지만 국제결혼을 다룬 소설에 등장한 결혼이주여성들은 서로 다른 정체성의 결합을 통한 새로운 정체성의 탄생과는 무관한 존재들로 형상화되고 있다. 습관성 유산으로 인해 '둘치'라고 불리는 명자(「그녀의 나무 펑궈리」)는 물론이고, 이주 전 딸을 낳았지만 땅한 마지기 없이 가난한 주제에 애를 낳으라고 들볶는 시부모의 성화에 야반도주하는 명화(「가리봉 연가」), 하루에도 몇 번씩 임신과는 관계없는 섹스를 하는 장미다방의 중국 머저리(『나의 이복형제들』), 끝내 유산하고 마는 림해화(『잘가라, 서커스』) 등 결혼이민자들은 모두 임신·출산과는 동떨어진 인물들이다.

한국인 남성과 국제결혼을 결심한 림해화는 자신의 선택을 "나는 행복해질 것이다"(41쪽)라는 말로 합리화한다. 그녀는 한국으로 가서 사고로 목소리를 잃은 남편의 목소리가 되고 그의 아이를 낳음으로써 아내가 될 것을 결심한다. 그리고 그것을 통해 '행복'을 얻고자 한다. 하지만 그녀의 계획은 변기 가득 쏟아진 피와 함께 사라지고 만다.

> 물을 내리려고 몸을 돌리다가 변기 하나 가득 쏟아낸 피가 보였다. 달거리라고 하기에는 양이 너무 많고 시커멓기까지 한 핏덩이들이 눈앞에 있었다. 피비린내가 끼쳐왔다. (…중략…) 그것은 어쩌면 내 속에서 잠시 살다 간 나그네의 분신인지도 몰랐다. 아니면 한국에서의 행복한 생활을 꿈꾸었던 나의 다른 모습인지도 몰랐다. 정신이 혼몽해져갔다. 나는 물을 내려 더럽고 냄새나는 핏덩어리를 흘려보냈다. (『잘가라, 서커스』, 195쪽)

유산과 함께 '한국에서의 행복한 생활'의 꿈도 사라진다. 정주할 수 있는 마지막 끈일지도 모르는 아이의 유산으로 인해 림해화는 "아가는 어디 도망갈 생각 안 하지야? 거짓부렁으로 결혼해서 금세 도망가고 그러는 사람들하고 다르지야?"(59쪽)라며 함께 살 것을 소망했던 시어머니와의 약속 또한 지킬 수 없게 된다.

불임의 모티프는 "존재론적 차원을 달리하는 아내와 남편 간의 거리를 증폭시키는 기능"[43]을 담당한다. 결혼이주여성들은 임신과 출산을 통해 비로소 아내와 가족의 일원으로 인정을 받는다. 그런데 이처럼 중요한 임신과 출산이 유산이나 선천적인 불임으로 인해 거부된다는 것은 국제결혼 가정이 해체되어가고 있음을 보여주는 상징적인 표상이라 할 수 있다. 의도적으로 임신을 거부한 명화의 모습은 가부장적 억압을 통해서라도 불균등한 결합을 유지하려는 남성들의 노력이 더 이상 작동하지 않고 있음을 보여준다.

그런데 유산과 의도적인 임신 거부를 통해 정주를 거부하는 결혼이주여성의 재현은 결혼이주여성에 대한 새로운 편견을 양산할 수 있다는 점에서 문제라 할 수 있다. 임신과 출산을 통한 안정적인 가족 구성에서 배제된 이주여성들은 "주민등록증을 받게 될 그 언젠가를 위하여"(『나의 이복형제들』, 141쪽) 어떤 학대와 냉대도 참아내는 지독한 인물이라는 부정적인 편견을 낳게 된다. 그리고 이러한 편견은 결혼이주여성들을 여전히 불안한 존재로 이미지화하는 데 일조한다.

지금까지 우리들은 한국문화, 그중에서도 결혼이주여성을 다룬 소설들을 통해 결혼이주여성에 대한 재현 방식을 살펴보았다. 결혼이주여성을 재현하는 방식에는 일정한 문제점을 노정하고 있는데, 그것은 다음과 같다.

첫째, 결혼이주여성들의 삶을 온통 파국으로만 형상화한 것은 주체(지식인)의 또 다른 타자에 대한 부당개입의 여지를 남긴다. 둘째, 국제결혼과 결혼이주여성을 국제적인 범죄와 공모한 한국 남성들의 희생양으로 재현한다는 점이다. 이것은 국제결혼의 문제점을 적시하는 긍정적인 측면이 있기는 하지만 국제결혼으로 인한 문화적 갈등을 해소하는 다양한 방법들의 모색을 봉쇄한다는 측면에서 문제가 있다. 셋째, 결혼이주여성을 불임이나 유산하는 여성으로 재현함으로써 결혼이주여성을 여전히 이동하는 불안한 존재들로 형상화하고 있다는 점이다.

이 같은 문제점에도 불구하고 결혼이주여성들을 형상화한 소설들은 다인종·다문화사회에 대응하는 우리 소설문학의 중요한 성과임에는 분명하다 하겠다.

---

43) 연경남, 「다문화 소설과 여성의 몸 구현 양상」, 『한국문학이론과 비평』 제48집, 한국문학이론과비평학회, 2010, 162쪽.

4. 국제결혼과 혼혈[44)

4.1. 혼혈인은 누구인가?

2006년 2월 5일(미국 현지 시각). 가장 미국적인 스포츠라는 북미프로
미식축구(NFL) 슈퍼볼 결승전이 끝난 후, 세계인들은 동양계 선수의
MVP 수상이라는 이례적인 장면을 지켜보았다. 동양계 MVP 수상자
는 다름 아니라 한국계 혼혈인 하인즈 워드였다.

워드의 슈퍼볼 MVP 수상 소식은 태평양을 건너면서 이른바 '워드
신드롬'이라 할 만큼 큰 관심을 불러일으켰다. 각종 언론매체는 워드
의 MVP 수상을 IMF체제 속에서 국민들에게 위안을 주었던 박세리의
US 우승과 견주었다. 심지어 몇몇 신문과 방송은 연일 워드와 워드를
'자랑스러운 한국인'으로 키운 어머니 김영희 씨의 삶을 조명하기까지
했다.[45) 박세리에 비견되곤 했던 '하인즈 워드' 관련 기사들은 주로
민족적 자긍심에 초점—자랑스러운 한국인상과 자식을 위해 헌신하
는 한국적 어머니상—이 맞춰졌지만, 다른 한편으로는 한국사회의 혼
혈인에 대한 편견을 되돌아보게 만드는 계기가 되기도 했다.

실제로 워드 열풍에 맞춰 공영방송인 KBS는 2회에 걸쳐 토론프로그
램을 진행하였다. 첫 번째 토론은 국내에서 한참 워드에 대한 관심이
고조되던 2006년 2월 10일에 진행된 〈혼혈인 차별철폐, 어떻게 해야
하나?〉였다. 토론은 국내의 하인즈 워드 열풍을 소개한 후, 다문화가정
이 늘고 있는 현재에도 피부색과 외모 차이로 혼혈인이 각종 사회적
편견과 차별로 고통받고 있음을 지적하였다. 또한 국가적 무관심 속에

---

44) 이 부분은 강진구의 논문(강진구, 「수기를 통해 본 한국사회의 혼혈인 인식」, 『우리문학
연구』 26, 우리문학회, 2009a)을 저서의 성격에 맞춰 대폭 수정한 것이다.

45) 워드가 MVP를 수상한 이후 국내 언론에 약 3개월간에 걸쳐 실린 우드 관련 기사는 종
합일간지 300건, 경제일간지 147건, 인터넷뉴스 52건, TV뉴스 48건이었다. 이남미와 이
근모는 우드 관련 기사의 폭발 현상을 '소용돌이 텍스트성(vortetuality)'로 설명한다. 보
다 자세한 사항은 '이남미·이근모, 「하인즈 워드의 매스미디어 보도를 통한 민족적 정
체성과 다문화주의 담론 분석」, 『한국스포츠사회학지』 제20권 1호, 한국스포츠사회학
회, 2007'을 참조할 것.

방치되고 있는 혼혈인에 대한 차별의 문제점과 그 해결책을 전문가들의 토론을 통해 찾고자 했다. 두 번째 토론 또한 워드와 관련이 있다. 두 번째 토론에서는 워드의 방한과 발맞춰 정부가 추진 중이던 '국제결혼가정에 대한 차별 금지법'에 대해 집중적으로 논의한 〈혼혈인 차별금지법 제정, 어떻게 볼 것인가?〉였다.[46] 혼혈인! 과연 그들은 어떤 존재이기에 이러한 대접을 받는 것일까? 혼혈인에 대한 이해를 넓히

〈그림 4-8〉 북미프로미식축구(NFL)의 영웅
하인즈 워드

기 위해 기존의 방식대로 표준국어대사전을 검색해보자.

① 혈통이 다른 종족 사이에서 태어난 사람. ≒혼혈

② 혼혈(混血, 영어: multiracial, mixed-race)은 인종이나 민족이 다른 양친 사이에서 2세가 태어나는 것을 말하며, 태어난 2세를 혼혈 또는 혼혈아라고 한다. 혼혈의 다른 표현으로, 동물 사이의 교잡종을 뜻하는 튀기라는 말이 사용되기도 하지만, 차별적 느낌을 줄 수도 있다. (위키백과)[47]

혼혈인에 대한 정의가 ①의 경우처럼 혈통이 다른 종족 사이에서

---

46) KBS 라디오 토론프로그램 전광용의 '열린 토론' 홈페이지에 실린 기획의도에는 "미국의 최고 인기 스포츠인 NFL 슈퍼볼에서 한국계 혼혈인 하인즈 워드가 MVP를 차지하면서 국내에 하인즈 워드 열풍이 불고 있습니다."(2월 10일)나 "최근 한국계 미국 프로풋볼(NFL) 스타, 하인스 워드 선수의 방한을 계기로 혼혈인에 대한 사회적 편견과 차별 해소 문제가 사회적 이슈로 떠오르고 있습니다."(4월 10일) 등으로 혼혈인 문제를 워드와 관련하여 설명하고 있다. 이것은 워드를 호명하지 않으면 안될 만큼 우리 사회가 혼혈인에 대해 무관심하다는 것을 반증하는 것이기도 하다.

47) http://ko.wikipedia.org/wiki/%ED%98%BC%ED%98%88

태어난 사람을 지칭함에도 불구하고 한국인들은 오랫동안 ②의 경우를 사용했다. 혼혈인을 비칭卑稱하는 대표적인 용어인 '튀기'는 "① 종種이 다른 두 동물 사이에서 난 새끼, ② 수탕나귀와 암소 사이에서 나는 동물, ③ 혈종이 다른 종족 간에 태어난 아이"이다. 사전의 정의에서 몇 번을 끌어 쓴다고 해도 이 용어는 부정적이다. 튀기란 어휘로 인해 혼혈인은 한순간 '잡종'으로 규정돼 버린다. 여기서 우리는 혼혈이란 개념이 '다른 종족의 피가 섞이지 아니한 순수한 혈통'의 대립항으로 설정되고 있음을 알 수 있다.48) 즉 순혈이 존재한다는 것을 전제로 섞이지 않은 피는 깨끗하고 섞인 피는 더럽다는 것을 무의식적으로 드러내고 있는 것이다. 여기서 말하는 더러움이란 '훼손된 누이(엄마)의 몸' 또는 '양공주'에 대한 집단적 기억 속에 존재하는 부끄러움의 다른 표현이라 할 수 있다.

① 한국여인이 외국인을 상대로 몸을 팔다 생겨난 **명예롭지 못한 씨앗**이라 할지라도 전쟁 후의 사회 실정을 다시 한 번 생각해 본다면 무언가 혼혈아들에 대한 가호의 손길이 있어야 할 것이다.49)

② 사회문제로서의 혼혈아 문제가 다만 그들의 검거나, 흰 살갗으로 인해서 결정적으로 생겨지는 것이라고 보고 싶지는 않습니다. 그보다는 오히려 그들이 색다른 살갗으로 태어난 원인이 그들 **부모의 부도덕적인 관계**에 있다고 단정하여 우리 **국민이 혼혈아와 그들 어머니를 우리 사회에 받아 들이지 않으려는** 데 보다 큰 요인이 있다고 믿고 있습니다.50) (강조는 인용자)

위의 두 인용문은 혼혈인에 대한 한국사회의 인식(편견)을 적나라하게 보여주고 있다. 인용문 ①은 혼혈인 문제를 취재한 르포의 일부이

---

48) 이승애, 「한국사회에서의 혼혈여성(Amerasian Women)의 경험을 구성하는 젠더와 인종에 관한 연구」, 이화여자대학교 석사논문, 2006, 18쪽.
49) 文浩, 「르포·混血兒 ②: 基地村 맴돌려 自立의 몸부림」, 『아리랑』 21권 11호, 1975, 120쪽.
50) 탁연택, 「머리말」, 김순덕, 『엄마, 나만 왜 검어요』, 정신사, 1965.

고, ②는 혼혈인 문제에 지속적인 관심과 나름의 해결책을 모색했던 '양연회'[51] 회장의 말이다. 혼혈인의 실상을 취재한 ①에서 기자는 혼혈인을 한국 여인들이 외국인을 상대로 몸을 팔다 생겨난 '명예롭지 못한 씨앗'으로 규정하고 있다. ② 역시 혼혈인이 '부모의 부도덕적인 관계'에서 발생한 것으로 단정하고, 혼혈인에 대한 차별은 피부색이 아니라 부모의 비도덕성에 대한 처벌의 성격 또한 지니고 있음을 지적하고 있다.

그런데 이처럼 혼혈인의 존재를 불륜의 소산으로 보거나 약소민족의 일원으로서 겪어야만 하는 어쩔 수 없는 "시대적 비극의 증인"으로 보는 것은 근대이후 단일 혈통을 유독 강조했던 민족주의와 직·간접적으로 관련이 있다. 일제 강점과 남북 분단을 거치면서 한국의 민족주의는 남북한과 좌우익을 막론하고 "제국주의가 훼손시킨 유기적 공동체의 회복을 목표로 삼"고 있기에 민족을 "외세에 오염되지 않은 순수한 가부장제 공동체" 또는 "유린되지 않은 순결한 몸"으로 상징해왔다.[52]

이러한 현실에서 혼혈인은 제국주의가 훼손시킨 공동체의 아물지 않는 상처의 흔적인 동시에 끊임없이 반복되는 유린의 현장과도 같은 것이었다. 혼혈인은 자국의 여성들이 외국인(군인)에게 훼손당함에도 불구하고 '키 큰 병사가 찾아오면 슬그머니 아이의 손을 잡고 밖으로 나오'면서 맛본 굴욕감 내지 민족적 열패감을 떠올리게 하는 불편한 증표와도 같은 것이었다.

혼혈인에 대한 한국사회의 인식은 "아동으로서의 혼혈인만을 고려"할 뿐 "그 이후의 혼혈인은 없는 것으로 가정"[53]한다는 점에서 존재

---

51) 혼혈인 논의에서 매우 빈번하게 등장하는 양연회란 명칭은 1954년 1월 정부에서 고아 및 혼혈아들을 국외로 입양보내기 위해 설립한 '한국아동양호회'가 1961년 8월 '대한양연회'로 명칭을 바꾼 데서 유래한다. 고아의 복리증진 등을 도모하기 위해 수차례에 걸쳐 고아입양특례법 제정을 주도했던 '대한양연회'는 1974년 1월 단체 이름을 '대한사회복지회'로 바꾸어 현재까지 활동하고 있다.

52) 최정무, 「민족과 여성: 혁명의 주변」, 『실천문학』 통권 69호, 2003, 26쪽.

53) 국가인권위원회, 「기지촌 혼혈인 인권실태조사」, 국가인권위원회, 2003, 2쪽.

하지 않는 존재였다. 존재하지 않는데 무슨 차별이 있으며, 설혹 차별이 있다고 해도 그 부모의 부도덕성의 대가이기에 크게 문제될 게 없다는 식이었다. 여기에 진화론에 근거한 인종주의의 편견마저 결합되어 혼혈인은 심지어 식민지적 신경증 치료를 위한 투사 대상으로까지 전락했다. 이것이 지금까지 혼혈인을 대해왔던 한국사회의 모습이었던 것이다.

그렇다면 이주가 일상화된 오늘날에는 혼혈인에 대한 인식이 개선되었을까?

　"다 괜찮아?"
　엄마가 물었다. 망이는 대답을 하지 않았다. 엄마의 말은 앞뒤가 안 맞았다. '에이, 얼굴이 다르면 말이라도 잘하지.' (…중략…)
　오늘따라 반 친구들의 놀림이 심했다. 거무튀튀한 망이의 피부를 손톱으로 긁어대며 때를 닦으라고 괴롭혔다. 참고 참던 망이는 화가 나, 배가 아프다며 조퇴를 해 버렸다.
　　　　　　　　　　　　　　　　　　　－홍종의, 『똥바가지』, 국민서관, 2007, 12쪽

인용문에 의하면 혼혈인 아이는 여전히 차별받고 있음을 알 수 있다. 망이는 전형적인 다문화가족의 아이이다. 그는 필리핀 출신 엄마와 한국인 아빠 사이에 태어났다. 반 아이들로부터 "거무튀튀한" 피부색과 외모, 그리고 어눌한 말투 때문에 놀림을 당한다.

전 지구적인 자본과 인구의 이동으로 발생한 혼혈은 앞서 논의한 혼혈과는 많은 부분에서 성격54)을 달리한다. 그런데도 이들에 대한 차별은 여전히 기존의 논리에 근거하고 있다. 혼혈인에 대한 한국인의 변화지 않은 인식을 어떻게 이해해야만 할까? 사회 곳곳에서 혼혈

---

54) 한국 남성들의 국제결혼의 증가로 인해 발생하는 혼혈인은 기존 혼혈 담론으로 파악했을 때 차별을 받아야 할 하등 이유가 없다. 왜냐하면 그들은 혼혈인을 배제했던 두 가지 큰 축인 아버지와 비정상(비윤리성)의 문제에서 비켜나 있기 때문이다. 오히려 이들의 존재는 한국인의 어느 한쪽(여성 또는 남성)이 거부했던 공동체의 유지에 기여한다는 측면에서 고마워해야 할 존재인지도 모른다.

인에 대한 차별시정을 위해 노력함에도 불구하고 왜 혼혈인들은 여전히 사회적으로 차별과 냉대를 받아야만 하는 것일까? 근대 이후 형성된 한국사회의 천민성賤民性—즉 일제 강점과 미국의 간섭, 그리고 권위주의 정권의 지속 등으로 대다수 한국인들은 부당한 피해를 보지 않기 위해서 스스로를 '공격자와 동일시'[55]하는 습성—때문이라고 규정하고 넘어가면 문제가 해결되는 것일까?

물론 여기에는 사회·문화 영역 전반에 퍼져있는 오해와 편견 등도 한몫을 할 것이다. 하지만 필자는 혼혈인의 차별을 문제 삼고 있는 텍스트(뉴스, 영화, 문학작품)에서 조차 지속적으로 반복 생산되고 있는 부정적 인식 또한 책임의 한 부분을 담당하고 있다고 생각한다.

> 너의 고향은 아가야
> 아메리카가 아니다
> 네 아버지가 매섭게 총을 겨누고
> 어머니를 쓰러뜨리던 질겁하던 수수밭이다
> 찢어진 옷고름만 홀로 남아 흐느끼던 논둑길이다
> 지뢰들이 숨죽이며 숨어 있던 모래밭
> 탱크가 지나간 날의 흙구덩이 속이다
> —정호승, 「혼혈아에게」 1연, 『슬픔이 기쁨에게』, 창비, 1993

혼혈인에 대한 우리 사회의 편견을 문제 삼은 정호승의 시의 일부이다. 우리는 이 시를 통해 혼혈인의 아픔을 이해할 수 있게 되었고, 그들을 그러한 아픔으로 내몰고 있는 우리 자신自身에 대한 반성의 기회를 갖게 되었다. 그러나 이 시는 혼혈인에 대한 스테레오타입stereotype을 그대로 고수함으로써 혼혈인에 대한 편견이 진짜인 것처럼 독자에

---

55) 사회적 약자들과 피해의식에 사로잡힌 이들은 종종 자신을 '공격자와 동일시'하곤 한다. 즉 오랜 동안 사회적으로 패배를 당한 이들은 자신이 약하다는 공포에 대한 공포와 이 공포를 떨쳐 버려야 한다는 생각으로 자신을 공격자에 복종시킴으로 공격자로부터 가해질지도 모르는 공격을 극복하려 한다. 이에 대해 보다 자세한 것은 강진구, 『한국문학의 쟁점들: 탈식민, 역사, 디아스포라』, 제이앤씨, 2007을 참조할 것.

게 전파하고 있다. 다시 말해 시인이 바라본 '아가', '수수밭', '키 큰 병사', '엄마 방' 등의 이미지는 객관적 상관물이 되어 혼혈인을 판단 능력이 부족한 '아이'로 이미지화하거나 그들의 출생과정을 비윤리적인 것으로 고정시키고 강화하고 있다.56) 그리고 이 같은 인식은 현재까지도 지속되고 있는 것으로 보인다.

4.2. 혼혈인의 재현

그동안 혼혈인에 대한 연구는 다양한 영역에서 이루어졌다. 크게 4부분으로 개괄할 수 있는데, 첫째는 혼혈에 대한 인종적 접근57)이다. 이들 연구들은 주로 초창기에 이루어진 것으로서 의학과 심리학 분야에서 진행되었다. 둘째는 기지촌 여성문제와 동반된 실태조사들이다. 이들 연구는 두레방의 연구에서 보듯 대부분이 연구 용역의 형태로 진행되는데, 혼혈인 문제를 기지촌 여성문제와 연결하여 접근하고 있다는 점과 혼혈인에 대한 방대한 조사를 실시하고 있다는 점에서 의미가 있다. 셋째는 혼혈담론의 구성과 문화(영화, 문학)의 혼혈인 재현에 관한 연구들이다. 강지영과 이승애, 최강민의 논의가 여기에 속한다. 넷째는 결혼이민자의 증가와 함께 제기되는 다문화 반편견 교육의 일환으로써의 혼혈인 연구이다. 이 장에서는 아직까지 언급되지 않았던 혼혈인의 수기手記를 대상으로 혼혈인에 대한 한국인의 편견과 그것이 혼혈인의 삶에 어떤 영향을 미쳤는지를 살펴보고자 한다.

4.2.1. 혼혈에 대한 자각과 분리경험: 외톨이

수기手記는 주인공(경험자)의 고백이지만 동시에 그 고백은 "작자 자신이 바라는 특정한 형태로 스스로를 표상"58)한 것이다. 따라서 수기

---

56) 혼혈인을 재현한 문학작품의 문제점에 관해서는 최강민의 논문, 「단일민족의 신화와 혼혈인」, 『어문론집』 35집, 중앙어문학회, 2006을 참조할 것.
57) 대표적인 연구로는 장진효(1962)의 연구 등을 들 수 있다.

에 그려지는 사건과 시간들은 엄밀한 의미에서 실제로 경험했던 것이라기보다는 고백하는 시점에서 소급하고 판단된 것이라 할 수 있다. 그렇기 때문에 혼혈인의 수기에는 그들만의 내밀한 경험뿐만 아니라, 그들의 현재적 욕망 또한 표현되어 있다. 여기서는 김순덕(1965)과 에니 박(1965)을 주요 분석 텍스트로 하여 한국인의 혼혈인에 대한 인식과 그러한 인식이 실제 그들의 삶에 어떤 영향을 미치는지를 분석하고자 한다.

혼혈인의 자기서사(수기)에는 공통점이 있는데, '소외(분리)→ 갈등→ 좌절→ 희망'의 구조가 그것이다. 이러한 구조를 통해 혼혈인은 한국 사회가 원하는 존재로 스스로를 재편한다. 거의 대부분의 혼혈인 수기는 소외에서 시작해 희망으로 끝을 맺는다. 혼혈인은 특정한 계기를 통해 자신이 주변 사람들과 다르다는 것을 인식하면서 두려움과 충격을 겪게 되고, 이로 인해 주변은 물론이고 가족과도 갈등한다. 그들은 온갖 좌절을 맛보기도 하지만 끝내 그것을 극복하고 새로운 희망을 발견한다.

혼혈인은 소외(분리)의 경험이 가장 힘들다고 고백한다. 김순덕의 수기를 통해 혼혈인이 처음으로 자신을 혼혈인으로 인식하는 순간, 그들은 어떤 방식으로 자신을 공동체로부터 분리시키고 있는지를 살펴보도록 하자.

『엄마, 나만 왜 검어요』[59]는 숭의여자 중학교에 다니는 14세의 흑인계 혼혈인 김순덕의 수기로 일종의 교육수기에 해당된다. 교육수기에 걸맞게 이 수기는 당시 서울시 교육감 최복현의 '격려의 말'과 숭의여자 중·고등학교 교장 이신덕의 '추천의 말' 그리고 대한양연회 회장 탁연택의 '머릿말'과 함께 234쪽 분량으로 출판되었다. 한 가지 흥미로운 것은 책 가격이 0원이라는 점이다. 이것은 이 책이 상업적 목적보다는 교육 자료로 활용되기 위해서 출판되었다는 것을 보여준다.

---

58) 박혜숙, 「기생의 자기서사」, 『민족문학사연구』 25, 민족문학사학회, 2004, 221쪽.
59) 김순덕, 앞의 책.

실제로 이 책은 학교는 물론이고 관공서와 각 급 기관장에게까지 무료로 배포되었다.

김순덕의 가족은 외할머니, 언니(24세), 오빠(21세), 그리고 엄마로 구성되어 있다. 순덕은 엄마가 1953년 12월 8일에 낳은 아이었다. 순덕의 탄생은 "어엿집 부인이 검둥이 계집아이를 낳았"[60]던 것으로 그 일로 인해 가족은 풍비박산난다. 아버지는 집을 나갔고 어머니는 외할머니와 함께 4식구의 생계를 위해 장사를 해야만 했다.

순덕의 기억에 의하면 그녀는 어린 시절부터 계속 방안에만 있었고, 어쩌다 밖에 나가면 어김없이 주변 사람들로부터 이런 말을 들어야만 했다.

> 「야! 깜둥이 새끼구나!」
> 웃음 소리 속에서 누군가가 큰 소리로 웨쳤읍니다.
> 나는 어찌된 영문을 몰랐읍니다.
> 「양공주의 딸 아냐?」
> 「핫하하………」
> 어른들 보다 아이들이 더 크게 웃었읍니다.
> 「에그, 기왕 튀기일 바에야 흰둥이면 좋았을 걸……」
> 어느 아주머니가 혀를 차며 뇌까렸읍니다.
> 「저 애가 뉘집 애여?」
> 「알게 뭐야, 어느 양공주 새끼겠지.」[61]

양공주, 깜둥이, 튀기 등의 말이 무엇을 의미하는지 전혀 몰랐던 순덕은 처음에는 이런 말들을 아무렇지 않게 생각하고 아이들과 함께 어울린다. 그러나 아이들은 순덕을 자신들의 일행으로 받아들이기 보다는 항상 순덕을 가운데 놓고 둘러싼 다음 무언가를 시키면서 그것

---

60) 위의 책, 3쪽.
61) 위의 책, 11쪽.

을 하는 순덕을 바라보면서 웃는다. 가끔은 창 밖에서 몰래 순덕의 행
동을 지켜보면서 낄낄대기까지 했다. 지켜보는 아이들과 순덕 사이에
는 일정한 거리가 존재하게 되는데, 그 거리로 인해 순덕은 점차 자신
이 다른 이들과 다르다는 것을 인식하기 시작한다. 그런데 이 같은 거
리로 인한 소외와 분리경험은 혼혈인 수기에 자주 등장하는 것으로
일종의 공식화된 패턴이라 할 수 있다.

> 나는 갈 곳이 없어 동네의 아이들이 놀고 있는 공지로 갔어요. 널따란 공지엔
> 맨대가리의 소년들이 말타기를 하고 있었어요. **나는 그들과 조금 떨어진 자리에**
> **서 그들의 유희를 유심히 지켜보고 있었습니다.**[62] (강조는 인용자)

인용문에는 혼혈인 아이가 경험하는 거리가 직설적으로 표현되어
있다. 소년은 선뜻 다수집단에 다가서지 못한다. 그는 일정한 거리 밖
에서 함께 놀고 있는 아이들을 관찰하다 마침내 용기를 내어 아이들
곁으로 다가간다. 하지만 "야 이 깜둥아, 저리가!"라는 거부로 소년은
자신과 아이들 사이의 거리를 좁힐 수 없었다. 소년은 거리를 좁히고
자 아이들에게 자신을 무리의 일원으로 받아줄 것을 애원하지만 "「뭐
라고? 이 자식, 너 더러운 자식이, 저리 가!」"[63]라며 다시금 거부를 당
하고 만다. 결국 거리를 좁히려는 소년의 노력은 아이들의 강한 거부
로 인해 허사가 되고 소년은 모욕까지 당한다.

좁혀지지 않는 거리만큼이나 혼혈인을 소외와 혼란에 빠뜨리는 것
은 혼혈인을 향해 쏟아지는 경멸적인 언어와 그것에 동반된 시선이다.

> 『튀기가 뭐야?』
> 『‥‥‥‥‥』
> 어머니는 무슨 이유에선지 표정이 굳어지며 입을 다물어 버렸습니다.

---

62) 南賢洙, 「어느 혼혈아의 수기: 눈물로 얼룩진 과거여 안녕!」, 『女學生』 제6권 9호, 1970,
153쪽.
63) 위의 글, 154쪽.

『응 엄마! 튀기가 무슨 말야?』

『이 양키 새끼!』

　굳어졌던 어머니의 얼굴은 새파래지더니 주먹으로 연상 나를 쥐어박는 것이었읍니다.[64]

　초등학교에 입학하면서 친구들로부터 듣게 된 '튀기'라는 말이 궁금한 혼혈 소녀가 어머니에게 '튀기'가 무슨 뜻인지를 묻고 있는 장면이다. 수기에 나타난 대부분의 혼혈인은 자신을 향해 사람들이 '튀기'라고 하면, 곧바로 엄마에게 그 뜻을 묻는다. 소녀는 어머니의 행동을 통해 '튀기'라는 어휘 속에 숨어 있는 부정적인 의미들을 체득한다. 이러한 과정을 거치면서 혼혈 아이들은 '깜둥이', '흰둥이', '양공주', '양키 새끼'등의 의미들도 알게 된다. 게다가 자신들을 구경거리쯤으로 바라보는 시선視線[65]들로 인해 점점 주체성을 잃고 타자화된다. 검은 피부가 싫어 손등이 부르트도록 돌덩이로 손등을 문지른다거나 "검은 살갗을 가리기 위해, 긴 소매의 옷을 입고 긴 양말을 신고서 개처럼 할닥거려야 되는 신세"[66]가 싫어 여름을 제일 싫어하는 순덕이의 모습은 시선에 의해 타자화된 전형적인 모습이라 할 수 있다.

　수기에 등장한 혼혈인은 어떠한 형태로든 항상 집단에 의해 스스로가 강제적으로 분리되는 것을 경험한다. 이 같은 분리경험은 혼혈인으로 하여금 "나는 남들보다 못한 사람이로구나"라는 생각을 하게 만든다. 그 결과 혼혈인은 "주위 사람들의 멸시와 냉대에 반항하지도 않"[67]는 수동적[68]인 존재로 스스로를 규정하기에 이른다. 이상의 논

---

64) 에니 박, 『내별은어느하늘에: 白人混血兒洋公主의手記』, 王子出版社, 1965, 4쪽.

65) 시선(視線)은 눈(目)과 구별되는 것으로 응시하고 있는 대상을 지각장 안의 인식적 소유물로 자리잡게 하는 것을 말한다. 이것은 곧 타자의 타자성을 없애고 그를 대상화하는 것을 의미하기도 한다. 보다 자세한 것은 서동욱의 책(서동욱, 『차이와 타자』, 문학과지성사, 2000)을 참조할 것.

66) 김순덕, 앞의 책, 223쪽.

67) 위의 책, 65쪽.

68) 모든 혼혈인이 수동적인 것은 아니다. 에니 박의 경우는 오히려 스스로를 아름다운 존재로 규정하고, 남현수의 경우 완력으로 자신을 향한 시선과 집단의 따돌림을 격파한다.

의를 통해 우리는 혼혈인이 고정된 실체로써 존재하기보다는 다수자인 관찰자의 시선 속에서 그 존재성을 부여받고 있다는 점을 알 수 있었다.

4.2.2. 혼혈인 어머니: 양색시

혼혈인의 어머니는 자식을 위한 헌신적인 노력에도 불구하고 대부분이 부정적으로 표상된다. 이들은 혼혈인을 출산했다는 이유만으로 한국인으로서의 모든 권리를 박탈당한 채 '양공주'나 '양색시', '양갈보' 등으로 규정된다. 게다가 심지어는 자식을 버리고 도망가는 비정한 인물로 형상화되기까지 한다.

> 그 아주머니는 다짜고짜로 방문을 열어 제치고 신을 신은 체 방으로 들어 왔습니다.
> 「야! 이 년아! 네 새끼만 새끼고 남의 자식은 강아지 새끼로 보이더냐! 이 더러운 년아!」「저따위 깜둥이 새끼 좀 구경하면 어떻다고 남의 귀한 자식을 때리는 거야 때릴길! 어디 나하고 말 좀 해보자! 이러섯! 이년아!」
> 뚱뚱한 아주머니와 키가 작달막하고 야무지게 생긴 아주머니는 엄마의 머릿채를 잡고 밖으로 끌어 내려고 했습니다.[69]

인용문은 순덕을 놀리는 아이를 때린 순덕 어머니를 향해 매를 맞은 아이의 엄마가 욕을 하며 폭행하는 장면이다. 아이의 엄마는 일의 잘잘못을 따지기 보다는 자신의 자식이 '양갈보'에게 맞았다는 점만을 문제 삼는다. 즉 그녀의 태도에는 흑인 혼혈아를 낳은 순덕의 엄마는 '더러운 년'이고, 더러운 몸에서 태어난 흑인 혼혈아를 놀린 게 무슨 잘못이냐는 인식이 깔려 있다. 그런데 순덕 엄마는 이 같은 터무니없

그러나 에니 박과 남현수의 행위 역시 혼혈인으로서의 반항에 근거하다는 점에서 엄밀한 의미에서 수동성이라 할 수 있겠다.

69) 김순덕, 앞의 책, 24쪽.

는 논리에 속수무책으로 당하기만 한다. 그녀는 자신을 향해 쏟아지는 무수한 폭력과 폭언에 대해 변변한 저항은커녕 기껏해야 "아니야! 아니야! 나는 갈보가 아니야!"[70]라며 항변만 할 뿐이다.

순덕 어머니와 아주머니의 위치는 '양갈보'라는 어휘로 인해 순식간에 위계가 지워진다. '양갈보'란 명명으로 아주머니는 더 이상 순덕 엄마가 어찌해볼 대상이 아니게 된다. 따라서 혼혈인을 낳은 어머니들에게 '양갈보'란 어휘는 매우 혐오스런 어휘였고 어떻게든 피해야만 하는 천형과도 같은 것이었다.

『내별은어느하늘에』(王子出版社, 1965)에는 혼혈인을 둔 어머니의 욕망이 잘 드러나 있다. 에니의 어머니는 걸핏하면 에니를 향해 "내 신세 망쳐 놓은 양키 새끼"[71]라고 욕을 하고, 에니로 인해 자신이 혼혈아를 낳은 것이 다른 사람들에게 알려져 '양갈보'란 소리를 듣기라도 하면 에니를 죽이겠다고 칼을 들고 쫓아오기까지 한다. 심지어는 그 같은 행동을 막는 부모님을 향해 "저년만 없으면 난 얼마든지 잘 살 수 있어요. 좋은 데로 출가할 수두 있구, 얼마든지 떳떳할 수가 있단 말예요!"[72]라며 절규한다.

어느 때 골목으로 나가 동네 아이들과 놀았다고 해서 어머니에게 호되게 맞은 적이 있다.

『이 양키 새끼! 누가 밖에 나가라고 했어?』

『……심심하니까 그저 나갔지 뭐……』

『심심해서? 네까짓 게 심심할 자격이나 있어, 이 원수 새끼야!』

어머니의 두 눈엔 불이 일었다. 처음엔 주먹으로, 다음에 몽둥이로 나중엔 가위를 들고 나를 찔러 죽인다고 고래고래 소리를 질렀다.[73] (강조는 인용자)

---

70) 위의 책, 27쪽.
71) 에니 박, 앞의 책, 19쪽.
72) 위의 책, 23쪽.
73) 위의 책, 24쪽.

에니가 문 밖에서 노는 것을 매우 싫어했던 어머니가 자신을 말을 듣지 않는 에니에게 보인 반응이다. 어머니의 행위는 아이들로부터 '튀기'나 '양키 새끼'로 놀림을 받는 에니를 지키기 위한 행동이라기보다는 자신이 혼혈인을 낳았다는 사실을 감추고 싶어 하는 욕망의 왜곡된 표현이다. 이 같은 에니 엄마의 행동은 특수한 사례라기보다는 혼혈인을 출산했다는 이유만으로 차별을 받아야만 했던 어머니들의 보편적인 행동에 가깝다. 에니의 어머니와 달리 아주 의지력이 강하고 자식에 대한 애정이 남달랐던 순덕의 어머니 역시 자신이 혼혈인이 낳았다는 사실이 타인에게 알려지는 것을 극히 꺼려한다. 그녀는 순덕과 함께 기차를 탈 때면 "엄마와 재미있게 이야기를 하고 싶"[74] 어하는 순덕의 바람을 무시하고 창가에 머리를 기댄 채 눈을 감고 있거나 아니면 종착역에 도찰할 때까지 일절 말을 하지 않는다. 그뿐만이 아니라 순덕이가 병으로 아파하거나 자신의 삶이 너무나도 힘들 때면 무의식적으로 "죽어라! 사는 것 보단 낳을게다"[75]라고 되뇐다. 어머니의 이 같은 버릇에서 우리는 죽음보다도 더 고통스러운 혼혈인의 삶과 혼혈인을 낳음으로써 받았던 혼혈인 어머니의 고통 또한 엿볼 수 있다.

그런데 이처럼 철저히 타자화되어 "원수의 대명사가 되었"[76]던 어머니는 나중에는 미국(군)의 피해자로 인식되며 그 결과 그리움의 대상인 아버지와 위치를 맞바꾸게 된다.

　　① 그 미군은 어머니를 실은 채 한강을 건너 어느 산길로 접어 들었다. 인적이 업는 호젓한 곳에서 **어머니는 십 칠년간 고이 간직한 정조를 그 미군에게 바쳐야 했던 것이다.**
　　어머니는 한없이 울었다.[77] (강조는 인용자)

---

74) 김순덕, 앞의 책, 169쪽.
75) 위의 책, 166쪽.
76) 에니 박, 앞의 책, 9쪽.
77) 위의 책, 253쪽.

② 엄마는 충남 공주군 유기면에서 무남독녀로 태어나 편모 슬하에서 귀엽게 자랐고, 서울 진명 고녀에 진학했다가 二학년 때 다시 고향으로 내려가 그 곳에서, 언니와 오빠의 아버지되시는 분과 결혼 하셨읍니다. 그러나 얼마 안가서 아버지가 딴 살림을 차리자, 엄마는 경기도 가평으로 이사를 하셨던 것이었으며, 六·二五사변이 터지자 **피난길 수원에서 어느 낯선 흑인병사와의 뜻 아니 했던 관계가 결국은 나를 낳게 된 원인이었다는 것도 알았읍니다.**[78] (강조는 인용자)

인용문 ①은 에니가 자신의 탄생 비밀을 알게 된 장면이다. 어머니로부터 자신의 출생의 비밀을 듣게 된 에니는 자신이 "바위 틈에서 난 것과 진배 없"(254쪽)었는 데도 불구하고 자신을 버리지 않고 길러준 어머니를 인정하게 된다. ②는 순덕이 자신의 출생의 비밀과 어머니의 기구한 운명을 진술한 대목이다. 이 같은 일을 계기로 순덕은 "머릿속에 그리고, 마음속에 삭여 오던 모든 환상은 산산조각이 나버리고, 대신 주름진 엄마의 모습만"[79]이 자신의 가슴속으로 파고드는 것을 느끼게 된다.

혼혈인의 어머니는 평소에는 '양공주' 혹은 '양갈보', '양똥갈보' 등으로 천시되다가 그들이 미국(군)에 의해 희생당한 것이 확인된 후에만 비로소 사람으로 인정받는다. 그러나 모든 혼혈인의 어머니가 꼭 그런 것만은 아니었다. 하인즈 워드의 어머니처럼 성공한 혼혈인 자식을 둘 경우 그녀들은 '양공주'나 '양갈보'에서 자랑스러운 한국인을 길러낸 진짜 한국 어머니가 된다. 혼혈인의 어머니들은 최소한의 인간으로 인정받기 위해서는 자녀들을 성공하게 만들거나 아니면 스스로가 제국주의의 희생물임을 증명해야만 하는 슬픈 존재들이었던 것이다.

---

78) 김순덕, 앞의 책, 233쪽.
79) 위의 책, 233~234쪽.

4.2.3. 미국에 대한 동경과 성공에 대한 열망

혼혈인들은 한국사회에서 다양한 차별을 경험하는데, 그 중에서도
가장 빈번하고 지속적인 차별 공간이 학교이다. 많은 혼혈인은 자신
이 다른 이와 다르다는 것을 학교생활을 통해 체득한다.

> 다음은 몸 검사 였습니다. 몸을 깨끗이 씻었나 검사를 하는 것인데, 나는 겁이
> 났습니다. 몸은 깨끗이 씻었지만 다른 아이들 보다 몇 배 몸이 검기 때문에……
> (…중략…)
> 선생님이 바로 내 앞의 「은주」를 검사 하실 때는 우리 반아이들 전체의 시선
> 이 나에게로 쏠렸습니다.
> 나는 가슴이 두근거렸습니다.
> 그러나 선생님은 「은주」까지만 보고 그냥 회초리를 내려뜨리고 가벼리셨습니다.
> 나의 이마에서는 식은땀이 흘러 내렸습니다. 그리고 아이들은 수근거렸습니
> 다. 「깜둥이 세수 하나 마나」라고.[80]

학교에서의 차별 철폐 교육이 얼마나 중요한 것인가를 일깨워주는
장면이다. 인용문에서 작자는 '위생'이란 범주에 의해 겪게 된 차별에
대해 기술하고 있다. 신체의 청결 유무를 판가름하는 학교의 위생 검사
는 흑인 혼혈인에게는 매우 민감한 문제였다. 그것이 얼마나 민감한
것이었는지는 순덕을 향해 쏟아지는 반 아이들의 시선에서도 알 수 있
다. 선생님은 순덕 앞에서 신체검사를 중단함으로써 반 아이들의 기대
지평을 무너뜨린다. 그런데 이러한 선생님의 행위는 '깜둥이 세수 하나
마나'라는 차별을 정당화하는 잘못된 편견을 심어주고 만다.

혼혈인에 대한 편견 중에는 피부색을 성적 매력과 연결시키는 것들
도 있다. 에니의 경우 이국적인 외모 덕택에 수많은 남성들로부터 성적
환상의 대상이 된다. 즉 그녀는 동네 건달들로부터는 '에로 잡지 속의

---

80) 위의 책, 67~68쪽.

나체 여자'와 동일시되고, 의붓아버지의 성폭행의 대상이 되거나 심지어는 기지촌 미군들이 고향과 애인을 느끼게 하는 대상이 된다. 자신을 성적 대상으로만 대하는 남성들의 시선 속에서 에니는 자신이 "결합될 수 없는 조국에서 결합될 수 없는 동족들과 함께 살고 있다."[81]는 소외를 느낀다.

이러한 차별 때문일까? 혼혈인들은 자신이 당한 차별을 성공과 미국에 대한 욕망을 통해 극복하려 한다. 아버지 나라 미국에 대한 동경은 혼혈인 수기에 공통적으로 드러나는 특징이다. 혼혈인은 현실의 고통을 "밤마다 미국의 도시며 아버지를 마음속에 그려 보"(205쪽)며 견뎌낸다.

그 날 나는 직원실에서 미국으로 떠나는 다섯 명의 아이들을 보았습니다.
그 아이들은 모두 백인 혼혈아였습니다. 나는 종소리가 난 것도 모르고 그 아이들의 모습을 창밖에서 물끄러미 드려다 보았습니다.[82]

인용문에는 혼혈인 학교(영화학교)에서 미국으로 입양되는 백인학생들을 부러운 시선으로 바라보는 순덕의 모습이 그려져 있다. 자신의 눈으로 직접 입양되어 미국으로 가는 친구들을 목격한 순덕은 미국에 대한 동경과 어머니에 대한 사랑 사이에서 힘겨운 싸움 끝에 혼자서는 미국에 가지 않겠다고 결심한다. 그러나 어머니는 순덕이 한국사회에서 차별을 당하는 것보다 미국에서 생활하는 것이 좋다고 판단한다. 어머니는 순덕을 미국으로 보내기 위해 애를 쓰던 중 혼혈인을 외국인에게 양자로 입양시키는 양연회 관계자들을 만나게 된다. 양연회 관계자들은 순덕을 어떻게든 미국으로 보내기 위해 노력한다. 그들은 심지어 순덕의 뛰어난 노래솜씨를 이용하기도 한다. 순덕은 외국인들의 파티(워커힐에서 있었던)에서 노래를 했고, 그것이 계기가 되어 "미국

---

81) 윤상길, 「한국 속의 이방인 혼혈아 현주소」, 『사랑』, 1975, 97쪽.
82) 김순덕, 앞의 책, 206쪽.

독립기념일엔 미국 대사관에까지 가서 노래를 부르게"[83])된다. 그러나 나이 때문에 양자 입적을 거부당한다. 순덕은 자신이 미국으로 갈 수 없다는 사실에 실망하고 좌절하지만 미국을 갈 수 있는 다른 방법이 있다는 것을 알고는 다시 힘을 낸다. 그 길이란 유학이었다. 순덕은 유학을 가기 위해 숭의 여자중학교에 입학을 한다.

실제로 나이가 많아 입양이 거절된 혼혈인의 경우 유학이나 기술교육을 통한 취업이민의 형태로 미국에 입국하기도 했다. 백행인의 조사에 따르면 나이가 많아 입양이 거부된 혼혈인도 기회만 생기면 어떻게든 한국 땅을 떠나려 했다.[84]) 이것은 혼혈인을 포용하지 못한 한국사회의 편협함을 보여주는 동시에 어떻게든 한국 땅을 떠나고자 했던 혼혈인의 욕망을 보여준다 하겠다.

혼혈인이 차별을 극복하는 방법은 미국으로의 탈주 말고도 또 하나의 방법이 있었다. 성공이 그것이었다. 대중매체들은 농구 선수 김동광(1953~ , 농구선수·감독)과 가수 윤수일(1955~ , 가수)을 통해 차별과 고난을 극복하고 성공했을 때, 그들에게 주어지는 것이 무엇인지를 지속적으로 주입시켰다. 그 결과 다수의 혼혈인은 과거 방탕했던 자신의 생활을 반성하면서 새로운 삶을 결심하기까지 한다.

　평소의 울분 따위도 나는 링 위에서 깡그리 폭발시켜 버립니다. 원 투 스트레이트, 라이트, 레프트 훅크을 내뻗을 때 나는 나의 태생에 깊고 뜨거운 의미를 느끼게 됩니다.[85])

---

83) 위의 책, 221쪽.

84) 1972년 7월 홀트 양자회를 통해 미국 오레곤 주에 입양되어 신학대학에 다니고 있는 정재순(25)은 떠나기 전 짧은 수기를 남기는데, 이 글에서 그녀는 입양이 결정됐다는 소식을 듣고 "친구들과 헤어짐이 가슴아프나 나는 기꺼이 떠나련다. 이 사회에는 숨어살 수밖에 없으니 말이다. 얼굴도 모르는 아빠에게 의지하고 싶지는 않다. 훌륭한 간호원이 되어 나처럼 괄시나 구박속에 살아가는 혼혈아들을 돕고 싶다."(9쪽)며 자신이 입양을 선택한 이유를 분명히 밝히고 있다. 보다 자세한 것은 白行寅의 글(백행인(1977), 『그늘 진 遺産』, 新進閣)을 참조할 것.

85) 남현수, 앞의 글, 1970, 155쪽.

<그림 4-9> 한복을 입고 공연하고 있는 인순이

어머니의 갑작스런 가출로 한 순간 고아로 전락했던 작자는 고아 혼혈인이라는 울분을 폭력으로 해소했고, 걸핏하면 물불을 가리지 않고 주먹질을 했다. 그러나 인용문에서 보듯 그는 "열심히 하면 언젠가는 좋은 세월이 올 것"[86])으로 믿고 운동을 통해 보람을 느끼고자 최선을 다한다. 고아라는 자격지심에 시달리던 그가 열심히 하면 언젠가는 좋은 세월이 올 것이라고 믿게 된 것은 나대성이라는 프로복싱 선수들의 눈물겨운 성공신화가 있었기에 가능한 일이었다.

혼혈인들이 차별 극복을 미국으로의 탈주가 아닌 성공에의 희망으로 치환한다는 것은 그들이 불안하지만 일정한 범위 내에서 사회적 담론 속에서 관리되고 있다는 것을 의미한다. 그렇다면 그들은 어떻게 관리되는 것일까?

에니 박의 수기는 사회적 담론에 의해 관리되고 있는 혼혈인의 자화상을 정직하게 보여주고 있다. 백인 혼혈인이었던 에니는 자신의 서구적 외모가 한국인은 물론이고 미군들에게도 선망의 대상이었기에 자신은 다른 한국 여성들과 다르다고 주장한다. 즉 자신은 양공주처럼 돈 때문에 미군을 상대한 것이 아니라 사랑 때문이었다며 스스로를 양공주들로부터 분리해 낸다. 그런데 터무니없는 자기 과신은 피부색에 의한 인종적 위계를 반복 재생산하는 문제를 낳는다. 에니는 흑인을 표현할 때는 '니그로' 또는 '검둥이'라는 어휘를 사용하는 데 비해 백인

---

86) 위의 글, 같은 쪽.

은 반드시 한자어 白人으로 표현한다. 흑인과 백인에 대한 위계는 비단 표현에만 그치지 않고 일상의 행동, 그리고 성관계에서도 관철된다는 점에서 매우 심각한 자기분열 양상을 보이기까지 한다.

> 디크의 검은 살결이 내 피부에 닿을 때마다 나는 스미드의 깨끗한 몸을 생각했고, 디크의 검붉고도 두터운 입술이 나의 전신을 더듬을 때 나는 스미드의 보드랍고 맑은 입술을 그리워했다.[87]

인용문에서 보듯 에니의 사랑은 오직 백인에게만 해당된 것이었다. 에니는 자신을 진정으로 사랑했고, 결혼해 미국으로 가자는 흑인 병사 디크의 청혼을 거절한다. 왜냐하면 "검둥이의 이글거리는 눈과 기름진 피부는 성감性感을 불러일으"(172쪽)키는 존재일 뿐이기 때문이다. 에니의 태도는 혼혈인에 대한 한국사회의 편견을 그대로 반복 재생산하고 있는 셈인데, 이런 점에서 혼혈인들의 자기 고백은 혼혈인 주체의 내밀한 목소리인 동시에 그들을 호명한 사회적인 목소리 또한 포함하고 있는 것이다.

이상의 논의를 통해서 우리는 한국사회의 혼혈인에 대한 편견이 혼혈인에 대한 차별뿐만 아니라 혼혈인 스스로를 혼혈 담론 속에 편재시키는 역할까지도 하고 있다는 사실을 확인할 수 있었다.

---

87) 에니 박, 앞의 책, 161~162쪽.

• 다양한 재현매체들은 다문화 주체들을 온전히 재현하려고 한다. 하지만 "'하위주체'들은 말할 수 있는가?"라는 스피박의 언급에서 알 수 있듯이 이 일은 매우 어려울 뿐만 아니라 재현하려 하면 할수록 재현 대상에서 멀어지는 아이러니를 산출하기도 한다. 한국문화 속에 나타난 다문화 주체의 재현 양상과 그 문제점에 관해 이야기해 보자.

• 정체성이란 무엇인가? 정체성 형성과 문화(인종)의 상관관계에 대해 토론해 보자.

• 한국사회에 국제결혼여성들은 국제부인(내선결혼), 전쟁부인(양공주), 연변처녀, 베트남 처녀, 매매혼, 착한 며느리 등으로 표상되었다. 국민국가가 여성을 표상하는 방식에 대해 이야기해 보자. 국민국가가 여성의 성을 관리하려 하는 이유에 대해 토론해 보자.

• 다문화 주체들을 다룬 영상서사(영화, 드라마 등)를 감상하고, 이들 영상서사가 재현하는 다문화 주체들의 모습에 대해 이야기해 보자.

• 국제결혼을 비판하는 이들은 현재 벌어지고 있는 국제결혼은 한민족의 우수한 혈통을 퇴보시키기에 금지해야 한다고 주장한다. 이 주장에 대한 나의 견해는 무엇인가? 특정 공동체가 민족(종족)보호라는 명목으로 개인의 사랑(결혼)을 간섭할 수 있는 것인지에 관해 이야기해 보자.

❖ 더 읽어야 할 자료 ❖

1. 결혼이주여성·외국인노동자의 재현 문제

• 허정, 「서발턴 이론의 관점에서 본 이주민의 문학적 재현」, 『동북아 문화연구』 29집, 동북아시아문화학회, 2011.

　　이 논문은 '이주민에 대한 문학적 재현'의 문제점을 지적하고, 그 극복방안으로서 스피박과 레이 초우의 견해를 제시하고 있다. 주지하다시피 스피박과 레이초우는 서발턴을 재현하는 지식인들이 서발턴을 자신의 입장에 맞게 전유하고, 이를 통해 지배체제에 공모해 버리는 지점을 날카롭게 파헤치고 있다.

　　저자는 '서발턴에 대한 전유'라는 점에 주목하면서 한국문학의 창작자들 역시 스스로 이주민을 전유하고 있지 않는지 반성해야 한다고 주장한다. 저자는 인도 사회의 서발턴과 한국사회의 이주민이 놓인 결이 같을 수는 없다는 점을 인정하면서도 인도이든 한국이든 지배적인 재현체계에서 '그들의 목소리'와 같은 타자성이 재현되지 못한다는 점을 들어 타자성에 적대적인 재현체계' 속에서 '이주민의 목소리를 어떻게 담아낼 것인가' 하는 점을 고민해야 한다.

　　한마디로 한국문학의 창작자들은 '타자의 재현불가능성'이라는 아득한 심연에 절망하면서도 그 가능성을 포기하지 않고, 그들의 목소리를 드러내기 위한 좁은 길이 무엇인지를 탐색하는 노력을 경주해야만 '타자의 타자성'을 작품 속에 담아낼 수 있을 것이라고 주장한다.

• 박정애, 「여성, 이주(移住)와 정주(定住) 사이」, 『여성문학연구』 22집, 한국여성문학학회, 2009.

　　이 논문은 2000년대 발표된 다문화 관련 소설들을 대상으로 이들 소설들이 결혼이주여성을 어떻게 재현하고 있는지를 분석하고 있다. 저자는 젠더적 관점에서 한국소설들이 외국 여성과 결혼한 한국 남성이 법적, 사회적으로 연민/지원의 대상이 될 때 외국 남성과 결혼한 한국 여성은 쉽사리 경멸과 증오의 대상으로 전락하고, 한국 남성과 결혼한 외국 여성이민자가 동화/포섭의 대상이 될 때 한국 여성의 배우자가 된 외국 남성노동자는 차별/배제의 대상이 된다는 사실을 밝히고 있다.

저자는 『잘가라, 서커스』가 많은 장점에도 불구하고 별다른 이유 없이 정신적 아동기에 집착하면서 개연성 없는 행동을 반복하는 캐릭터로 인하여 결혼이주여성에 대한 또 다른 타자화의 혐의를 벗지 못하고 있다고 비판하고 있다.

반면 『나마스테』의 경우에는 빈국 출신의 외국인 이주노동자와 결혼함으로써 순식간에 경멸과 증오의 대상이 된 여성 주체가 자신도 모르게 가부장제 가족의 위계질서에 균열을 내고 가부장제 민족/국가의 고정화를 거부하는 전복적 주체로 거듭나는 모습을 보여준다. 하지만 초월적 아버지와 대속자 아들, 그 아들의 영원한 누이/어머니를 통해 구현되는 성스러운 카르마라는 주제의식이 외국 남성에 대한 타자화와 자국 여성의 신화화에 기여하고 있다고 지적한다.

• 류찬열, 「다문화시대와 현대시의 새로운 가능성」, 『국제어문』 44집, 국제어문학회, 2008.

이 논문은 하종오 시인의 일련의 시 작업이 갖는 의미와 성과를 밝히고 있다. 주지하다시피 하종오 시인은 한국현대시가 그동안 주목하지 못했던 이주노동자와 결혼이주여성을 본격적으로 시화하여 한국 현대시의 새로운 영토를 개척하였다.

저자는 하종오 시의 이러한 의미와 성과를 '시선의 문제'와 '소통의 문제'라는 측면에서 분석하고 있다. 그 결과 하종오 시의 시적 화자가 반성하는 주체이자 성찰하는 주체이고 공감하는 주체라는 것을 제시하면서 주체가 타자의 고통에 공감할 수 있을 때 비로소 주체와 타자가 진정으로 소통할 수 있다는 것이 하종오 시 전체를 관통하는 시적 메시지라고 주장한다.

하종오 시 깊이 읽기를 위한 훌륭한 길잡이다.

• 박명진, 「한국영화의 공간성과 인종 재현 양상」, 『어문론집』 46집, 중앙어문학회, 2011.

이 논문은 이주노동자를 다룬 한국영화—〈바리케이트〉, 〈반두비〉—를 대상으로 이들 영화의 공간과 인종 재현 양상을 분석하고 있다. 〈바리케이트〉는 동남아시아에서 온 이주노동자와 한국인 노동자 사이의 충돌에 관해 이야기 한다. 주인공 '한식'은 미국에서 이주노동자로 일한 적이 있는 아버지와 이주노동자 모두를 경멸한다. 하지만 그는 점차 아버지와 이주노동자들을 이해하기 시작했고, 결국은 방글라데시에서 온 이주노동자 '자키'에게 관용적인 태도를 보인다.

〈반두비〉는 한국 여고생과 방글라데시에서 남성노동자 사이의 우정을 다룬 영화다. 가난하고 불우한 환경에 처한 여고생 민서와 부당한 노동한경에서 차별받고 있는 외국인노동자 카림과의 관계를 통해 한국사회의 소수자 차별의 문제를 제기하고 있다.

저자는 이 두 영화의 공간에 대한 재현—폭력적이고 위험이 노출된 공간—을 통해 한국사회가 사회적 소수자들에게 얼마나 차별적인 공간이며, 이 속에 방치된 사회적 소수자들이 겪는 고통이 얼마나 큰 것인가를 분석하고 있다.

5장 다문화사회와 공존

1. 다문화사회의 도래와 다문화 교육

지금까지 우리는 조금 지루하고도 먼 길을 걸어왔다. 이제 머지않아 우리는 결승선에 다다를 것이다. 결승점에서의 달콤한 휴식을 위해 마지막 힘을 쏟아 붓자. 파이팅!!! 아니, 지금까지 괴롭혔으면 됐지, 또 무슨 엉뚱한 일로 우리를 골탕 먹이려 하지? 여기저기서 이런 원성이 들리는 듯하다. 저, 원망에 찬 눈동자, 눈꺼풀을 짓누르는 무게를 향해 힘겨운 항거를 하지만 이내 맥없이 항복을 선언하듯 힘없이 고개를 떨구는 모습들…….

아무래도 휴식이 필요한 것 같다. 조금 쉬도록 하자. 그냥 쉬는 게 뭐하니 지금껏 우리가 걸어왔던 길을 되돌아보도록 하자. 지금까지 걸어왔던 길을 되새기다보면 다시 의욕이 넘쳐나리라. 정말? 그렇게 믿도록 하자.

우리는 총 4개의 산과 강을 넘어 왔다. 첫 번째는 넓은 평원 한가운데 펼쳐져 있는 아름다운 강이 이었다. 이 강을 건너면서 우리들은 '다문화주의라는 유령(?)'을 이 세상으로 끌고 온 '이주'와 그로 인한 다양한 문제점들에 대해 살펴보았다. 첫 번째가 가끔 여울이 있어 위험하기는 하지만 건너기에 비교적 무난한 강이었다면, 두 번째는 높지는 않지만 바위가 많아 등산하기가 여간 곤욕이 아닌 악산이라 할 수 있다. 이 산에서 우리는 남에 비해 턱없이 모자란 저질체력(?)을 지닌 나 자신을 원망하기도 했고, 한편으로는 변변한 운동시간마저 허락하지 않아 결국 저질체력으로 만들어 버린 사회가 야속하기도 했다. 체력 적으로 준비도 되지 않은 상황에서 걸핏하면 앞을 가로막는 높고 가 파른 바위틈 속에서 국내거주 외국인 150만 명과 그로 인한 사회적 갈등을 몸소 체험하였다. 정말이지 내가 저질체력의 소유자라는 것을 인정하는 것이 슬펐지만 어쩔 수 없는 등산이었다.

산 넘어 산! 정말이지 산 넘어 산이었다. 놀랍다는 말로 밖에 설명 할 수 없는 한국사회의 다문화성과 그 해결책에 대한 고민으로 기진 맥진해진 우리들 앞에 '다문화주의란 무엇인가'란 거대한 산이 딱 버 티고서는 앞을 가로 막고 있었다. 다문화주의라는 호기심을 갖고 오 르기에는 산이 너무 높고 험난했다. 너무 힘이 들어 석학들과 학자들 이 만들어 논 케이블카를 타고 은근슬쩍 정상을 밟아볼까 하는 생각 이 없지 않았지만, 우리는 세상 사람들은 왜 그 많은 이념과 주의에도 불구하고 다문화주의를 고안하게 되었을까라는 물음으로 그 유혹을 뿌리쳤다. 그리고는 다문화주의가 하나의 담론·이론·정책으로 정착되 어 가는 과정을 통해서 다문화주의 양면성에 대해 접근할 수 있었다. 동시에 우리는 다문화주의가 모든 사람들에게 환영받는 것이 아니라 는 사실 또한 직시할 수 있었다. 정부의 다문화 정책에 반대하는 것을 자신의 사명으로 생각하는 이들의 이야기를 들으면서 지금 가는 길에 대한 회의가 들기도 했다. 그렇게 우리는 한국사회에 적합한 다문화 주의 모델을 찾아서 힘든 산을 넘어 왔다.

높은 산에는 좋은 골짜기가 있다고 했던가. 힘든 등산 후에 맛보는 계곡에서의 휴식!! 생각만으로도 기분이 좋아진다. 계곡을 보자, 좀 쉬고 싶다는 생각이 밀려왔다. 느긋한 마음으로 TV드라마와 영화도 보고, 시, 소설, 동화 등 문학작품도 읽으면서 체력을 비축하자는 심사 였다. 그래서 우리는 조금은 느긋한 마음가짐으로 한국문화가 그려내 고 있는 다문화성과 그 속에서 살아가고 있는 이주노동자와 결혼이주 여성들의 모습들을 찾아 나섰다. 드라마와 영화, 그리고 문학작품에서 재현하고 있는 다문화 주체들의 모습을 통해 우리는 그들이 있는 그 대로 재현되기보다는 재현 주체라 할 수 있는 이른바 보이지 않는 손에 의해 한국사회가 원하는 방식으로 재현되거나 아니면, 기왕에 존재하고 있는 고정관념을 반복 재생하고 있음도 살펴보았다.

한국문화에서 재현되고 있는 다문화 주체들의 모습을 바라보는 것이 휴식이었냐 하면 딱히 그런 것만은 아니었다. 이주노동자와 결혼 이주여성, 혼혈인 등을 대하는 한국사회의 모습에서 우리들은 한국사회에서 살고 있는 다문화 주체들의 어려움과 그들을 아직도 불안한 시선으로 바라보면서 불편해 하고 있는 우리들의 부끄러운 모습을 지켜보는 것 또한 적지 않은 고역이었다.

오케이! 여기까지!!

그동안 걸어왔던 길을 되돌아보니, 어떤 생각이 드는가? 조금 전의 막막함이 아니라, 뭔지 모르지만 우리가 가야하는 길에 대한 희미하지만 분명한 이정표 같은 것이 보이지 않는가? 안 보인다고. 휴—우! 안 보이면 어쩔 수 없고…….

필자가 원하는 것은 지금까지의 논의를 통해 독자들이 이런 행동을 보이는 것이다. 가령 '정말 문제가 심각한데, 이거……, 그럼 우리 이제 어떡하지?' 식이다. 어떤 대상에 대해 문제를 인식하는 행위, 그리고 그 문제에 대해 나름의 해결 방법을 찾는 것! 물론 이 길은 지금까지 걸어온 길보다 몇 곱절은 더 힘든 길일 터이다. 왜냐하면 이런 행동들은 적어도 어떤 문제로부터 나를 분리시켜 애써 문제를 회피하려 하거나, 아니면 문제가 야기하는 다양한 갈등으로부터 멀리 떨어져 안전거리를 확보하려는 행동들과는 다르기 때문이다. 여기(문제에 대해 나름의 해결 방법을 찾는 것)에서 나와 다른 타인, 또는 타자, 아니 차이(다름)와 마주하려는 의지를 읽어 볼 수는 없는 것일까? 정말이지, 그것이 터무니없는 헛된 망상일까?

눈 밝은 독자들은 필자가 '어떡하지'에서 '무엇을 하지'로 고의적으로 질문을 유도하고 있으며, 이렇게 질문을 바꿈으로써 실천의 장으로 독자들을 내몰고 있다고 비판할지도 모른다. 그렇게까지 치밀하게 생각하지 못했는데, 일깨워 줘 고맙다. 농담!! 그렇다면 기왕지사 여기까지 왔으니 이제, 실천에 대해 이야기해 볼까 한다. 필자는 다문화 사회의 도래와 발맞춰 제기되었던 다문화 교육을 대표적인 실천의 영역으로 파악하고 있다.

자, 풀었던 신발 끈을 매고 다시 길을 걷도록 하자. 우리가 갈 길은 한국사회가 '일상적 경험'이라고 할 수 있는 다문화성에 대한 나름의 실천 행위로 진행해 온 다문화 교육 현장이다.

1.1. 다문화 교육

한국의 다문화 교육은 다문화주의 정책 일반이 그러했듯이 구체적인 방향과 내용 등에 대한 사회적·학문적 합의나 논의를 거치지 못한 채, 수요에 대한 임기응변식으로 진행되어 왔다. 일찍부터 다문화 교육에 대해 관심을 경주했던 박천응은 한국사회에서 진행되고 있는 다문화 교육의 문제점과 과제를 다음과 같이 지적하고 있다.

모두 다섯 가지로 꼽고 있는 다문화 교육의 문제점으로는 ① 다문화 교육개념의 혼란, ② 다문화 교육의 철학 부재, ③ 다문화 연구진의 준비 부족, ④ 다문화 교육이 동화주의적 사회통합정책의 일환, ⑤ 다문화 교육에 있어서의 창조적 상상력 부족 등을 들 수 있다.[1] 이것을 좀더 부연설명해 보자면, 현재 국내에서는 한국문화 교육, 세계화 교육, 국제 이해 교육 등이 모두 다문화 교육이란 이름으로 진행되고 있는데, 이것은 한마디로 말해서 무엇이 다문화 교육인지에 대한 정확인 인식이 부재한 상황에서 발생한 혼란을 보여준다 하겠다. 다음으로 지적할 수 있는 것은 다문화 교육에 대한 수요에 급급한 나머지 다문화 교육 전체에 대한 청사진과 디자인을 만들기 보다는 프로그램을 나열하는 것에 그치고 있는데, 이 모든 것들이 다문화 교육에 대한 철학이 부재하기 때문이다. 세 번째는 다문화 교육의 중요성을 인식하

---

1) 박천응, 『다문화 교육의 탄생』, 국경없는마을, 2010, 226~229쪽.

고 있는 국내 다문화 연구진들이 다문화 관련 외국 이론에 대한 국내 이식에만 집중할 뿐, 정작 중요한 연구자의 자기 목소리가 없는 다문화 담론만을 생산하고 있다고 비판한다. 넷째는 국내에서 행해지고 있는 각종 다문화 교육을 면밀히 검토하면 한마디로 말해 "주류 다문화 정책이 중심"[2])이 되어 진행되고 있다. 그 결과 주류 다문화에서 제외되고 있는 이주노동자와 그 자녀, 난민 등이 교육 대상에서 배제되고 있는 한계를 보이고 있는 것이다.

이상의 비판을 통해 박천응은 다문화 교육의 과제로 첫째, 다문화 교육 대상자를 다문화가정으로 한정하지 말라고 충고한다. 다문화 교육 대상자를 다문화가정으로 한정할 경우 자칫하면 게토화를 초래하거나 아니면 시혜로 빠질 위험이 있다는 것이다. 둘째는 다문화 교육을 다수자인 한국인에 대한 교육에서부터 출발해야 한다고 주장한다. 즉 다문화 교육에서 중요한 것은 한국사회의 다수자라 할 수 있는 한국인들이 소수자의 문화와 접촉할 기회를 갖고 그러한 기회를 통해 문화적 다양성을 배움으로써 서로 간의 새로운 만남과 상상력을 갖도록 도와야 한다. 셋째는 다문화 교육의 획일화에 대한 경계이다. 이밖에도 다문화 교육을 학교로 한정하지 말고, 가정과 지역사회 등과 연계해야 함을 주장하는 다문화 교육장의 다양화와 단기간에 성과를 내려하기보다는 장기적인 관점에서 기다릴 줄도 알아야 한다는 견해를 제시하고 있다.

박천응에 주장에 대해 필자는 특별히 반론을 제기하지 않을 것이다. 한국사회에서 진행되고 있는 다문화 교육의 실상에 대한 정확한 진단과 그 해결책을 제시하고 있기 때문이다. 다만 한 가지 아쉬운 점은 그 자신이 지적했던 다문화 교육에 대한 혼란을 해소하기에는 미흡하다는 것이다. 다시 말해 무엇이 다문화 교육이야? 라는 질문에 이것이야라고 꺼내 놓을 만한 카드가 부족하다. 그 이유를 찾자면 여러 가지가 있겠지만, 필자는 교육이론에 집중하기보다는 실천을 강조한 박천

---

2) 위의 책, 227쪽.

응의 위치에서 찾을 수 있다고 생각한다. 그러므로 다문화 교육에 대한 정치한 이해를 위해서는 아무래도 교육학자의 도움이 필요한 모양이다. 뱅크스James A. Banks의 친절한 설명을 들어보도록 하자. 뱅크스는 다문화 교육의 목적을 여섯 가지로 정리하고 있다.

첫째, 개인들로 하여금 다른 문화의 관점을 통해 자신들의 문화를 바라보게 함으로써 자기 이해를 증진시키는 것이다.

둘째, 학생들에게 문화적·민족적·언어적 대안들(alternatives)을 가르치는 것이다.

셋째, 모든 학생이 자문화, 주류문화, 그리고 타문화가 공존하는 다문화사회에서 요구되는 지식과 기능, 태도를 습득하도록 하는 데 있다.

넷째, 소수인종·민족집단이 그들의 인종적, 신체적, 문화적 특성 때문에 겪는 고통과 차별을 감소시키는 데 있다.

다섯째, 학생들이 전 지구적(global)이고 평평한(flat) 테크놀로지 세계에서 살아가는 데 필요한 읽기, 쓰기, 그리고 수리적 능력을 습득하도록 돕는 것이다.

여섯째, 학생들이 자신이 속한 문화 공동체, 국가적 시민 공동체, 지역 문화, 그리고 전 지구적 공동체에서 제구실을 하는 데 필요한 지식, 태도, 기능을 다양한 인종, 문화, 언어, 종교 집단의 학생들이 습득하도록 도와주는 것이다.[3]

뱅크스는 자신이 제시한 여섯 가지 다문화 교육의 목적을 이루기 위해서는 기존의 교육과정에 대한 일련의 개혁이 필요하다고 주장한다. 그는 기여적 접근법, 부가적 접근법, 변혁적 접근법, 사회적 행동 접근법을 통해 다문화 교육은 그 목표인 사회적 소수자에 대한 공감과 관심을 함양할 수 있다고 생각한다. 그가 생각하고 있는 다문화 교육과정 개혁의 모델은 다음과 같다.

다분히 미국적인 상황에 근거한 뱅크스의 견해가 향후 한국사회가 떠안아야만 하는 다문화 교육의 해법일 수는 없다. 다문화 교육이 지향해야 하는 보편성을 견지하면서도 한국적인 특성을 반영한 다문화

---

3) James A. Banks, 모경환·최충옥·김명정·임정수 공역, 『다문화교육 입문』, 아카데미프레스, 2008, 2~7쪽.

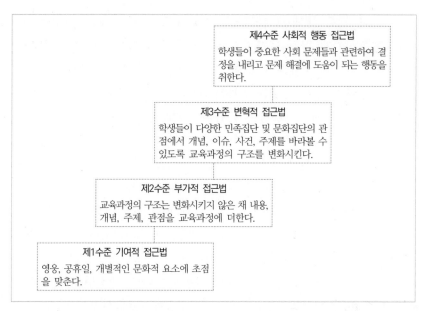

〈그림 5-1〉「다문화교육과정 개혁을 위한 접근법들」, 뱅크스 지음, 모경환 외 공역, 2008, 70쪽 인용

교육 방안이 요구되는데, 이 같은 다문화 교육 방안 마련에 뱅크스의 다문화 교육 담론이 일정한 영향을 끼치고 있음은 물론이다.

다문화교육은 외국인을 사회에 적응시키거나 기존체제에 동화시키려는 목적을 지니기보다는 자신들의 문화적인 속성도 유지하면서 자신이 속한 사회 속에서도 동등한 구성원으로서의 역할을 감당하고 권리를 누리도록 교육하고자 하는 것이다. 다문화교육에서는 소수자와 다수자 학생 모두가 서로의 인권을 존중하는 가운데 소수자에게는 다수자와 동등한 자격으로 삶을 누릴 자신의 권리 의식, 다수자에게는 생활 속에 상존하는 소수자에 대한 편견에 맞서기 위한 비판을 감당하고 통찰력을 갖도록 교육하려는 노력이 필요하다.4)

인용문은 오랫동안 다문화 교육에 대해 연구한 학자의 견해이다.

---

4) 김선미, 「한국의 다문화교육, 어떻게 해야 할 것인가?」, 『인하대학교 교육연구소 심포지움』, 인하대학교 교육연구소, 2009, 58쪽.

그는 문화 상호 간의 가치의 동등성을 주장하면서 "문화적 소수자들을 정형화시켜서 편견을 가지고 부정적으로 바라보는 시각을 변화시키려는 노력"5)이야 말로 다문화 교육의 핵심과제라고 역설한다. 그러면서 다문화 교육이 일정한 성과를 내기 위해서는 단계적으로 이루어질 필요가 있는데 그 과정은 다음과 같이 제시한다.

1단계에서는 자신이 살고 있는 세상에는 다양한 문화가 공존하고 있다는 것을 학생들에게 인식시키는 것이 필요하며, 2단계에서는 다양한 문화들 사이의 유사점과 차이점을 이해하게 하며, 3단계에서는 그동안 자신이 의식·무의식적으로 나와 다른 문화적인 속성을 지닌 집단들을 편견을 가지고 바라보지 않았는지를 점검하고, 4단계에서는 모든 문화적 집단에 속한 이들은 상호 평등한 관계에 있으며 서로 존중받아야 할 가치가 있음을 깨닫게 해야 한다고 주장한다.6) 이것을 바탕으로 그는 다문화 교육의 대상과 내용에 대해 다음의 여섯 가지를 제언한다.

첫째, 다문화교육은 이주민을 대상으로 하는 한국어 교육과 문화적응을 위한 프로그램의 실행에 머물러서는 안 될 것이며, 더 나아가 우리 사회의 다양성의 발굴과 공존, 그 가운데에 조화로운 하모니를 이루어내는 사회라는 컨셉을 완성시킬 수 있는 것들이 주된 교육 내용들로써 채워져야 한다는 것이다. 사회 구성원들에게 다양성이 동일함보다 더 가치 있을 수 있음을 인정하고 '서로 다름'이 '차별'로 연결되지 않는 사회가 될 수 있는 인식을 높일 수 있는 정책들이어야 할 것이며, 한 사회의 문화적 다양성은 사회발전의 원동력임을 인지하도록 하여야 할 것이다. (…중략…) 한국인과 이주민이라는 구별은 일시적인 것이며, 결국 모두 각자의 역할을 통해서 한국이라는 공동의 사회에 함께 공헌하고 참여하고 있는 것임을 이해시킬 수 있는 교육이 다문화교육의 핵심 방향이고 내용이어야 한다.

---

5) 위의 글, 같은 쪽.

6) 위의 글, 같은 쪽.

둘째, 이주민과 기존의 시민들에게 다문화교육이 시혜적이고 복지정책 성격의 정책인 것으로만 인지되어서는 안 될 것이며, 이보다는 다문화교육은 '시민교육'의 성격으로서 추진되어야 하고, 시민교육의 형태로 학교뿐 아니라 사회 전반에 걸쳐 전개되어 나갈 수 있도록 전개되어야 할 것이다. 다문화교육은 이주민만을 위한 이주민을 대상으로 하는 정책이 아니라 궁극적으로 일반 시민들을 위한 정책이기도 하며, 우리 모두를 위하고 사회발전을 위한 정책이라는 메시지가 일반 시민들에게도 확실하게 전달되어야만 한다.

셋째, 다문화교육의 대상은 이주여성이나 장기 체류외국인, 그리고 이들의 자녀에 한정되어 실시하는 것이 아니라 사회의 모든 구성원인 학부모, 학생, 교사, 평생교육의 대상인 일반시민, 공무원, 사회단체의 리더, 등등 모두에게 이루어져야 한다.

넷째, 다문화교육은 이주민들과 내국인들에게 여러 나라의 문화적 특징을 교육하는 것이 주를 이루어 왔는데, 여기에 초점을 둔 교육은 진정한 다문화교육으로써 이루어지는 것이라고 보기 어렵다. (…중략…) 다문화교육의 실체는 국제이해교육과 같이 국가를 경계로 구분되는 문화적 차이에 주목하는 것이 아니라 다양한 문화집단을 구분하게 하는 기준들, 즉 성, 계층, 종교, 언어, 인종, 장애인, 사회적 소수자와 같은 다양한 기준들을 적용하여 문화적 관점에서 중층적으로 사회를 바라볼 수 있게 교육하는 것이어야 한다는 것이다. 이렇게 문화적 관점에서의 다문화교육이 이루어질 때, 서로 다르다고 구별되는 문화집단 간의 다름과 차이뿐만 아니라, 서로 유사성과 관련성이 함께 인식되어 질 수 있는 것이며, 집단 간의 분리와 차이만 강조되지 않게 되어 질 수 있다.

다섯째, 다문화교육을 위한 문화적 기준은 각 사회의 특징에 따라 강조점이 다르게 적용될 수 있을 것인데, (…중략…) 지역 갈등과 지방색에 대한 불협화음은 우리 사회의 커다란 문제로 자리 잡고 있으므로 한국의 다문화교육은 이러한 지역적 집단 갈등을 해소하기 위한 것도 다문화교육의 한 측면으로 강조되어 이루어질 필요가 있다. 그밖에 사회적 소수자에 해당되는 여러 부류의 집단 사람들에 대한 인권 문제와 연결된 다문화교육에 대해서도 고려할 필요가 있을 것이다.

여섯째, 다문화교육은 한 개인과 한 사회의 정체성의 문제와 관련이 깊다. '한국인으로서의 나는 누구인가'의 문제는 '한국인'으로서의 정체성의 문제와 연결되는데, 이것은 정체성에 대한 새로운 인식을 갖게 하는 것으로부터 출발해야 한다. 다문화교육에서는 정체성에 대한 개념 이해와 자신의 정체성의 문제를 새로운 사회 패러다임에 적합하게 해석하고 인식하는 부분이 포함되어야 한다고 생각된다.[7]

조금 길게 인용했다. 길게 인용할 수 있도록 다문화 교육의 대상과 내용을 치밀하게 제시한 김선미의 선행 연구가 고맙다. 실제 김선미의 제언은 분량이 훨씬 많다. 하지만 타인의 소중한 연구 성과를 아무리 인용이라고 하더라도 전부 가져올 수 없어 중간에 생략을 했다. 아무튼 김선미의 선행 연구 덕분에 필자는 다문화 교육의 대상과 내용에 대한 고민을 덜 수 있었다. 필자가 보기에 김선미의 제언에는 다문화 교육에서 고려해야 할 대부분의 의제들이 망라되어 있다. 따라서 여기에 이것저것 덧붙이는 것은 멀쩡한 새 옷이 조금 마음에 들지 않는다고 하여 직접 수선하려다 결국 누더기를 만드는 꼴과도 같다고 생각한다.

이제 우리들이 고민해야 할 것은 이렇게 정식화된 다문화 교육의 내용들을 어떻게 실현하느냐는 것이다. 다음 절에서 보게 될 '대학 교양 교육으로서의 다문화 교육'이 그 실천의 첫걸음이 되길 기대한다.

1.2. 대학 교양 교육으로서의 다문화 교육[8]

다문화 교육은 다인종·다문화로 인한 문화적 갈등과 출동을 해소하고 나와 다른 문화에 대한 편견극복과 공존을 모색한다는 점에서 중요한 의미를 갖는다. 다문화 교육의 중요성은 앞의 설명뿐만 아니라,

---

7) 김선미, 「'한국적' 다문화정책과 다문화교육의 성찰과 제언」, 『사회과교육』 50권 4호, 2011, 184~186쪽.

8) 이 부분은 강진구의 논문(강진구, 「다문화교육이 대학생들의 다문화 인식에 미친 영향 조사」, 『다문화연구』 창간호, 중앙대학교 문화콘텐츠기술연구원, 2008)을 저서의 특성에 맞게 대폭 수정한 것이다.

정부와 학계에 의해 진행된 다양한 다문화 관련 공동교육 프로그램을 통해서도 여실히 증명되고 있다. 대표적인 교육 프로그램으로는 법무부의 'ABT 대학', 한국문화예술진흥원의 '다문화 강사 양성과정', 여성가족부의 '여성이민자가족 통합프로그램: 매뉴얼' 제정, 서울시 교육청의 '다문화가정 이해를 위한 중·고 교원 연수' 프로그램 등이 있다. 이들 교육 프로그램은 시행 주관이 어디냐에 따라 그 내용이 조금씩 다르지만, 앞서 현행 다문화 교육의 문제점에서 논의했던 바의 한계를 지니고 있다.

〈그림 5-2〉 한국건강가정진흥원에서 운영 중인 다문화포털
'다누리'(http://www.liveinkorea.kr)

법무부에서 추진하는 '다문화사회통합주요거점대학 ABT Active Brain Tower 대학' 운영 사업이 주로 이민자들을 위한 사회통합 프로그램의 일환으로 추진됨으로써 각종 이민자 지원프로그램에 역점을 두고 있다면, '한국문화예술교육진흥원'과 여성가족부, 서울시 교육청의 프로그램들은 이민자의 사회적응은 물론이고 그들의 다양한 문화에 대한 이

해까지 관심의 폭을 넓히고 있다는 점에서 차이가 있다.

여기서는 다문화 교육에 꼭 필요한 부분들—다문화 교육의 대상과 내용, 그리고 교육현장에서 활용 가능한 다문화 학습 프로그램의 개발—보다는 다문화 교육이 실제 교육 대상자들의 다문화에 대한 인식에 어떤 영향을 미치는가에 관해 이야기하고자 한다. 필자는 이 논의를 통해 독자들이 다문화를 어떻게 이해할 것인가라는 자기 판단의 기준들을 만드는 시발점으로 삼기를 기대한다.

1.2.1. 다문화 교육이 대학생들의 다문화 인식에 미친 영향

필자는 몇 년 전에 대학 교양 교육으로 진행되는 다문화 교육이 대학생들의 다문화 인식에 미치는 영향을 분석하는 연구를 진행한 바 있다. 여기서는 그때 논의되었던 내용을 중심으로 다문화 교육의 필요성에 대해 이야기하고자 한다.

필자는 〈한국사회와 다문화〉라는 강의를 개설하면서 이 강의가 대학생들의 다문화 인식에 어떠한 영향을 미치는지를 알아보기 위해 다문화에 대한 인지 여부, 다문화 교육의 필요성 여부, 다문화에 대한 이해 정도, 다문화 교육과 다문화의 상관성 등을 종합적으로 묻는 설문조사를 실시했다. 지금이야 다양한 문화 교육이 진행되고 있기 때문에 '다문화'라는 개념이 어느 정도 보편화되었지만, 조사 당시인 2008년만 하더라도 다문화 관련 강의가 전무했던 터이다. 하여, 강의 오리엔테이션에서 자신이 생각했던 수업과 다르다는 것을 알고 황당한 반응을 보였던 학생도 있었다.

현재의 시점에서는 시의에 맞지 않을 부분도 있을 터이지만, 그때의 연구 결과를 소개하면 다음과 같다.

첫째, 대학생들의 다문화에 대한 인지 여부는 대체로 양호했으나 다문화에 관한 정보 습득이 특정 매체에 집중되고 있는 문제점이 드러났다. 설문조사에 따르면 다문화 관련 강의를 수강한 학생들은 수강하지 않은 학생들에 비해 다문화에 대한 인지도에서 21%정도 높았다. 그러나 이러한 다문화에 대한 인식이 신문과 텔레비전의 뉴스보도를 통해 이루어지는 비율이 61.6%를 차지하고 있어 자칫 언론의 보도 프레임이나 "다문화를 문화 상품화하려는 방송 미디어"를 무비판적으로 받아들일 수 있는 위험도 또한 상대적으로 높았다. 이러한 문제점을 극복하기 위해서는 언론보도에 대한 비판적 인식은 물론이고 상대적으로 비율이 낮았던 관련 전공서적과 다문화 주체와의 직접 교류 또한 적극적으로 요구된다.

둘째, 교양과정으로서의 다문화 교육뿐만 아니라, 전공 영역에서의 다양한 다문화 강좌 또한 필요하다. 조사 분석에 따르면 약 95.5%의 학생들은 다문화 주체들에 대한 편견 극복과 그들과의 소통과 공존을 위해서는 대학 또는 사회 전반에서 다문화 강의가 실시되어야 한다고 답했다. 그러나 이 같은 필요성에도 불구하고 대학생들은 다문화 주체들과의 직접적인 소통존보다는 관념적 영역에서의 이해에 치중하는 모습을 보였다. 즉 단순히 한국사회에 존재하는 다문화 주체에 대해 알고 싶다는 바람만 있지, 그러한 인식을 통해 무엇을 할 수 있는지에 대해서는 인식이 부족했다. 이 같은 문제점을 해결하기 위해서는 다문화 주체들을 위한 대학생들의 활동이 봉사활동 이상이 되어야 하는데, 전공 영역에서의 다양한 다문화 강좌 개설이 요구되는 이유가 여기에 있다. 다문화 강좌가 자신의 전공과 직·간접적으로 연결될 때, 다문화 주체들을 이해하는 데 도움이 될 뿐만 아니라 실천적 의미까지를 획득할 수 있을 것이다.

셋째, 다인종·다문화에 대한 편견 극복을 위해서는 한국인 스스로의 변화가 요구되고, 사회적 영역에서의 다문화 교육은 이 부분에 초점이 맞춰져야 한다. 설문조사에 따르면 사회 영역에서 가장 필요한 다문화 교육으로 73.7%가 한국인을 대상으로 한 다문화 교육과 외국인에 대한 편견 극복 교육이었다. 이것은 대학생들이 외국인(결혼이주여성 포함)을 위한 한국사회 적응 교육이나 다문화 주체들을 위한 한글 교육보다는 한국인들에 대한 다문화 이해 교육이 더 필요하다고 인식하고 있다는 것을 보여주는 것으로서 장기적으로 봤을 때 매우 긍정적인 신호라 생각된다.

아래의 그래프에서 보듯이 대학생들은 사회 영역에서 다문화 주체들을 위한 봉사 또는 한국인을 대상으로 한 다문화 교육에 참여할 의사를 묻는 질문에 72.7%의 학생들이 '여건이 허락하면 참여할 수 있다'라고 답했고, 15.2%의 학생들이 '적극적으로 참여할 의사가 있다'라고 답해, 약 88%의 학생들이 참여의사를 밝혔다.

이 같은 인식은 만약 대학생들이 앞으로 다문화 주체와 관련된 활동을 하게 될 경우 단순한 봉사활동이나 시혜적 접근에서 벗어나 보다 다양한 영역에서 활동할 수 있을 것이라는 것을 예측할 수 있게 한다.

넷째, 대학생들은 한국사회는 다문화(외국인)에 대한 편견이 심한 데 반해, 자신들은 상대적으로 다문화에 대해 열린 시각을 갖고 있는 것으로 생각하는 경향이 강했다. 조사에 따르면 약 90%의 학생들은 한국인들이 다문화(외국인)에 대해 편견을 갖고 있다고 응답했다. 그러나 자신은 다문화(외국인)에 대해 편견을 갖고 있는가라고 묻는 질문에는 52.5%만이 그렇다고 답해, 앞의 응답과 상당한 격차를 보였다. 이러한

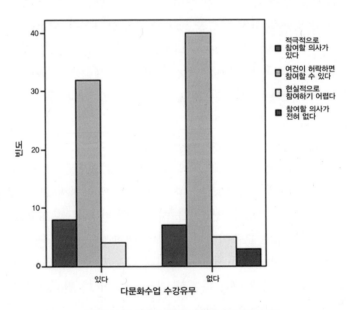

〈그림 5-3〉 다문화 주체와 관련된 활동 참여 여부

인식차^娛는 스스로를 기성세대와는 다른 존재들로 규정하고자 하는 대
학생들의 열망으로 볼 수 있지만 엄밀한 의미에서 일종의 자기최면에
가깝다고 판단된다.

그렇다면 이런 결론들은 어떻게 도출된 것일까? 구체적인 물음들에
대한 답을 통해 조금 더 살펴보기로 하자.

1.2.2. 다문화 교육의 필요성

다문화 강의를 수강한 학생들만을 대상으로 '다문화 강의를 수강한
이유'에 대해 물었다. 그 결과 72.7%가 '한국사회에 존재하는 다양한
다문화 주체들에 대해 알고 싶어서'라고 답했다. 이 같은 응답은 〈표
5-1〉에서 보듯 '다문화 주체들과의 직접적인 소통과 공존을 위해서'
의 9.1%나 '자신의 전공과의 관련'이 있기 때문이라고 답한 응답자가
2.3%인 것에 비추어 볼 때 매우 높은 것임을 알 수 있다. 다수의 응답
에서 우리는 대학생들이 한국사회를 다문화사회로 인식하고 있고, 이
사회에서 함께 생활하고 있는 다양한 다문화 주체들에 대해 관심을
갖고 있지만 아직까지는 그러한 관심이 직접적인 소통과 공존을 위한
실천활동으로까지는 나가가고 있지 않다는 것을 알 수 있었다.

〈표 5-1〉 다문화 강의를 수강한 이유

		빈도	퍼센트	유효 퍼센트	누적 퍼센트
유효	한국사회에 존재하는 다양한 다문화 주체들에 대해 알고 싶어서	32	72.7	74.4	74.4
	다문화 주체들과의 직접적인 소통과 공존을 위해 필요하기 때문	4	9.1	9.3	83.7
	내 전공과 관련이 있기 때문에	1	2.3	2.3	86.0
	학점 취득 및 취업에 도움이 되기 때문에	2	4.5	4.7	90.7
	기타	4	9.1	9.3	100.0
	합계	43	97.7	100.0	
결측	시스템 결측값	1	2.3		
합계		44	100.0		

다음으로 다문화 강좌를 수강한 학생들만을 대상으로 자신들이 수강한 다문화 강의가 한국사회에 존재하는 다양한 다문화 주체들(결혼이민자, 외국인노동자, 혼혈인 등)을 이해하는 데 도움이 되었는지 여부에 관해 질문을 했다.

다문화 강의는 다문화 주체들을 이해하는 데 도움이 된 것으로 나타났다. 다문화 관련 강의가 다문화 주체들을 이해하는 데 매우 도움이 되었다는 학생의 비율은 38.6%, 대체로 도움이 된 편이라는 응답한 학생의 비율이 61.4%를 기록했다. '도움이 되지 않았다'거나 '부정적인 편견만 심어 주었다'는 항목에 응답한 학생은 한 명도 없었다. 이 같은 응답으로 볼 때, 대학에서의 다문화 관련 강좌가 대학생들의 다문화에 대한 관심 고취는 물론이고, 한국사회에 존재하는 다문화 주체들에 대한 이해를 증진시키는 데 일정한 영향을 미치고 있음을 알 수 있다.

그렇다면 학생들에게 다문화 주체들을 이해하는 데 적지 않은 영향을 주고 있는 다문화 관련 강좌에서 학생들은 무엇을 원하는 것일까? 학생들이 다문화 강의에서 기대하는 것을 알아보기 위해 다문화 강좌에서 가장 집중적으로 다뤄져야 주제에 관해 질문했다.

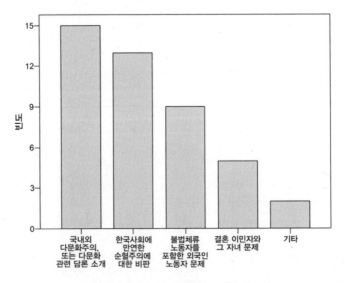

〈그림 5-4〉 다문화 강의에서 다뤄져야 할 주제

응답자의 34.1%가 '국내외의 다문화주의, 또는 다문화 관련 담론 소개'를 꼽았는데, 이 같은 수치는 '한국사회에 만연해 있는 순혈주의 비판'의 29.5%보다 4.6% 높은 것이었다. 즉 대학생들은 다문화 강의를 통해서 '미등록 노동자를 포함한 외국인노동자'(20.5%)의 문제나 '결혼이민자와 그 자녀'(11.4%)들에 대한 관심보다 이론적 영역에 더 많은 관심을 드러냈다. 이것은 직접적인 소통과 공존을 위한 실천 활동으로 나아가는 것을 주저하는 대학생들의 모습을 보여주는 동시에 아직까지도 다인종, 다문화사회에 대한 담론들이 대학생들에게 충분하게 소개되어 있지 않다는 것을 보여준다 하겠다.

사회 영역에서 진행되는 다문화 관련 교육의 경우 대학생들은 다문화 주체들을 대상으로 한 한국사회 적응교육보다는 오히려 한국인을 대상으로 한 다문화 교육 또는 외국인에 대한 반편견 교육의 필요성을 제기했다. 다시 말해 많은 학생들은 결혼이주여성과 그 자녀들을 대상으로 한 한국어 교육이나 외국인노동자들을 대상으로 한 한국문화 교육 등 한국사회 적응 프로그램도 필요하지만, 그것보다는 한국인들을 대상으로 한ㅍ 다문화 교육과 외국인과 외국 문화에 대한 반편견 교육이 필요하다고 응답했다.

한국인을 대상으로 한 다문화 교육과 反편견 교육NBE: non-biased education의 중요성을 73.7%의 학생이 선택한 것은 다인종, 다문화 시대에 갈등 해결을 위해서는 한국인 스스로가 변해야 한다는 사회 일반의 통념보다 훨씬 높은 수치라 할 수 있다.9)

1.2.3. 다문화에 대한 이해

필자는 대학생들의 다문화에 대한 이해도를 살펴보기 위해 다문화

---

9) 통계청이 발표한 2006년 사회통계 조사에 의하면 다문화(혼혈인) 가구원을 위해 가장 시급해 해결해야 할 사항으로 '다문화가족 편견을 없애는 사회분위기 조성'이 30.6%로 가장 많았고, 한극교육이 25.7%로 그 다음을 차지했다. 임지선, 「[우리안의 타인들] 혼혈인: 외국인만도 못한 멸시」, ≪경향신문≫, 2006. 12. 31.

하면 떠오르는 단어가 무엇인지를 선택하게 했다. 학생들은 국제결혼, 조화로움, 혼혈인(코시안 포함), 순혈주의(단일민족) 순으로 선택했다.

다문화 수강유무에 의해 교차분석을 한 결과, 다문화 강의를 수강한 학생들이 그렇지 않은 학생들보다 '다문화'에 대해 좀 더 다양한 이미지를 떠올렸다. 또한 한국사회의 다문화(외국인)에 대해 편견도偏見度를 묻는 질문에 20.2%의 학생들이 '매우 그렇다'고 답했고, 69.4%의 학생들이 '대체로 그렇다'고 답을 해 약 90%의 대다수의 학생들은 한국인들이 다문화(외국인 포함)에 대한 편견을 가지고 있다고 생각하고 있음을 알 수 있다.

그런데 여기서 한 가지 흥미로운 점은 한국사회와 한국인들의 다문화(외국인 포함)에 대한 편견을 지적하던 학생들이 정작 자신들의 다문화에 대한 편견을 묻는 질문에서는 긍정과 부정이 엇비슷하게 갈렸다는 점이다. 학생들은 본인 스스로가 편견을 갖고 있느냐는 질문에 매우 그렇다 4.0%와 대체로 그렇다 48.5%로 전체 52.5%의 학생이 편견을 갖고 있다고 응답했고, 편견을 갖고 있지 않다는 응답에는 46.5%의 학생들이 답을 했다. 이 같은 응답은 한국인들이 다문화(외국인 포

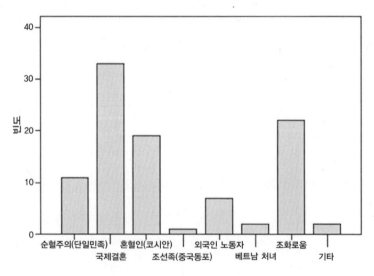

〈그림 5-5〉 다문화와 관련된 연상 어휘

함)에 편견을 갖고 있느냐의 질문에 그렇다고 답한 90%와 비교했을 때 현격한 차이를 보이는 것이다.

그렇다면 이러한 차이는 어디에서 비롯된 것일까? 왜 대학생들은 한국사회는 다문화(외국인 포함)에 대해 편견을 갖고 있는데, 자신들은 그런 편견에서 한발 떨어져 있는 것으로 생각하는 것일까? 여러 가지 원인을 찾을 수 있겠지만 우선 대학생으로서의 세대론적 특성을 들 수 있겠다. 일반적으로 대학생들은 기성세대에 비해 비교적 개방적이고 거리낌 없이 타자를 받아들이는 특성을 지닌다. 외국문화에 대해 상대적으로 개방적인 대학생들의 시선에 비친 한국사회는 '성을 상품화하고 인종차별을 명시'하는 〈베트남 처녀와 결혼하세요〉와 같은 불법 광고물들이 아무런 재제도 받지 않고 게재되는 그런 사회다.10) 이런 광고들은 "성을 '구매 가능한' 대상으로 표상"11)하여 이주여성과 자녀들에게 수치심을 심어주는 것은 물론이고 '이주민들에 대한 국민들의 왜곡된 인식을 부른다'는 점에서 심각한 문제점을 갖고 있다. 문제가 이렇게 심각함에도 불구하고 이런 것들을 방치하고 있는 사회에 대한 대학생들의 비판의식의 표출로 보인다. 또 다른 이유를 찾자면, 외국인을 어떻게 분류하느냐에 따른 차이라 할 수 있다. 즉 대학생들은 우리 사회(타인)의 다문화(외국인 포함)에 대한 편견을 지적할 때는 그 대상을 주로 유색인종까지를 포함하여 선택한 반면, 자신의 편견을 지적할 경우에는 그 대상을 백인 외국인으로 한정하여 응답하는 경향을 보인다.

조사를 통해 흥미로운 사실들을 확인할 수 있었는데, 단일민족 국가로서의 한국의 정체성과 국제결혼에 대한 이해 정도가 그것이다. 필자는 '한국은 단일민족 국가인가'라는 질문을 통해 대학생들이 파악한 한국사회의 다문화 정도에 대해 알고 싶었다. 설문조사 결과는 '매우 그렇다'와 '대체로 그렇다'라는 긍정의 응답이 41.5%이었고, '아니

---

10) 조정혜, 「'베트남 처녀와 결혼하세요' 광고 못한다」, ≪한겨레신문≫, 2007. 1. 29.
11) 김현미, 앞의 책, 13쪽.

〈표 5-2〉 국제결혼에 대한 인식

		빈도	퍼센트	유효 퍼센트	누적 퍼센트
유효	여건만 주어진다면 할 수도 있다.	57	57.6	57.6	57.6
	남이 하는 것에 대해서는 반대하지 않는다.	38	38.4	38.4	96.0
	윤리적으로 문제가 있기 때문에 약간 반대한다.	3	3.0	3.0	99.0
	기타	1	1.0	1.0	100.0
	합계	99	100.0	100.0	

다'와 '전혀 아니다'는 부정의 응답은 58.6%로, 학생들이 한국사회를 단일민족국가가 아닌 다민족 국가로 인식하고 있는 학생의 비율이 증가하고 있었다.

한국사회에서 인종, 다문화를 결정짓는 키워드라 할 만큼 중요한 변인으로 작용하고 있는 국제결혼에 대해서는 대체적로 열린 시각을 갖고 있었다.

학생들은 국제결혼에 대한 질문에 57.6%가 '여건만 주어진다면 할 수도 있다'고 답했고, 38.4%가 '남이 하는 것에 대해서는 반대하지 않는다'라고 답했다. 이 같은 수치는 1990년대의 인식과는 매우 다른 것이다. 1994년 12월에 발표된 갤럽의 조사[12]에 따르면 당시 20대인 미혼남녀의 경우 국제결혼에 대해 64.7%가 거부감이 있다고 응답했고, 35%만이 거부감이 없다고 응답했다. 64.7%의 20대 미혼남녀들이 부정적으로 바라봤던 국제결혼에 대한 생각이 14년 만에 절대 다수의 대학생들이 부정적으로 생각하지 않는다는 것은 단순히 대학생들만의 인식을 뛰어넘는 사회적 의미를 지니고 있다. 이것은 적어도 한국사회가 국제결혼에 대해서만큼은 과거와 비교했을 때 놀랄 만큼 유연하게 생각하고 있음을 보여주는 사례라 하겠다.

한편 본인 또는 가족(친척, 친구)이 국제결혼을 할 때 상대방의 무엇을 가장 먼저 고려하겠느냐는 질문에 학생들의 45.5%가 사랑, 상대방

---

12) 「신세대들의 민족주의 上」, ≪조선일보≫, 2005. 8. 15 참조.

의 경제력을 선택 기준으로 삼는 학생은 28.3%, 상대방의 외모를 꼽은 학생들은 13.1%였다. 그밖에 피부색은 9.1%, 혈연적 동질성은 4.1%였다. 더불어 본인 또는 가족(친척, 친구)의 국제결혼 대상자로 가장 적합한 상대자를 꼽아 달라는 질문에 응답자의 35.4%가 '백인'을 꼽았고, 33.3%가 '기타' 의견을 선택했다. 아시아의 유색인종(베트남, 캄보디아, 필리핀 등)이 조선족을 포함한 재외동포 비율보다 높게 나타난 점은 흥미로웠다.

지금까지의 논의를 통해 우리는 교양 교육으로서의 다문화 교육은 한국사회에 존재하고 있는 다양한 다문화 주체들과의 교류의 장을 넓힐 수 있는 기회를 가져다 줄 뿐만 아니라, 다문화에 대한 인식에 많은 영향을 주고 있음을 확인할 수 있었다. 따라서 교양 교육으로서의 다문화 교육은 다양한 형식과 방법, 내용을 가지고 적극적으로 추진되어야 할 것이다.

2. 다문화인문학의 정립을 위해

2.1. 다문화인문학이란 무엇인가?

이제 우리의 여행을 마칠 때가 되었다. 길고 험한 길이었지만, 또 흥미롭고 즐거운 여행이었다. 뭐야? 이 이상한 분위기는? 나 혼자만 그렇게 생각했단 말인가. 아무튼 지금까지의 논의들을 정리해 보자. '이주'는 이질적인 문화 간의 접촉을 만들고, 이 과정에서 갈등이 발생한다는 점을 살펴보았다. 그리고 이 같은 문화적 갈등에 대해 국민국가는 어떤 식으로든 그 갈등을 해소하려 노력한다는 점도 충분히 논의하였다.

용광로이론, 샐러드볼이론, 차별배제모형, 동화모형 등도 한마디로 정리하면 모두 다 문화 간의 갈등 극복을 위해 국민국가(공동체)가 제시한 최적의 방안이라고 할 수 있다. 하지만 '이렇게 제시된 다양한 이주민 통합 이론들이 한국사회의 다문화성과 그로 인한 갈등해소에 적합한가'라고 물었을 때, 우리는 선뜻 '그렇다'라고 답할 수가 없다. 그 이유를 찾자면 여러 가지가 있겠지만, 무엇보다도 이들 이론들이 서구사회의 문화적, 역사적 경험들을 기반으로 하고 있어 우리의 상황과는 다르다는 점이다.

따라서 한국사회의 다문화성을 이해하고, 문화적 다양성으로 인한 갈등 극복과 공존을 위해서는 한국사회의 특수성에 부합하면서도 보편적으로 소통 가능한 다문화이론 정립이 요구된다. 필자는 이것을 '다문화인문학'이란 이름으로 제안하고자 한다. '다문화인문학'이라고? 갑자기 웬 다문화인문학? 지금 장난하나, 아니 다문화주의에 관한 것만으로도 머리가 터질 지경인데, 다문화인문학이라니? ……. 물론 필자는 '다문화인문학' 정립이 매우 지난한 작업이라는 점에 대해서는 누구보다도 잘 알고 있다. 하나의 학문체계를 만든다는 것은 생각보다 쉽지 않고, 특히 누군가의 선언으로 얼렁뚱땅 만들어질 수 없는 것이기 때문이다.

일찍부터 21세기를 '문화콘텐츠 개발의 시대'[13]로 명명하고 문화콘텐츠나 문화콘텐츠산업이 사회적으로 영향력을 확대해 가는 것에 발맞춰 문화콘텐츠 분야의 선도적인 인재양성에 뛰어들었던 40여 개 학과의 문화콘텐츠 관련 학과들이 보인 눈물겨운 노력은 하나의 학문체계 건설이 얼마나 어려운 일인가를 상징적으로 보여준다. 인문콘텐츠 관련 학과들은 "문화콘텐츠 관련 교육과 연구가 기존의 학문 영역이나 연구 분야와는 차별적 가치를 가지고 있다는 인식이 있음에도 불구하고 독자적인 학문의 영역이나 연구 분야로 인식되고 있지는 않다는 판단"[14]하에 지속적으로 '문화콘텐츠학' 정립에 경주하고 있다. 대표적인 연구로 박상천을 들 수 있는데, 그는 문화콘텐츠학의 성립의 당위성을 주장하기 위해 사라세빅Tefko Saracevic과 리이즈Alan M. Rees의 견해

---

13) 임영상, 「문화콘텐츠 개발'과 인문학」, 『인문콘텐츠』 제6호, 인문콘텐츠학회, 2005, 279쪽.
14) 박상천, 「문화콘텐츠학의 학문 영역과 연구 분야 설정에 관한 연구」, 『인문콘텐츠』 10호, 인문콘텐츠학회, 2007, 60쪽.

를 끌어오고 있다. 그는 사라세빅과 리이즈가 어떤 학문이 하나의 학문체계로 간주될 수 있는 조건으로 여섯 가지를 제시했다고 소개한다. 그는 문화콘텐츠학은 ① 주어진 현상에 있어서 공통된 관심이 있을 것, ② 확고한 자격을 갖추고 업무수행을 하는 사람이 그 분야에 많이 존재하여야 할 뿐 아니라 학술·연구 기관에 참여하는 사람이 많을 것, ③ 연구를 수행하기 위한 유용한 기법, 도구, 방법론 및 이론적 토대가 존재할 것, ④ 그 분야에 관심 있는 사람들을 위하여 정식교육을 제공할 수 있을 것, ⑤ 그 분야에 종사하는 사람들 간에 공식·비공식 커뮤니케이션 채널이 있을 것, ⑥ 전문학회나 협회 및 학술지의 출판 등이 존재하기에 독립된 학문으로 충분히 성립할 수 있다고 주장한다.[15]

필자는 여기서 '다문화인문학'의 독립된 학문으로서의 가능성을 위의 여섯 가지 조건에 비추어 강요할 생각이 없다. 다만 '다문화인문학'이라는 학문적 체계에 대한 논의를 통해 정책, 복지, 문화, 여성, 문학, 이론(철학), 콘텐츠, 교육 등 다양한 영역의 분과 학문체계 속에서 이루어짐으로써 혼란을 가중시켜왔던 다문화 연구를 좀 더 체계화하기 위한 방안을 모색하는 기회를 갖기를 바랄 뿐이다.

이 같은 문제의식은 국내 다문화 연구가 다양한 성과에도 불구하고 정작 중요한 지점을 놓치고 있다는 반성에서 비롯된 것이다. 즉 기존의 정책, 복지, 교육 등 사회과학과 교육학 분야에서 진행된 한국사회의 다문성에 대한 연구에는 딱 꼬집어 말할 수는 없지만 뭔가 2%가 부족했다. 가령 결혼이주여성들의 '삶의 질 향상과 사회통합에 이바지함'을 목적으로 만들어진 다문화가족지원법에 대한 온라인 공간을 중심으로 한 비판 등은 그동안 한국사회의 다문화 담론이 민주적인 논의나 합의과정 없이 정책적 목표달성에만 급급했다는 점을 여실히 보여준다 하겠다.

다문화인문학이란 무엇인가? 한마디로 정리하면 한국사회의 다문화성에 대해 인문학적 관점에서 접근하는 것을 말한다. 즉 한국사회

---

15) 위의 글, 67쪽.

에서 중층적인 형태로 존재하고 있는 다문화성에 대해 인간 본질을 문제 삼는 인문정신—치열한 비판과 대안 제시—에 입각해 재구하는 것을 말한다. 기실, 한국사회는 매우 다양한 문화가 공존하고 있는 사회다. 이주자들을 제외하고 살펴보더라도 이른바 '연고주의'로 대변되는 지연과 학연의 공동체 문화(집단주의)는 물론이고 개인주의 사상의 만연, 그리고 IT기술의 발달과 함께 찾아온 네트워크 공동체가 공존하는 등 매우 복잡하고 중층적인 사회이다. 여기에 결혼이주여성과 이주노동자, 유학생, 새터민 등 새로운 문화와 가치관을 갖고 있는 이들이 유입되었으니, 훨씬 복잡해졌을 것은 자명하다.

게다가 한국은 서구 다문화 국가와는 달리 문화적 동질성이 매우 크고 단일민족주의가 강하게 남아 있는 사회이다. 이러한 상황에서 기존의 정책, 복지, 교육 등 사회과학과 교육학에 경사된 다문화 연구—어떻게 분배하고 지원할 것인가—는 필연적으로 동화주의로 귀결될 수밖에 없다. 다문화인문학은 '인간을 중심에 놓은 인문학적 관점'에서 다문화를 연구하는 것으로써 기존 동화주의에 근접한 다문화 정책과 연구가 포착하지 못하는 다문화 주체들의 삶의 문제는 물론이고 그들과 함께 살아가야 하는 다수자들의 삶의 방식까지도 질문하게 할 것이다. 왜냐하면 인간을 중심에 놓는다는 것은 비록 타인이 자신과 다르다고 하더라도 인간으로서의 기본적인 권리를 존중하겠다는 인식이 전제되어야만 성립하는 개념이기 때문이다.

'다문화인문학'이란 것을 한마디로 말하면 '인문학적 관점에서 다문화를 연구하자'라고 할 수 있는데, 도대체 무엇이 인문학적 관점에서 다문화를 연구하는 것인가요? 이 연구가 기존의 다문화 연구와 어떤 점에서 변별되나요? 제가 보기에는 말말 그럴듯 하고, 별로 다른 것도 없는 것 같은데요? 이런! 거침없이 날아오는 돌직구!

어려운 질문이다. 동어반복이지만 다문화인문학이란 개념을 통해 답을 하도록 하자. 다문화인문학이 학문체계를 지향한다면 분명한 연구 대상과 연구방법론을 가져야 할 것이다. 연구 대상과 연구방법론에 대한 이야기를 통해 다문화인문학에 대해 좀 더 접근하도록 해보자.

2.2. 다문화인문학의 지향점

앞 장에서 필자는 '다문화인문학'을 한국사회의 다문화성을 인문학적 관점에서 접근하는 것이라고 정의했다. 이 말은 한국사회에 존재하고 있는 문화적 다양성과 그로 인한 갈등 극복의 방안을 첫째, 인본주의에 근거해 인간을 중심에 놓고 사유하며, 둘째, 치열한 비판과 구체적인 대안 제시라는 인문정신에서 찾겠다는 것을 의미한다.

한국사회가 신자유주의 경제체제로 인한 인구와 자본의 이동이라는 세계사적 현상과 맞닥뜨리면서 인구통계학적으로 엄청난 변화를 겪고 있는 것은 부정할 수 없는 사실이다. 이러한 인구통계학적 변화로 인해 한국사회는 경제적인 측면에서는 말할 것도 없고, 사회와 문화, 정치 등 전 분야에서 이 새로운 변화를 어떻게 할 것인가라는 고민을 하지 않을 수 없게 되었다. '다문화가족 지원법'으로 대표되는 일련의 제도(법)들은 이 같은 고민의 결정체라고 할 수 있다.

2장에서 살펴보았듯이 윤인진은 정부의 다문화 정책을 한마디로 동정심에 근거한 "시혜 차원의 대책"에 그칠 뿐이라고 평가하면서 이 같은 문제점을 해결하기 위해서는 한국적 맥락에 맞는 "단계적인 다문화주의"의 추진을 제시한다. 즉 다문화주의를 '다문화초창기'→'다문화정착기'→'다문화성숙기'로 설정하였다. 하지만 윤인진의 주장에는 핵심적인 문제가 빠져있는데, 어떤 다문화인가 하는 물음이 그것이다. 그동안 한국사회는 엄밀한 의미에서 한국사회가 수용할 수 있는 "문화적 다양성의 범위 설정, 다문화적 포용의 강도 선택 및 그와 연계된 민주주의 형태의 결정"과 "시민적 권리 등을 보호할 수 있는 각종 법적·제도적 뒷받침"16) 등에 대한 심도 깊은 논의가 진행되지 않았다. 그 이유는 여러 가지가 있지만, 결혼이주여성이 중심이 된 다문화성의 특성으로 인해 실천중심으로 진행되었기 때문이다. 다시 말해 한국의 다문화주의는 어떤 다문화주의인가에 대한 합의를 통해 한국에

---

16) 김비환, 「다문화민주주의?: 몇 가지 예비적 고찰」, 『다문화사회연구』 제4권 1호, 숙명여자대학교 다문화통합연구소, 2011, 31쪽.

살고 있는 소수자들의 불안감 해소는 물론이고 주류사회의 경계심과 반감까지 제거할 수 있는 효과적인 다문화주의(다문화 정책) 모델을 모색했어야 함에도 불구하고 그것을 생략한 채, 적용 방안만을 제시함으로써 오히려 한국적인 현실에서 멀어지고 있다고 할 수 있다.

이 같은 문제점을 극복하기 위해서는 우선 '어떤 다문화주의인가'에 대한 합의가 필요하다. 여기서 필자는 '다문화인문학'으로 그 가능성을 제시하고자 한다. 한국사회의 인구통계학적 변화를 방지할 수 없다면, 한국사회는 어떤 식으로든 이주자를 비롯한 문화적으로 이질적인 존재들과 함께 사는 공존을 모색해야 한다. 킴리카는 공존을 위한 방안으로 문화적 다양성 수용과 자신의 속한 문화적 정체성을 뛰어넘는 광범위한 정체성의 공유가 필요함을 제기하고 있는데17), 다문화인문학이 추구하는 바도 이와 유사하다. 다시 말해 한국적 맥락에 맞는 공통의 정체성을 설정하여 이를 충실히 따르는 동시에 개별 문화 집단의 문화적 다양성을 인정하는 다문화주의라 할 수 있다.18)

그렇다면 '다문화인문학'은 기존의 동화주의나 다문화주의와 어떤 점에서 차이가 있는가? 가장 큰 차이는 공통의 정체성을 세운다는 점에서 다문화주의와 차이를 보이고, 소수집단의 문화적 다양성을 인정한다는 점에서 동화주의와 다르다. 일견하기에는 다문화주의와 동화주의의 장점만을 혼합한 것처럼 보일수도 있지만, 공통의 정체성으로 다수집단 가치(한국인들의 가치)가 아니라, 인본주의—인간의 보편적 권리—를 내세운다는 점과 한국적 맥락—강한 민족주의, 빈곤층 중심의 결혼이주여성—을 고려하고 있다는 점에서 차이가 있다. 인본주의의 핵심이 인간인 만큼 생명과 관련된 모든 권리를 보장해야 하고, 빈곤 극복을 위한 어느 정도의 인위적 평등 또한 고려되어야 한다. 이것을 도표로 하면 다음과 같다.

---

17) 킴리카, 장동진 외 옮김, 『다문화주의 시민권』, 동명사, 2010, 387~395쪽.
18) 박성호도 이와 비슷한 개념의 다문화모형을 제시하고 있다. 박성호, 「인본주의에 기초한 한국형 다문화정책 모형의 모색」, 성균관대학교 박사논문, 2012.

〈표 5-3〉 다문화인문학의 지향점

구분	내용	비고
목표	한국사회에 적합한 다문화이론 정립	
문화적 다양성 인정	사적·공적 영역에서 문화 다양성 보호	다문화주의
갈등해소 방안	공유된 정체성을 통한 갈등해소	동화주의
인권	인권 보호를 위한 법제화	동화주의·다문화주의
문화적 지향	문화적 동질화 추구 타문화 인정과 보호	동화주의·다문화주의
평등	결과의 평등	다문화주의
이주민에 대한 인식	사회 구성원 사회다양성의 원천	다문화주의

2.3. 다문화인문학의 연구 대상

다문화인문학의 연구대상은 한국사회에 존재하는 다문화성 그 자체다. 필자는 여기서 다문화성이란 어휘를 사용했다. 필자가 굳이 이 어휘를 고른 것은 다문화인문학의 연구대상이 다문화 주체들로만 한정되지 않는다는 것을 강조하기 위해서이다. 다문화 주체들로만 한정하지 않는 다는 것은 매우 중의적인 표현인데, 왜냐하면 첫째는 한국사회에 거주하고 있는 이주노동자, 결혼이주여성, 혼혈인, 새터민, 재외동포 등의 삶의 방식은 물론이고, 그들 곁에서 다문화 주체들을 호명하고, 재현하며, 차별과 연민의 감정으로 함께 살고 있는 한국인들까지 포함하기 때문이다. 또한 '다수자/소수자'에 의해 만들어지고 소비되는 다양한 문화—제도, 담론—역시 다문화인문학의 연구대상이다.

구체적으로 이야기를 풀어보자. 다문화인문학이 한국사회에 존재하는 다문화 주체들과 그들과 어떤 식으로든 함께 살아야 하는 다수자들의 삶을 연구대상으로 삼는 것은 명약관화하다. 하지만 여기에만 머물지 않는다. 함께 살기 위해 한국사회가 고안한 다양한 방법—제도나 담론—등도 치열한 비판과 대안 제시의 대상이 된다. 아직도 모호하다고? 오케이! 눈에 보이게 설명하도록 하자.

〈표 5-4〉 다문화인문학의 연구대상

구분	유형	대상	비고
이념	이념	인본주의 이념 종교 철학	
존재	이주(유입)	외국인노동자 결혼이주여성 혼혈인 새터민 재외동포 유학생	유입자와 함께 사는 한국인의 유입자에 대한 태도 포함
	이주(유출)	재외동포(고려인, 조선족, 재일조선인) 이민자(미국 등) 노동이주자(파독간호사, 광부, 해외송출 노동자)	한국인과 함께 사는 현지인의 한국인에 대한 인식 포함
	역사	귀화인(삼국시대, 고려, 조선)	
방법	제도	다문화가족 지원법 등 각종 법률	
	담론	다문화주의(다문화 교육 등) 공동체 연대 인권 평등 시민권 등	다문화주의에 대한 '찬/반' 이론 포함
	문화	문화가 재현하고 있는 다문화	

표를 통해서 살펴보니 조금 이해가 되는가? 표에서 볼 수 있듯이 다문화인문학의 연구대상에는 기존의 다문화 연구에서 진행되었던 연구들이 모두 망라되어 있다. 다시 말해 다문화인문학은 한국사회의 다문화성을 이루고 있는 제도—정치, 법, 문화, 사회제도—와 사람—이주노동자, 결혼이주여성, 새터민—등을 기본적인 연구대상으로 하면서 여기에 국외로 이주한 이주자—해외송출 노동이주자, 이민자—와 그 후손들까지 포함시킨다. 그리고 과거와 역사 속의 다양한 경험(삼국시대, 고려, 조선시대) 등을 활용하여 통계나 정책연구 등의 사회과학적 방법을 넘어서는 인문학적 접근을 시도하는 것이다.

2.4. 다문화인문학의 연구방법 및 내용

다문화인문학의 연구방법론을 한마디로 정리하면 융·복합 연구라 할 수 있다. 융·복합 연구라는 개념은 IT와 CT기술의 혁명적 발전을 다문화 연구에 적극적으로 활용하겠다는 것을 의미한다. 즉 다문화인 문학은 다문화이론뿐만 아니라, 다문화콘텐츠까지 포함한 개념이라 할 수 있다. 기실, 한국사회에서 진행된 다문화 연구는 사회, 복지, 교육 등 사회과학분야에서 이루어졌으며 인문학적 접근은 상대적으로 부족하였다. 게다가 그나마 진행되고 있는 인문학적 연구마저도 개별 학문 분과로 한정됨으로써 연구결과의 지적 소통은 말할 것도 없고 사회적 확산의 길마저도 폐쇄된 것이 사실이다. 다문화인문학은 이런 반성 위에서 출발하고 있다. 즉 어떻게 하면 연구 성과의 소통과 사회적 확산에 기여할 수 있는가에 대한 고민의 산물이라고 할 수 있다.

먼저 소통을 위해 다문화인문학은 다문화 연구에서 분과 학문의 폐해를 극복하기 위한 방안으로 '문학·사학·철학' 중심의 통합연구와 인간 본질에 대한 탐구라는 인문학적 가치 추구를 분명히 제시하는 학문체계이다. 다문화인문학의 연구방법론이 너무 모호해 마치 뜬구름을 잡는 것처럼 느낄 수도 있을 것이다. 필자 역시 다문화인문학의 연구방법이 매우 추상적이라는 사실을 잘 알고 있다. 이해를 위해 좀 더 구체적인 예를 들어 보겠다.

가령 결혼이주여성을 연구한다고 하자. 기존의 다문화 연구 관행이라면 결혼이주여성에 대한 각종 사회적 통계지표를 통한 양적 연구나 아니면 심층면접 등을 통한 질적 연구방법 등의 사회과학적 방법론에 입각해 진행될 터이다. 그런데 이러한 방식만으로는 결혼이주여성들의 '삶의 질의 문제'나 '욕망', '정체성', '자아존중감' 등 섬세한 접근을 요구하는 연구에 있어서는 일정한 한계를 노정할 수밖에 없다. 이런 문제들을 해결하기 위한 대안으로 제시될 수 있는 것이 이른바 '인간 본질'을 탐구하는 인문학일 터인데, 안타깝게도 기존 인문학에서 진행된 연구들은 문학, 역사, 철학 등 개별 분과학문체계에 매몰됨으로써 스스로 그 가능성을 봉쇄해 버렸다. 즉 문학 연구자는 결혼이주여성을 재현한 문학작품을 연구대상으로 삼아 텍스트가 구현하고 있는 이미지나 이데올로기 분석에 집중하였을 뿐, 정작 중요한 결혼이주여성에 대한 계보학적 접근(역사)이나 결혼이주여성이 되기까지 결혼이주여성 개인이 경험할 수밖에 없었던 윤리적, 실존적 문제(철학)에 대해서는 등한시하였던 것이다.

물론 여기에는 역사적 사료들을 통해 결혼이주여성들의 삶을 계보학이나 사적으로 설명하거나 결혼이주여성의 윤리적, 실존적 문제를 철학적으로 설득력 있게 이해시킬 수 있는 능력을 갖추지 못한 문학연구자의 자질도 한몫을 할 것이다. 하지만 필자는 연구자 개인의 능력부족보다는 결혼이주여성에 대한 연구를 자신이 전공하고 있는 개별 분과로만 한정해야만 연구업적으로 인정받을 수 있는 학문 평가 시스템과 개별 학문의 경계를 넘나드는 것을 융·복합연구가 아닌 남의 영역을 침범으로 규정하는 폐쇄적인 학문 풍토가 더 책임이 크다고 생각한다. 다문화인문학은 개별 분과학문의 틀을 넘어 문학과 역사, 또는 역사와 철학 등이 서로 넘나들고 여기에 문화인류학, 지역학, 여성학, 민속학 등과의 교류를 통해 분과학문으로는 담아낼 수 없는 다문화사회에 대한 근본적이고 총체적인 성찰을 시도하는 것이다.

다음으로 사회적 확산의 문제이다. 필자는 다문화 연구의 새로운 장을 창출하기 위해서는 학문적 소통 못지않게 사회적 확산이 중요하다고 생각한다. 이를 위해 필자는 21세기의 새로운 화두라고 할 수 있는 정보통신 기술(테크놀로지)의 발달을 적극적으로 활용해야 한다고 생각한다. 오늘날의 정보통신 기술과 CT Culture Technology 기술의 발달은 인류의 삶을 근본적으로 바꾼 산업혁명에 버금 갈만큼 변화를 가져왔다. 한마디로 정보통신 기술과 CT로 인해 인류는 이전의 사회와 전혀 다른 새로운 패러다임을 맞이하고 있는 것이다. 한국사회가 직면하고 있는 다문화 현상도 엄밀한 의미에서 보면 정보통신 기술로 대표되는 새로운 패러다임의 영향에서 결코 자유로울 수 없는 영역이다. 따라서 다문화 연구에 있어서도 빅데이터 활용 등과 같은 정보통신과 CT기술의 적극적인 사용은 편리성만을 추구하는 것을 넘어서는 의미를 지닌다. 왜냐하면 문화와 기술을 적극적으로 결합하여 다문화 시대에 맞는 새로운 문화를 창출하는 것이야 말로 진정으로 주체와 타자가 소통, 공존하는 길이기 때문이다.

이러한 원칙 아래 필자는 다문화인문학에 대한 공동연구와 다문화 교육 프로그램 개발은 물론이고 다문화콘텐츠를 연구 개발하였다. 빛 그림 동화「여우 색시」이야기와 『슈울멍이야기』는 이 과정에서 만들어진 다문화콘텐츠들이다.

가령, 『슈울멍이야기』를 예로 들어 보면, 이 콘텐츠는 동화가 이른바 '다문화 감수성'을 높이는 좋은 콘텐츠임에도 불구하고 시판되고 있는 '다문화 동화'들이 그러한 역할을 충실히 수행

〈그림 5-6〉 다문화콘텐츠 다문화 동화
『슈울멍이야기』

하고 있지 못하다는 문제의식에서 출발하고 있다. 기획의 변을 들어보자.

어린 시절에 형성된 고정관념은 여간해서 극복되지 않는다. 그렇기에 아이들의 생각이 굳어지기 전에 균형 잡힌 시각이 제공되어야 한다. 우리들은 다문화 동화가 그 같은 역할을 할 수 있을 것이라 생각했다. 좋은 다문화 동화를 통해 '다문화 감수성'을 체득한 아이들은 다문화가족을 낯설어 하는 어른들과 달리 친숙하고 아름다운 존재로 받아들일 것이라 기대하였다.

하지만 우리는 '다문화 동화'라는 이름표를 달고 나온 동화들을 접하고 나서 기대와 함께 우려 또한 갖게 되었다. 시판매되고 있는 많은 다문화 동화들은 그 선한 의도에도 불구하고 "도식성과 상투성"에서 벗어나지 못하고 있었으며, 심지어는 "인종적 차이에 따른 사회적 차별을 스테레오타입적으로 재현"하고 있는 작품들도 있었다. 이들 다문화 동화들의 문제점에 대해서는 이미 밝힌(류찬열(2009), 「다문화 동화의 현황과 전망」, 『어문론집』 40집) 바 있지만 굳이 한 가지를 첨언하자면 다문화라는 무게에 짓눌려 있다는 점이다.[19)]

이러한 문제의식을 바탕으로 '다문화'라는 무게를 거둬내고 대신 재미있고 유쾌한, 그러면서도 소재 중심에서 벗어나는 이야기를 만들고자 했다. 『슈울멍이야기』는 이러한 과정을 거쳐 탄생하였다. 『슈울멍이야기』는 현 단계에서는 '동화'의 형태로 존재하지만, 조만간 IT, CT와 결합하여 다양한 콘텐츠로 확산될 예정이다. 이러한 콘텐츠들을 통해 다문화 주체들은 물론이고, 다수의 한국인들은 다문화사회를 살아가는 데 필요한 것들을 스스로 찾는 연습을 하게 될 것이다.

　공동연구와 공동교육, 그리고 다문화콘텐츠가 결합된 다문화인문학이야말로 기존의 다문화 연구가 지닌 한계를 넘어서는 한편, 인문학과 제반 분과학문들이 능동적으로 소통하며 유기적으로 삼투되는 창의적인 학문의 장을 마련할 수 있을 것이다.

　기대되지 않는가? 지금은 미약하고 보잘 것 없는 가냘픈 묘목에 불과하지만 울창한 숲을 이룰 다문화인문학의 미래가!

---

19) 강진구, 「『슈울멍이야기』가 만들어지기까지」, 정채운, 『슈울멍이야기』, 작가와비평, 2012, 203쪽.

〈표 5-5〉 다문화인문학의 연구방법 및 내용

영역	개념	내용	비고
연구방법	융합연구	인문학과 CT기술이 결합된 융합연구	
	공동연구	다양한 연구자들이 참여하는 공동연구 분과학문을 넘나드는 학제간 연구	
연구 내용	평등	평등이란 무엇인가? 분배와 평등의 문제 인종, 민족, 종교, 문화 차에 의한 차별 극복	
	문화	문화에 대한 이해 문화 접촉과 변용 자문화와 타문화의 이해	
	정의	정의란 무엇인가? 절차적 정의와 실체적 정의	
	반편견	스테레오타입 형성 과정 이해 인종, 종교, 문화에 의한 스테레오타입 이해 차이와 차별 구분	
	정체성	자아존중 복수의 정체성 확립	
교육	다문화 교육	다문화 주체에 대한 교육 다수자에 대한 다문화 이해 교육	
콘텐츠	다문화 콘텐츠	활용 가능한 다문화콘텐츠 연구 개발	

❖ 토론해 봅시다 ❖

• 현행 다문화 교육의 문제점과 그 대안에 대해 이야기해 보자.

• 교양 교육으로서 다문화 교육이 필요한지, 필요하다면 그 이유는 무엇인지, 그리고 교양 교육으로서의 다문화 교육이 다문화 인식에 미친 영향(긍정/부정)에 대해 이야기해 보자.

• 최근 들어 다문화가족지원법에 근거한 한국사회의 다문화 정책이 특정 부류만을 대상으로 하고 있다고 비판하면서 다문화가족지원 법에서 제외되고 있는 외국인노동자 등에게 주거권과 노동권을 부여해야 한다는 주장이 제기되고 있다. 외국인노동자에 대한 주거권, 노동권 부여에 대해 이야기해 보자.

• 다문화와 관련하여 나의 판단으로 현 시점에서 가장 시급히 준비되어야 할 것은 무엇인지 이야기해 보자.

• 최근 내가 접해본 '다문화콘텐츠'는 무엇이고, 그것이 다문화에 대한 나의 인식에 어떤 영향을 주었는지 이야기해 보자.

❖ 더 읽어야 할 자료 ❖

1. 다문화 교육과 관련한 도서

• James A·Banks, 모경환 외 옮김, 『다문화교육 입문』, 아카데미프레스, 2008.

　다문화 교육의 대표적인 입문서

　개방화와 더불어 급격히 증가하는 인구통계학적 변화와 이로 인한 다문화적 변화는 다양한 문화의 존중과 공존을 추구하는 다문화주의는 물론이고 이를 교육적으로 실현하고자 하는 다문화 교육을 요청하고 있다.

　이 저서는 다문화 교육 전반에 대한 핵심적인 내용을 다루고 있어, 새롭게 다문화 교육의 문제를 개척해야만 하는 한국사회 다문화 교육의 이론과 실제에 큰 시사점을 주고 있다. 이 책은 다문화 교육의 목적, 다문화 교육과정, 다문화적 학교 환경의 조성, 다문화 수업의 계획·시행·평가에 대한 포괄적이면서도 핵심적인 논의들을 제시하고 있다. 이를 통해 우리들은 학교에서의 다문화 교육은 물론이고 다문화사회의 화합과 사회 정의 실현에 기여하는 시민 교육의 방향성 또한 고민할 수 있을 것이다.

2. 다문화콘텐츠 관련 자료

• 이명현, 「다문화시대 이물교혼담의 해석과 스토리텔링의 방향」, 『우리문학연구』 33, 우리문학회, 2011.

　이 논문은 〈단군신화〉, 〈나무꾼과 선녀〉, 〈여우아내〉를 대상으로 다문화 시대 이물교혼담의 가치와 의미를 분석한 글이다.

　저자는 분석대상으로 삼은 〈단군신화〉에서는 남녀의 위계적 질서가 작동하는 동화주의적 태도를, 〈나무꾼과 선녀〉에서는 남성의 여성 독점 욕망이 부부관계를 어떻게 파경 나게 하는지, 〈여우아내〉에서는 자기희생의 중요성을 지적하고 있다.

이 논문이 주목을 끄는 것은 단순히 이물교혼담을 분석하는 데 그치지 않고, 다문화 시대를 맞이하여 이들 텍스트를 새로운 콘텐츠의 스토리텔링으로 활용하는 방안에 대한 모색을 제시하고 있다는 점이다.

저자는 다문화콘텐츠는 주체(한국인)의 시선으로 이주여성을 바라보는 것이 아니라, 이주여성 자신을 주체로 설정하고 그 자신의 시선으로 바라보는 이야기를 스토리텔링해야 함을 역설하고 있다.

참고문헌

1. 기초자료

강영숙, 「갈색 눈물방울」, 『문학과사회』, 2004.
곽재구, 『서울 세노야』, 문화과지성사, 1990.
金城一紀, 김난주 옮김, 『GO』, 북풀리오, 2007.
김소진, 「달개비꽃」, 『현대문학』, 1995년 4월호.
김순덕, 『엄마, 나만 왜 검어요』, 正信社, 1965.
김재영, 『코끼리』, 실천문학사, 2005.
白行寅, 『그늘진 遺産』, 新進閣, 1997.
손홍규, 「이무기 사냥꾼」, 『문학동네』, 2005년 여름호.
에니 박, 『내별은어느하늘에: 白人混血兒洋公主의 手記』, 王子出版社, 1965.
연성용, 「카사흐쓰딴아, 나의 절을 받아라」, ≪레닌기치≫, 1970. 7. 15.
이명랑, 『나의 이복형제들』, 실천문학사, 2004.
이혜경, 『틈새』, 창비사, 2006.
장정일, 『보트하우스』, 프레스21, 2000.
전동혁, 「박령감」, 『씨르다리야의 곡조』, 작싀스(알마아따), 1975.
천운영, 『잘가라, 서커스』, 문학동네, 2005.
홍종의, 『똥바가지』, 국민서관, 2007.

≪경향신문≫   ≪한국일보≫
≪동아일보≫   ≪문화일보≫
≪조선일보≫   ≪서울신문≫
≪한겨레신문≫   ≪세계일보≫
≪내일신문≫   ≪연합뉴스≫

국제민주연대(http://www.khis.or.kr/)
다누리(http://www.liveinkorea.kr/intro.asp/)
다문화바로보기실천연대(http://cafe.daum.net/antifworker)
다문화정책반대(http://cafe.daum.net/dacultureNO)
단일민족코리아(http://cafe.daum.net/hjj-korea)

두리안(http://www.ebs.co.kr/durian/)
두산백과사전(http://www.doopedia.co.kr/)
로앤비(http://www.lawnb.com/)
언론재단 카인즈(http://www.kinds.or.kr/)
외국인노동자대책시민연대(http://www.njustice.org/)
위키피디아영문판(http://en.wikipedia.org/)
출입국 외국인정책본부(http://www.immigration.go.kr/)

2. 논문 및 논저

Gutmann. Amy(ed), *Multiculturalism ; Examining the Politics of Recognition*(Princeton University Press, 1994), 佐佐木毅 외 역, 『Multiculturalism』, 岩波書店(東京), 1996.

강지영, 「한국인의 의식과 혼혈인의 삶의 연관성에 관한 연구: 〈수취인불명〉, 〈깜근이 엄마〉를 중심으로」, 서강대학교 석사논문, 2006.

강진구, 「중앙아시아 고려인 문학에 나타난 기억의 양상 연구」, 『국제한인문학연구』 창간호, 국제한인문학회, 2004.

_____, 『한국문학의 쟁점들: 탈식민·역사·디아스포라』, 제이앤씨, 2007.

_____, 「다문화교육이 대학생들의 다문화 인식에 미친 영향 조사」, 『다문화연구』 창간호, 중앙대학교 문화콘텐츠기술연구원, 2008.

_____, 「수기를 통해 본 한국사회의 혼혈인 인식」, 『우리문학연구』 26, 우리문학회, 2009a.

_____, 「한국소설에 나타난 이주노동자의 재현 양상」, 『어문론집』 41, 중앙어문학회, 2009b.

_____, 「다문화 시대와 한국문학 연구」, 『다문화콘텐츠연구』 통권 9호, 중앙대학교 문화콘텐츠기술연구원, 2010.

_____, 「한국소설에 나타난 결혼이주여성의 재현 양상」, 『다문화콘텐츠연구』 11집, 중앙대학교 문화콘텐츠기술연구원, 2011.

_____, 「한국사회의 반다문화 담론 고찰」, 『인문과학연구』 32집, 강원대학교 인문과학연구소, 2012.

_____, 「다문화주의 관점에서 본 아시아연대론」, 『다문화콘텐츠연구』 15집, 중앙대학교 문화콘텐츠기술연구원, 2013.

고모다 마유미, 「일본의 다문화 공생은 가능한가?」, 『민족연구』 30호, 한국민족연구원, 2007.

고종석, 『고종석의 문장』, 알마, 2014.

곽준혁, 「미국에서의 다문화주의」, 『민족연구』 30, 한국민족연구원, 2007.

국가인권위원회, 「기지촌 혼혈인 인권실태조사」, 국가인권위원회, 2003.

권희영, 『세계의 한민족: 독립국가연합』, 통일원, 1996.

권희영·반병률, 『우즈베키스탄 한인의 정체성 연구』, 정신문화연구원, 2001.

김남국, 「심의 다문화주의: 문화적 권리와 문화적 생존」, 『韓國政治學會報』 39輯 1號, 한국정

　　　치학회, 2005.

Kim, Nam-Kook, "Multicultural Challenges in Korea: the Current Stage and a Prospect", *International Migration*, 2009

──────, 「다문화의 도전과 사회통합: 영국, 프랑스, 미국 비교 연구」, 『유럽연구』 제28권 3호, 한국유럽학회, 2010.

김대희, 「1937년 중앙아시아 지역 한인 강제이주 연구」, 이화여자대학교 석사논문, 2003.

김민정·유명기·이혜경·정선기, 「국제결혼 이주여성의 딜레마와 선택」, 『한국문화인류학』 39-1집, 한국문화인류학회, 2006.

김비환, 「다문화민주주의?: 몇 가지 예비적 고찰」, 『다문화사회연구』 제4권 1호, 숙명여자대학교 다문화통합연구소, 2011.

김상욱, 「소설 담론의 이데올로기 분석 방법 연구」, 서울대학교 박사논문, 1995.

김상학, 「소수자 집단에 대한 태도와 사회적 거리감」, 『사회연구』 7, 한국사회조사연구소, 2004.

김선미, 「한국의 다문화교육, 어떻게 해야 할 것인가?」, 『인하대학교 교육연구소 심포지움』, 인하대학교 교육연구소, 2009.

──────, 「'한국적' 다문화정책과 다문화교육의 성찰과 제언」, 『사회과교육』 50권 4호, 한국사회과교육연구학회, 2011.

김성윤, 「다문화주의는 정답인가」, ≪중대신문≫, 2010. 5. 23.

김영옥, 「새로운 '시민들'의 등장과 다문화주의 논의」, 『아시아여성연구』 제46권 2호, 숙명여자대학교 아시아여성연구소, 2007.

김재국, 「재일조선인 문학의 민족성의 변용과 그 행방」, 『일본어 문학』 36집, 한국일본어문학회, 2007.

김현미, 『글로벌 시대의 문화번역』, 또하나의문화, 2005.

──────, 「국제결혼의 전 지구적 젠더 정치학」, 『경제와사회』 통권 제70호, 비판사회학회, 2006.

김혜순, 「결혼이주여성과 한국의 다문화사회 실험」, 『한국사회학』 제42집 2호, 한국사회학회, 2008.

김호연, 「미국의 동화주의적 이민자 정책과 다문화주의」, 『인문과학연구』 28, 강원대학교 인문과학연구소, 2011.

김환기 편, 『재일 디아스포라 문학』, 새미, 2006.

南賢洙, 「어느 혼혈아의 수기: 눈물로 얼룩진 과거여 안녕!」, 『女學生』 제6권 9호, 1970.

네이선 글리이저, 최현미·서종남 옮김, 『우리는 이제 모두 다문화인이다』, 미래를소유한사람들, 2009.

니시카와 나가오, 박미정 옮김, 『新식민주의론』, 일조각, 2009.

다이안 맥도널, 임상훈 옮김, 『담론이란 무엇인가』, 한울, 1992.

데카르트, 김진욱 옮김, 『방법서설』, 범우사, 2002.

류찬열, 「다문화시대와 현대시의 새로운 가능성」, 『국제어문』 44집, 국제어문학회, 2008.

──────, 「TV 드라마에 재현된 국제결혼과 혼혈 연구」, 『다문화콘텐츠연구』 통권 6호, 중앙대

학교 문화콘텐츠기술연구원, 2009.

마르코 마르티니 엘로, 윤진 옮김, 『현대사회와 다문화주의』, 한울, 2008.

마르틴 졸리, 이선형 옮김, 『이미지와 기호』, 동문선, 2004.

文浩, 「르포·混血兒 ②: 基地村 맴돌려 自立의 몸부림」, 『아리랑』 21권 11호, 1975.

문화체육관광부, 『대학생 다문화 감수성 함양 교육모듈 개발 연구』, 문화체육관광부, 2010.

박경태, 『소수자와 한국사회』, 후마니타스, 2008.

박명진 편, 『비판커뮤니케이션과 문화이론』, 나남출판, 1994.

_____, 「한국영화의 공간성과 인종 재현 양상」, 『어문론집』 46집, 중앙어문학회, 2011.

박상천, 「문화콘텐츠학의 학문 영역과 연구 분야 설정에 관한 연구」, 『인문콘텐츠』 10호, 인문콘텐츠학회, 2007.

박성호, 「인본주의에 기초한 한국형 다문화정책 모형의 모색」, 성균관대학교 박사논문, 2012.

박성훈, 「회상기: 역사에서 외곡이 있을 수 없다」 1, ≪레닌기치≫, 1989. 8. 18.

박천응, 『다문화 교육의 탄생』, 국경없는마을, 2010.

박재영, 「유럽 다문화사회의 문화충돌」, 『다문화연구』 창간호, 중앙대학교 문화콘텐츠기술연구원, 2008.

_____, 「독일 다문화사회의 터키인 공통체」, 『다문화콘텐츠연구』 12집, 중앙대학교 문화콘텐츠기술연구원, 2012.

박정선, 「아시아계 미국인에 대한 타자화(他者化)와 그 문제점」, 『역사비평』 58호, 2002.

박정애, 「여성, 이주(移住)와 정주(定住) 사이」, 『여성문학연구』 22집, 한국여성문학학회, 2009.

박혜숙, 「기생의 자기서사」, 『민족문학사연구』 25, 민족문학사학회, 2004.

박혜숙·최경희·박희병, 「한국여성의 자기서사 (1)」, 『여성문학연구』 7호, 한국여성문학학회, 2002.

James A. Banks, 모경환·최충옥·김명정·임정수 공역, 『다문화교육 입문』, 아카데미프레스, 2008.

복도훈, 「연대의 환상, 적대의 현실: 최근 한국소설의 연대적 상상력과 재현에 대한 비판적 주석」, 『문학동네』, 2006.

블라지미르 김 지음, 김현택 옮김, 『러시아 한인 강제 이주사: 문서로 본 반세기 후의 진실』, 경당, 2002.

서경식 지음, 김혜신 옮김, 『디아스포라 기행』, 돌베개, 2006.

서동욱, 『차이와 타자』, 문학과지성사, 2000.

서영인, 「외국인 노동자: 우리 안의 타자들, 타자 안의 우리들」, 『문학들』, 문학들, 2005.

설동훈, 『외국인 노동자와 한국사회』, 서울대학교출판부, 1999.

소병철, 「관용의 조건으로서의 인권적 정의: 자유주의적 다문화주의의 한 옹호론」, 『민주주의와 인권』 10(3), 전남대학교 5·18연구소, 2010.

송재룡, 「다문화주의와 인정의 정치학, 그리고 그 너머」, 『사회이론』 봄호, 2009.

스쩨빤 김, 「스탈린의 한인 강제이주와 잃어버린 모국어」, 『역사비평』 8, 1990.

신문수, 「근대성·인종주의·문학」, 『영어영문학』 52권 2호, 영어영문학회, 2006.

심헌용, 「강제이주의 발생 메카니즘과 민족관계의 특성 연구」, 『국제정치논총』 39.3, 한국국제정치학회, 1999.

안드레아 셈프리니, 이산호·김휘택 옮김, 『다문화주의: 인문학을 통한 다문화주의의 비판적 해석』, 도서출판 경진, 2010.

안또니오 네그리, 윤수종 옮김, 『제국』, 이학사, 2001.

양정혜, 「소수 민족 이주여성 재현: 국제결혼 이주여성에 관한 뉴스보도 분석」, 『미디어, 젠더 &문화』 7호, 한국여성커뮤니케이션학회, 2007.

엄한진, 『다문화사회론』, 소화, 2011.

연경남, 「다문화 소설과 여성의 몸 구현 양상」, 『한국문학이론과 비평』 제48집, 한국문학이론 과비평학회, 2010.

오경석 외, 『한국에서의 다문화주의: 현실과 쟁점』, 한울아카데미, 2007.

오상도, 「외국인수 국내 체류 '100만명' 다인종·문화사회로」, 《서울신문》, 2007. 8. 25.

오정희, 『유년의 뜰』, 문학과지성사, 1981.

오창은, 「연민을 넘어선 윤리」, 『내일을 여는 작가』 45, 2006.

_____, 「우리들의 일그러진 로망, 해외여행」, 《프레시안》, 2007. 7. 6.

윌 킴리카, 장동진·황민혁·송경호 옮김, 『다문화주의 시민권』, 동명사, 2010.

유네스코 아시아, 태평양 국제이해교육원 엮음, 『다문화 사회의 이해』, 동녘, 2008.

유평근·진형준, 『이미지』, 살림, 2003.

윤상길, 「한국 속의 이방인 혼혈아 현주소」, 『사랑』, 1975.

윤인진, 「한국적 다문화주의의 전개와 특성: 국가와 시민사회의 관계를 중심으로」, 『한국사회 학』 제42집 제2호, 한국사회학회, 2008.

이기형, 「담론분석과 담론의 정치학」, 『언론과사회』 14권 3호, 성곡언론문화재단, 2006.

이남미·이근모, 「하인스 워드의 매스미디어 보도를 통한 민족적 정체성과 다문화주의 담론 분석」, 『한국스포츠사회학지』 제20권 1호, 한국스포츠사회학회, 2006.

이명재 외, 『억압과 망각, 그리고 디아스포라』, 한국문화사, 2004.

이명현, 「다문화시대 이물교혼담의 해석과 스토리텔링의 방향」, 『우리문학연구』 33, 우리문학 회, 2011.

이산호, 「프랑스의 문화다양성과 사회통합정책」, 『다문화연구』 창간호, 중앙대학교 문화콘텐 츠기술연구원, 2008.

이상환, 「다원주의 시대의 공동체주의 정치철학: 권리의 정치에서 인정의 정치로」, 경북대학 교 박사논문, 2005

이성순, 『이주여성 이야기』, 형설라이프, 2008.

이수자, 「이주여성 디아스포라: 국제성분업, 문화혼성성, 타자와 섹슈얼리티」, 『한국사회학』 제38집 2호, 한국사회학회, 2004.

이승애, 「한국사회에서의 혼혈여성(Amerasian Women)의 경험을 구성하는 젠더와 인종에 관한 연구」, 이화여자대학교 석사논문, 2006.

이용승, 「다문화정책에 대한 비판적 검토」, 『민족연구』 44, 한국민족연구원, 2010.

이원봉, 「중앙아시아 고려인 강제이주에 관한 연구」, 『아태연구』 제8권 1호, 경희대학교 아태 지역연구원, 2001.

이은희·유경한·안지현, 「TV 광고에 나타난 전략적 다문화주의와 인종주의」, 『한국언론정보학보』 통권 39집, 한국언론정보학회, 2007.

이종윤, 「한국의 다문화정책 관련법에 관한 일 고찰」, 『다문화콘텐츠연구』 통권 9호, 중앙대학교 문화콘텐츠기술연구원, 2010.

이준규, 「한국 다문화정책의 개선방안」, 『한국지방정부학회 학술대회 논문집』 12, 한국지방정부학회, 2011.

임영상, 「'문화콘텐츠 개발'과 인문학」, 『인문콘텐츠』 제6호, 인문콘텐츠학회, 2005.

임종헌, 「유럽의 인종주의와 제노포비아 현상에 대한 연구」, 『한·독사회과학논총』 제16권 1호, 한독사회과학회, 2006.

임지선, 「[우리안의 타인들] 혼혈인: 외국인만도 못한 멸시」, ≪경향신문≫, 2006. 12. 31.

임헌영, 「한국문학과 다문화주의」, 『세계한국어문학』 제3집, 세계한국어문학회, 2010.

임현묵, 「문화다양성의 정치 연구: 자유주의적 다문화주의와 그 비판을 중심으로」, 서강대학교 박사논문, 2011.

장진숙, 「다문화주의와 국민국가 통합정책 비교 고찰: 캐나다와 일본사례를 중심으로」, 『공법학연구』 제11권 3호, 한국비교공법학회, 2010.

장진효, 「韓國人과 白人과 黑人의 混血兒에 대한 體質人類學的 硏究」, 서울대학교 박사논문, 1962.

정미라, 「문화다원주의와 인정윤리학」, 『범한철학』 제36집, 2005.

정민우, 「배제의 전략과 젠더화된 민족주의」, ≪중대신문≫, 2010. 5. 30.

정호승, 『슬픔이 기쁨에게』, 창작과비평사, 1993.

趙 애리사, 「混血兒의 슬픔을 더욱 슬프게 한 사랑」, 『아리랑』 24권 12호, 1978.

조경서, 「유아를 위한 세계 이해 및 다문화교육」, 교육인적자원부, 2007·

조정혜, 「'베트남 처녀와 결혼하세요' 광고 못한다」, ≪한겨레신문≫, 2007. 1. 29.

중앙대학교 문화콘텐츠기술연구원, 『한국사회의 소수자들: 결혼이민자』, 도서출판 경진, 2009.

진은영, 「다문화주의와 급진적 인권」, 『철학』 제95집, 한국철학회, 2008.

찰스테일러, 윤평중 옮김, 「찰스 테일러, 그의 철학을 말한다」, 『철학과현실』 55, 2002.

천기호, 「눈물이 보일까 봐 울지 않으렵니다」, 『아리랑』 21권 11호, 1975.

천선영, 「'다문화사회' 담론의 한계와 역설」, 『한·독사회과학논총』 제14권 제2호, 2004.

최강민, 「단일민족의 신화와 혼혈인」, 『어문론집』 35집, 중앙어문학회, 2006.

최문규 외, 『기억과 망각』, 책세상, 2003.

최성환, 「다문화주의와 타자의 문제」, 『다문화콘텐츠연구』 통권 6호, 중앙대학교 문화콘텐츠기술연구원, 2009.

최영진, 「아시아계 미국 이민자와 도시, 그리고 다문화주의」, 『문학과영상』 12(4), 문학과영상학회, 2011.

최연식, 「박정희의 '민족' 창조와 동원된 국민 통합」, 『한국정치외교사논총』 제28집 2호, 한국정치외교사학회, 2007.

최정무, 「민족과 여성: 혁명의 주변」, 『실천문학』 통권 69호, 2003.

최종렬·최인영, 「국제결혼 이주여성에 대한 문화사회학적 접근: 방법론적·윤리적 논의를 중심으로」, 『문화와사회』 제5권, 한국문화사회학회, 2008.

최한우, 「중앙아시아 민족주의 운동과 고려인 집단 정체성 문제」, 『아시아태평양지역연구』
　　　제3권 1호, 전남대학교 아시아태평양지역연구소, 2000.
최혜양, 「캐나다의 이민과 다문화주의 이해」, 『다문화콘텐츠연구』 통권 9호, 중앙대학교 문화
　　　콘텐츠기술연구원, 2010.
한준성, 「다문화주의논쟁: 브라이언 배리와 윌 킴리카의 비교를 중심으로」, 『한국정치연구』
　　　제19집 제1호, 서울대학교 한국정치연구소, 2010.
허　정, 「서발턴 이론의 관점에서 본 이주민의 문학적 재현」, 『동북아 문화연구』 29집, 동북아
　　　시아문화학회, 2011.
홍기원, 「한국 다문화정책의 문제점과 개선 방향」, 『한국공공관리학보』 23(3), 한국공공관리
　　　학회, 2009.
황경아·김태용, 「다문화 공익광고의 메시지 수용이 수용자의 신념과 태도에 미치는 효과:
　　　실험을 통한 양적 분석과 발성사고법(Think Aloud)을 통한 질적 분석」, 『미디어,
　　　젠더&문화』 22호, 한국여성커뮤니케이션학회, 2012.
황수정, 「롤즈 『정의론』의 원초적 입장에 대한 연구」, 『동서사상』 제4집, 경북대학교 동서사상
　　　연구소, 2008.
황정미, 「'이주의 여성화' 현상과 한국 내 결혼이주에 대한 이론적 고찰」, 『페미니즘연구』
　　　제9권 2호, 한국여성연구소, 2009.

찾아보기

지은이 소개

이찬욱   중앙대학교 국어국문학과 교수.

중앙대학교 국어국문학과 동 대학원 졸업(문학박사).

중앙대학교 문화콘텐츠기술연구원 원장.

한국시조학회·동아시아비교문화 국제회의 회장.

저서로『한국의 띠문화』,『스토리텔링 창작실습』1(공저) 등이 있음.

강진구   중앙대학교 문화콘텐츠기술연구원 교수.

중앙대학교 국어국문학과 동 대학원 졸업(문학박사).

중앙대학교·상지대학교 출강.

중앙대학교 문화콘텐츠기술연구원 연구전담 교수.

저서로는『한국문학의 쟁점들: 탈식민·역사·디아스포라』,『편견과 무지의 경계선 넘기』(공저) 등이 있음.

노자은   중앙대학교·남서울대학교 강사.

중앙대학교 청소년학과 졸업 및 동 대학원 수료.

저서로는『한국사회의 소수자들: 결혼이민자』(공저)가 있음.

다문화총서 3

[개정판] 한국사회와 다문화
Understanding of Multiculturalism in Korea

©이찬욱·강진구·노자은, 2014

2판 1쇄 발행__2014년 09월 20일
2판 2쇄 발행__2016년 03월 05일

지은이__이찬욱·강진구·노자은
펴낸이__양정섭

펴낸곳__도서출판 경진
　　　　등록__제2010-000004호
　　　　블로그__http://kyungjinmunhwa.tistory.com
　　　　이메일__mykorea01@naver.com

공급처__(주)글로벌콘텐츠출판그룹
　　　　대표__홍정표
　　　　편집__노경민 송은주　**디자인**__김미미　**기획·마케팅**__노경민　**경영지원**__안선영
　　　　주소__서울특별시 강동구 천중로 196 정일빌딩 401호
　　　　전화__02-488-3280 **팩스**__02-488-3281
　　　　홈페이지__http://www.gcbook.co.kr

값 12,000원
ISBN 978-89-5996-417-8 93300